Handwerkliche Webschulen und praxisnahe Hochschulen

Handwerkliche Webschulen und praxisnahe Hochschulen

Ein Rückblick auf das textile Fachschulwesen in Deutschland und den Nachbarländern

Stefan Mecheels · Herbert Vogler · Josef Kurz

Herausgegeben zu Ehren des Forschers und akademischen Lehrers
Prof. Dr.-Ing. Otto Mecheels (*1894 †1979)
anlässlich der Einweihung des Otto-Mecheels-Baus am 28. Oktober 2013

Bibliografische Information Der Deutschen Bibliothek

Die Deutsche Bibliothek verzeichnet diese Publikation in der Deutschen Nationalbiliografie; detaillierte bibliografische Daten sind im Internet über http:dnb.ddb.de abrufbar.

Impressum

Handwerkliche Webschulen und praxisnahe Hochschulen
Stefan Mecheels · Herbert Vogler · Josef Kurz

Herausgeber: Hohenstein Institute · Bönnigheim · www.hohenstein.de
Gestaltung, Typografie, Reproduktion: Prepress Processing · Manuela Kurz
Herstellung: ProWachter GmbH, Bönnigheim
© 2013 erschienen bei BuchWerk Haberbeck GmbH, Lage
www.wachter.de
ISBN 978-3-943868-01-2

Alle Rechte vorbehalten. Nachdruck, auch auszugsweise, nur mit Genehmigung des Herausgebers.
Bildquellen Titelseite: © www.shutterstock.com: TDHster; Bizroug

Inhaltsverzeichnis

Vorwort des Herausgebers 7

Vorwort der Autoren 9

Danksagung 11

1. Otto Mecheels und die gesamtheitliche Textilausbildung 13
2. Die Textilausbildung in der Zeit der Handfertigung 19
3. Die Revolution des Textilwesens durch die Einführung der Maschinen 23
4. Der Eingang der Chemie in das Textilwesen 33
5. Es begann mit den Webschulen 39
6. Die sozialen und gesellschaftlichen Verhältnisse in der Zeit
   der Entstehung der Webschulen 43
7. Die textilen Ausbildungsstätten in Deutschland 51
7.1 Textilfachschulen in Baden-Württemberg 51
7.2 Textilfachschulen in Bayern 68
7.3 Textilfachschulen in Rheinland-Pfalz 77
7.4 Textilfachschulen in Hessen 78
7.5 Textilfachschulen in Thüringen 79
7.6 Textilfachschulen in Sachsen 84
7.7 Textilfachschulen im Land Brandenburg 116
7.8 Textilfachschulen im Land Berlin 120
7.9 Textilfachschulen in Nordrhein-Westfalen 121
7.10 Textilfachschulen in Niedersachsen 139
7.11 Textilfachschulen in Schleswig-Holstein 143

Inhaltsverzeichnis Fortsetzung

8.	**Die textilen Ausbildungsstätten in den europäischen Nachbarländern**	**145**
8.1	Polen (Schlesien)	145
8.2	Tschechische Republik (Sudetenland)	150
8.3	Österreich	161
8.4	Schweiz	165
8.5	Frankreich mit Elsass	168
8.6	Belgien	177
8.7	Niederlande	181
Index		**185**

Vorwort des Herausgebers

Prof. Dr. Stefan Mecheels
Leiter der Hohenstein Institute

Wenn das neueste Institutsgebäude den Namen meines Großvaters, Otto Mecheels, trägt, so hat das mehrere Gründe.

Zunächst möchte ich seinen Mut in Erinnerung bringen, als er am 25. März 1946, also knapp ein Jahr nach dem Ende des Zweiten Weltkriegs, sein eigenes privatwirtschaftliches Forschungsinstitut auf Schloss Hohenstein gründete und damit den Schritt vom beamteten Direktor der Höheren Fachschule für Textilindustrie M.Gladbach-Rheydt in die freie Wirtschaft vollzogen hat. Damals wusste niemand, wie es in Deutschland weitergeht, aber er vertraute in eine bessere Zukunft – und hatte Recht behalten. Auf seinen Erfolg konnte mein Vater, Prof. Dr. Jürgen Mecheels, aufbauen und ich wiederum auf die gute Arbeit beider.

Otto Mecheels hat von der Gründung 1946 bis 1962 die Hohenstein Institute aufgebaut und geleitet. In diesen 16 Jahren ist aus den notdürftig eingerichteten Laboratorien ein richtiges Forschungsinstitut mit angeschlossener Lehranstalt entstanden. Die vorhandenen Gebäude wurden saniert, teilweise umgebaut, und neue kamen dazu. Die Mitarbeiterzahl stieg von Jahr zu Jahr, damit auch der Umsatz und die Ausgaben. Doch das musste ja alles organisiert und gemanagt werden, eine Aufgabe, die einem beamteten Direktor einer Höheren Textilfachschule zunächst fremd war. Doch mein Großvater hat sich dieser Herausforderung gestellt, indem er eine effektive Institutsstruktur aufgebaut hat, mit der er sein privatwirtschaftliches Institut ohne staatlichen Zuschuss führen konnte. Gerade letzteres war ihm wichtig, weil er in seinen Entscheidungen unabhängig sein wollte, ein Grundsatz, dem wir auch heute noch folgen. In diesem Sinne möchten wir ihn mit der Namensgebung als Institutsleiter ehren.

Es gibt jedoch noch weitere Gründe für die Namensgebung. Da ist zunächst der Forscher Otto Mecheels. Seit 1935, als er die Leitung des Deutschen Forschungsinstituts für Textilindustrie M. Gladbach-Rheydt übernahm, bis zu seiner Emeritierung 1962 befasste er sich mit der Textilforschung. In M.Gladbach-Rheydt entwickelte er eine neue Faser aus Cellulose und Fischeiweiß, später befasste er sich mit bekleidungsphysiologischen Fragen, insbesondere mit der Entwicklung lebensrettender Kleidung für Flugzeugpiloten. In den Hohenstein Instituten hat er sich wiederum der Bekleidungsphysiologie zugewandt und die Grundlage für eine eigene Wissenschaftsdisziplin geschaffen, die dann ab 1962 von meinem Vater, Prof. Dr. Jürgen Mecheels, zur Quantitativen Bekleidungsphysiologie erweitert worden ist. Heute noch gilt Otto Mecheels als der Pionier der bekleidungsphysiologischen Forschung in Deutschland. Er hat es verdient, dass die Erinnerung an ihn wach gehalten wird.

Wenn man die Literatur über Otto Mecheels studiert, dann stößt man immer wieder auf seine Tätigkeit als Lehrer, sei es in der Gestaltung des Unterrichts an Hochschulen oder der Planung neuer Studiengänge für die Textilwirtschaft.

Das hatte bereits 1929 begonnen, als er mit gerade mal 35 Jahren zum Vorstand des Laboratoriums für organische Chemie und Färbereitechnik an das Staatliche Technikum für Textilindustrie in Reutlingen berufen worden ist. Dort ist ihm seine pädagogische Begabung wahrscheinlich erst so richtig bewusst geworden. Damit ist Reutlingen zum Grundstein für sein späteres pädagogisches Vermächtnis geworden.

Sein besonderes Engagement galt auch der internationalen Zusammenarbeit und dem Austausch von Wissen und Erfahrung. Dazu nützte er seine Präsidentschaft auf dem Kongress der Internationalen Vereinigung der Chemiker & Coloristen am 4. Juni 1938 in Konstanz, um eine von 30 Ländern getragene „Internationale Akademie für Textilchemie und Koloristik" zu gründen. Dies war nicht nur eine taktische Meisterleistung, sondern auch eine mutige Tat in einem politischen Umfeld, das sich gerade anschickte, ein Jahr später den 2. Weltkrieg auszulösen.

Leider habe ich meinen Großvater nicht mehr als Lehrer erleben können. Als er 1962 die Institutsleitung an meinen Vater übergab, war ich erst 2 Jahre alt. Aber aus den Berichten von ehemaligen Studierenden und fachlichen Weggefährten habe ich gehört, dass er ein begnadeter Lehrer gewesen sein muss. Er konnte den trockensten Lehrstoff in eine begeisternde Vorlesung umwandeln.

Ich muss zugestehen, dass ich diese Seite meines Großvaters bis jetzt nie so richtig gewürdigt habe. Doch mit der Einweihung des neuen Gebäudes möchte ich das nachholen. Dazu habe die Herren Herbert Vogler und Josef Kurz gebeten, eine Bestandsaufnahme der Textilschulen von ihren Anfängen bis heute zu machen, also von den ersten Webschulen bis zu den heutigen Hochschulen. Daraus ist ein interessantes Buch geworden, das die Hohenstein Institute herausgeben werden, um an den leidenschaftlichen Pädagogen und begnadeten Lehrer, Prof. Dr.-Ing. Otto Mecheels, zu erinnern.

Mein Dank gilt den Autoren für ihre Mühe und Geduld beim Recherchieren der Literatur und dem Suchen in den Archiven; damit verbinde ich auch die gebührende Anerkennung für dieses einzigartige Werk.

*Bönnigheim, Schloss Hohenstein,
im Herbst 2013*

Vorwort der Autoren

Dipl.-Ing. Herbert Vogler und Prof. Dr. h.c. Josef Kurz

In der textilen Literatur haben Fachschulen bislang wenig Beachtung gefunden. Zwar gibt es Darstellungen der Entwicklungsgeschichte einzelner Schulen, die meistens bei Jubiläen publiziert worden sind, aber eine zusammenfassende Übersicht über das textile Fachschulwesen in Deutschland und seinen Nachbarländern fehlt bislang. Dies ist etwas erstaunlich, zumal die Fachschulen mit der Ausbildung des Führungsnachwuchses diesem das nötige berufliche Rüstzeug vermitteln und somit wesentlich zum Erfolg eines Betriebes oder Industriezweiges beitragen. Die starke Stellung der deutschen Textilindustrie ab der zweiten Hälfte des neunzehnten Jahrhunderts bis zur Textilkrise der 1970er bis 1990er Jahre ist im Wesentlichen auf das in Deutschland gut entwickelte Fachschulwesen zurückzuführen.

Einen Versuch einer Darstellung dieses Fachgebietes gab es für Deutschland bislang nur einmal mit einer Dissertation von Otto Franzen aus dem Jahr 1925. Der Autor befasste sich vorwiegend mit den Textilfachschulen in Krefeld, Mülheim am Rhein und Elberfeld. Er ließ bedeutende Schulen der damaligen Zeit weitgehend außer Acht und nannte sie, wenn überhaupt, nur in einer tabellarischen Übersicht. Diese Publikation, die bald ein Jahrhundert alt ist, liefert somit keinen Überblick über das Gebiet der Textilfachschulen.

Aus dem Jahr 1915 liegt eine von der Stuttgarter Franckschen Verlagsbuchhandlung in der Art eines Anschriftenverzeichnisses erstellte Übersicht über die deutschen Fachschulen, unter denen selbstverständlich auch die Textilfachschulen Erwähnung finden, vor. Abgesehen davon, dass die damals existierenden Schulen nicht vollständig in dem Verzeichnis zu finden sind, liefert dieses nur sehr beschränkte Informationen über die einzelnen Lehranstalten.

Schließlich darf auch eine Broschüre von Carl Malcomes mit dem Titel "Die Fachschulen für Textilindustrie Deutschlands", die 1903 erschienen ist, nicht unerwähnt bleiben. Hierbei handelt es sich um eine Selbstdarstellung der einzelnen Lehranstalten in Form von Annoncen, in denen die Lehrziele, Aufnahmebedingungen und Unterrichtskosten der jeweiligen Schulen genannt werden. Der Gehalt an Informationen über die Textilfachschulen ist in dieser Publikation sehr gering.

Für Österreich hat sich Josef Schermaier erst vor wenigen Jahren die Mühe einer Darstellung des Fachschulwesens gemacht. Der genannte Autor nennt besonders die zahlreichen Textilfachschulen, die in der Zeit der österreichisch-ungarischen Monarchie existierten und gibt somit auch eine Übersicht über die vielen Lehranstalten im Sudetenland.

Die textilchemische Ausbildung hat in neuerer Zeit in einer Dissertation von Heinz Hauptmann Beachtung gefunden. Da sie sich nur mit dem Lehrangebot für den Bereich der Textilchemie befasst, gibt sie lediglich für ein Segment des textilen Ausbildungswesens einen Überblick und lässt, wie dies aus der Ausgabenstellung dieser Arbeit zu erwarten ist, das umfangreiche Gebiet der frühen Webschulen sowie die neuzeitliche Ausbildung im Bereich der Herstellung von Textilien unbeachtet.

Somit erschien es angebracht, das Gebiet der Textilfachschulen für Deutschland und seine Nachbarländer zu erfassen und übersichtlich darzustellen. Hierbei standen nur die technisch und handwerklich sowie die kaufmännisch ausgerichteten Textilfachschulen im Blickfeld. Von der Erfassung von Schulen, in denen das Textildesign im Vordergrund stand, wurde weitgehend Abstand genommen, da solche Lehreinrichtungen als Textilfachschulen im eigentlichen Sinne nur in einigen Fällen gelten können, zumal dort in den meisten Fällen nicht nur Textildesign gelehrt wird. Natürlich gibt es auch Randbereiche und Übergänge zwischen technischem und künstlerischem Lehrangebot, die es sinnvoll erscheinen ließen, auch künstlerisch ausgerichtete Schulen teilweise zu erfassen.

Danksagung

Die Zusammenstellung der textilen Bildungseinrichtungen war nur durch zahlreiche Infomationsgeber, besonders aus Stadtarchiven, möglich. Unser Dank gilt deshalb in besonderem Maße den folgenden Personen:

Frau Birgit Bauer, Stadtarchiv Werdau · Herrn Alexander Becher, Berufliches Schulzentrum Annaberg-Buchholz · Herrn Prof. Dr. Attila Bereck, Wuppertal · Frau Bürgermeisterin Karin Berndt, Seifhennersdorf · Frau Anne-Sophie Berner, Stadtmuseum Lichtenstein/Sachsen · Herrn Dipl.-Ing.-Ök Andreas Berthel, Sächsisches Textilforschungsinstitut, Chemnitz · Frau Prof. Dr. Petra Blankenhorn, Hochschule Albstadt-Sigmaringen · Frau Angela Brehm, Stadtarchiv Hainichen · Frau Ulrike Budig, Museum Waldenburg/Sachsen · Frau Brigitte Bullmann, Stadtarchiv Cottbus · Frau Ursula Erdt, Stadtarchiv Blaubeuren · Frau Ingrid Faber, Stadtarchiv Gera · Herrn Wolfgang Fengler, Stadtarchiv Crimmitschau · Herrn Georg Feuerer, Stadtarchiv Augsburg · Herrn Prof. Dr. Hilmar Fuchs, Sächsisches Textilforschungsinstitut, Chemnitz · Herrn Stephan Grimm, Stadtarchiv Gütersloh · Herrn Jürgen Hänelt, Stadtarchiv Lengefeld · Herrn Franz-Josef Hawighorst, Gemeindeverwaltung Wallenhorst · Herrn Prof. Rudolf Haug, Hochschule Niederrhein · Frau Dr. Elke Heege, Stadtarchiv Einbeck · Herrn Prof. Dr. K.A. Helfenbein, Lauterbach/Hessen · Herrn Bernhard Holze, Leipzig · Frau Anja Hülle, Verein Oberlausitzer Webschule e.V. · Herrn Erhard Junge, Heimatverein Mülsen St. Jacob · Frau Dolores Kahl, Stadtarchiv Zschopau · Herrn Paul Kirsch, Seifhennersdorf · Herrn Dr. Arnd Kluge, Stadtarchiv Hof · Herrn Dr. Jan Klußmann, Stadtarchiv Forst · Herrn Sven Krause, Geschichtsverein Rochlitz · Frau Brigitte Kühn, Heimatmuseum Meerane · Frau Anja Lampe, Stadtarchiv Potsdam · Frau Eileen Lanick, Stadtarchiv Hohenstein-Ernstthal · Herrn Dr. Matthias Liebert, Archiv der Techn. Universität Dresden · Herrn Stephan Luther, Archiv der Techn. Universität Chemnitz · Frau Elke Machon, Stadtarchiv Stuttgart · Frau Prof. Angela Maier, Reutlingen University · Frau Karin Mensink, Stadtarchiv Nordhorn · Herrn Dr. Axel Metz, Stadtarchiv Bocholt · Herrn Jörg Nicklaus, Stadtarchiv Annaberg-Buchholz · Herrn Dr. Carsten Obst, Stadtarchiv Neumünster · Herrn Friedrich Oelhafen, Stadtarchiv Laichingen · Herrn Prof. Dr. Ludwig Peetz, Fachhochschule Kaiserslautern · Frau Christine Peters, Stadtarchiv Hannover · Herrn Holger Plänitz, Archiv des Landkreises Zwickau · Herrn Dr. Christoph Popp, Stadtarchiv Mannheim · Herrn Klaus Philippscheck, Sindelfingen · Frau Carmen Schaffarschick, Stadtarchiv Oederan · Herrn Horst Schengber, Bekleidungsfachschule Aschaffenburg · Herrn Werner Straukamp, Stadtmuseum Nordhorn · Frau Kerstin Schumann, Tuchmacher Museum Bramsche · Frau Christel Seidel, Leipzig · Herrn Detlef Thomaszczyk, Stadtarchiv Apolda · Frau Jana Walther, Stadtarchiv Mittweida · Frau Andrea Winkler, Stadtarchiv Seifhennersdorf · Herrn Robert Zimmermann, Stadtarchiv Zittau.

In diesen Dank einbezogen sind auch die folgenden Institutionen:

Berufskolleg Humboldtstraße, Köln · Berufskolleg Maria Stemme, Bielefeld · Förderverein des Heimtmuseums Gößnitz · Redaktion der Lausitzer Rundschau · Redaktion des Werdauer Stadtanzeigers · Stadtarchiv Chemnitz · Stadtarchiv Frankenberg/Sachsen · Stadtarchiv Heilbronn · Stadtarchiv Leipzig · Stadtarchiv Mühlhausen/Thüringen · Stadtarchiv Nürnberg · Stadtarchiv Plauen · Stadtarchiv Ronneburg/Thüringen · Stadtarchiv Schneeberg/Sachsen · Stadtarchiv Siegen · Stadtarchiv Spremberg · Stadtarchiv Visselhövede.

PRAXISNAHE HOCHSCHULEN | 13

1. Otto Mecheels und die gesamtheitliche Textilausbildung

Als Dr.-Ing. Otto Mecheels im Wintersemester 1929 zum „Vorstand des Laboratoriums für organische Chemie und Färbereitechnik" an das Staatliche Technikum für Textilindustrie Reutlingen berufen worden ist, hatten sich mehrere ursprüngliche Webschulen bereits in Ausbildungsstätten für die gesamte Textilindustrie weiterentwickelt, in denen Spinnen, Weben und Färben/Ausrüsten gelehrt wurde. Innerhalb dieser Schulen hatte sich seit der Jahrhundertwende eine Zweiteilung ergeben. Auf der einen Seite war es die Textiltechnik mit Spinnen und Weben, auf der anderen Seite die Textilchemie mit Färben und Ausrüsten, wobei die Textiltechnik bereits einen hohen Ausbildungsstand erreicht hatte, während die Textilchemie gerade erst in den Anfängen stand, aber in der Praxis immer wichtiger wurde. Dieser Tatsache hat auch das Technikum für Textilindustrie Reutlingen Rechnung getragen, indem ein promovierter Chemiker in den Lehrkörper berufen worden ist, der praktische Er-

Technikum für Textilindustrie Reutlingen

fahrung in der Färberei mitgebracht hat, nämlich Otto Mecheels. Er hatte an der damaligen Technischen Hochschule Stuttgart Chemie studiert, wurde mit einem Thema über Farbstoffchemie promoviert und konnte anschließend 8 Jahre lang in der Nähseidenfabrik Amann & Söhne in Bönnigheim als Vorstand des Laboratoriums und zweiter Färbereidirektor praktische Erfahrung sammeln.

In seiner Tätigkeit bei Amann & Söhne ist Otto Mecheels zu der Erkenntnis gekommen, dass die bis dahin definierte „Textile Kette", bestehend aus Spinnen, Weben, Färben/Ausrüsten, zu kurz ist, um gebrauchstaugliche Textilien herzustellen, sondern verlängert werden muss, indem die Konfektion einbezogen wird. Er hat an dem von Amann & Söhne hergestellten Produkt, dem Nähfaden, ja selbst gesehen, welche Probleme sich bei der Bekleidungsherstellung ergeben können. Folglich war für ihn die Konfektion ein Bestandteil der Textilen Kette.

Es gab noch ein zweites Glied, das es zu überdenken galt, und dies hing mit den neuen Chemiefasern zusammen, die ab den 1920er Jahren vermehrt auf den Markt gekommen sind. Das waren Viskose, Cupro und Acetat. Dabei standen für Otto Mecheels zunächst nicht die technologischen und färberischen Probleme im Vordergrund, sondern die Akzeptanz bei der Bevölkerung. Er hatte schon damals erkannt, dass die Abhängigkeit der deutschen Textilindustrie von den Baumwollimporten gemindert werden müsse, indem die Produktion von Chemiefasern im eigenen Land vergrößert wird. Aber was nützt die schönste Chemiefaser, wenn sie die Menschen nicht wollen, so war es auch mit der „Kunstseide" von Amann & Söhne. Doch Otto Mecheels war von den Vorteilen dieser neuen Fasern überzeugt – und hat versucht, auch die anderen zu überzeugen, was ihm mit Argumenten und Begeisterung meistens auch gelang.

Daraus hat er gelernt, dass es auf die Verkäufer ankommt, wenn sich die neuen Chemiefasern durchsetzen sollen. Die Schulung der Verkäuferinnen und Verkäufer war dann ein weiteres Glied in seiner neuen Textilen Kette.

Er hat jedoch noch etwas für seinen späteren Lebensweg gelernt, nämlich die Bedeutung der Textilpflege, also Waschen und Chemischreinigen in organischen Lösemitteln. Zwar gab es beides schon seit langem, aber die Methoden hatten sich grundlegend geändert. Zum Waschen sind jetzt Produkte mit Sauerstoffbleichmitteln eingesetzt worden und beim Chemischreinigen ist das Schwerbenzin durch unbrennbare, chlorhaltige Lösemittel, wie Tri- und Perchlorethylen, ersetzt worden. Dadurch ergaben sich ganz neue Probleme für die Färber und Textilveredler, aber auch neue Chancen für die Bekleidungsherstellung, weil sich das Spektrum für die Kombination von unterschiedlichen Materialien stark erweitert hat. Daraus hat Otto Mecheels ein letztes Glied in der Textilen Kette gemacht: die Textilpflege!

Doch zunächst konnte Otto Mecheels nicht die Textile Kette verlängern, sondern er musste im Staatlichen Technikum für Textilindustrie Reutlingen einen interessanten Unterricht für seine Studierenden hinbekommen. Das hat er sicherlich mit viel Hingabe versucht, und wie es scheint, ist ihm das auch gelungen. Dabei konnte er die bestens eingerichteten chemischen und technologischen Laboratorien in sein neues Unterrichtskonzept einbinden.

Die neue Lehrmethode von Otto Mecheels lässt sich auf zwei Sätze reduzieren: soviel Theorie wie notwendig, soviel praktische Übungen wie möglich. Diesem Prinzip ist er übrigens sein Leben lang treu geblieben, denn er hasste nichts mehr als theoretische Diskussionen, die er mit der ironischen Bemerkung zu kommentieren pflegte: „ Es gibt nichts Praktischeres als eine richtige Theorie!" Das hat jedoch nicht bedeutet, dass er keinen Wert auf die theoretischen Zusammenhänge gelegt hätte, ganz im Gegenteil, für ihn war es wichtig, dass seine Studierenden ganz genau wussten, was sie taten; er wollte nur vermeiden, dass sich die Theorie von der Praxis wegbewegt und sich verselbständigt.

Wie Otto Mecheels seine neue Lehrmethode aufgebaut hatte, können wir anhand seines Lehrbuches „Praktikum der Textilveredlung" nachvollziehen. Dort hat er auf rund 400 Seiten festgehalten, wie er sich das Lehren und Lernen vorstellt: Zunächst wird jeder Prozess beschrieben und die dazu notwendige Theorie erklärt. Dann folgen ein oder mehrere Versuche, die die Studierenden ausführen sollen. Dabei sind die Versuchsanordnung genau beschrieben und die Ziele klar definiert. Besonders bemerkenswert ist dabei, dass es Otto Mecheels darauf ankam, die Zusammenhänge zwischen einzelnen Parametern experimentell erarbeiten zu lassen, damit die Studierenden auch lernten, die Plausibilität von Ergebnissen zu analysieren und bewerten. Insgesamt sind in seinem Buch 308 Versuche beschrieben. Dazu gibt es rund 150 Abbildungen, entweder als Fotos oder Schemata.

Als Otto Mecheels im Wintersemester 1929 seine erste Vorlesung als junger Professor mit 35 Jahren gehalten hat, verfügte er bis dahin über keinerlei Lehrerfahrung, war also ein blutiger Anfänger. Doch das hatte sich scheinbar schnell geändert, denn nach einigen Monaten saßen in seinen Vorlesungen nicht nur die Studierenden der Textilveredlung, sondern auch die Assistenten und teilweise langjährige Mitarbeiter des Technikums. Es waren jedoch nicht nur seine klaren Definitionen und die auf den einfachsten Nenner gebrachten fachlichen Zusammenhänge, sondern auch die humorvolle Ausschmückung des an sich trockenen Lehrstoffs. Seine besonderen pädagogischen Fähigkeiten lagen in der menschlichen Art, wie er seine Schüler oft ganz unmerklich für das Leben vorbereitet hat - zu Coloristen mit eigener Haltung und Ethik. Die älteren Semester nannten es „Mecheels'sche Individualpädagogik!"

Innerhalb von 6 Jahren, von 1929 bis 1935, ist diese neu pädagogische Linie in der Textilindustrie so bekannt geworden, dass der Herausgeber der Melliand Textilberichte, Marcel Melliand, geschrieben hat: „Prof. Mecheels hat sich in wenigen Jahren ein ganz besonderes Vertrauen in der Textilindustrie erworben. Es ist in der Industrie schon so, dass es als besonders wertvoll gilt, wenn der Sohn eines Textilfabrikanten oder Textilfachmannes bei Prof. Mecheels studieren kann!"

Die erfolgreiche Arbeit von Otto Mecheels in Reutlingen war dann auch der Grund, warum er 1935 einen Ruf als Direktor an die Höhere Textilfachschule für Textilindustrie M.Gladbach-Rheydt bekommen hat. Die Gladbacher Schule hatte im Grunde dieselbe Struktur wie das Technikum in Reutlingen, d.h. Schwerpunkt in Spinnen, Weben, Färben/Ausrüsten. Hier konnte er nun an die schulische Erweiterung der Textilen Kette gehen, so wie er sie gesehen hat.

Seine ersten Anstrengungen galten der Konfektion. Zwar verfügte die Schule über eine kleine Näherei, in der jedoch nur die in der Weberei hergestellten Stoffe zu Kleidung verarbeitet wurden, damit man sehen konnte, wie sie am Körper aussehen; eigentlich nur eine kleine Modellnäherei. Aus dieser hat Otto Mecheels die erste Bekleidungsfachschule Deutschlands gemacht. Nach den Literaturangaben muss es sich dabei um eine für damalige Verhältnisse hochmoderne Ausbildungsstätte gehandelt haben. In einem Neubau auf dem Gelände der Schule befanden sich helle, freundliche und großzü-

Höhere Fachschule für Textilindustrie M. Gladbach-Rheydt

gig ausgestattete Unterrichtsräume, dazu eine Werkstatt mit mehreren Fließbändern, die wahlweise umgestellt werden konnten. An 40 Nähmaschinen unterschiedlichster Fabrikate konnten die Studierenden ihre Übungen durchführen. Im April 1939 ist diese Fachschule für Bekleidungstechniker und –Ingenieure mit einem großen Festakt eingeweiht worden. Die lokale Presse hat stolz geschrieben: „M. Gladbach ist heute der Standort der ersten Bekleidungsfachschule der Welt!"

Im gleichen Jahr 1939 ist auch die Höhere Fachschule für den Textil- und Bekleidungseinzelhandel in M.Gladbach-Rheydt gegründet worden. Sie ist zusammen mit dem Fachverband und dem Schulträger entstanden. Die Ausbildung dauerte 2 Semester. Leider ist in der Literatur nicht viel über diese neue Einrichtung geschrieben worden, weil sie im Schatten der Bekleidungsfachschule gestanden hatte.

Doch der Lehrplan der ersten beiden Semester ist erhalten geblieben. Daraus ist sofort die Mecheels'sche Handschrift zu erkennen, denn die Studierenden mussten in den Versuchsbetrieben kleinere Arbeiten selbst ausführen, in den koloristischen Laboratorien durften sie färben und in den technologischen Prüflabors einfache Warenprüfungen durchführen. Hier ist wieder die gelebte Einheit von Theorie und Praxis zu spüren.

Leider wurde die weitere Entwicklung der Schule durch die Ereignisse des Zweiten Weltkriegs jäh unterbrochen, denn bei einem Bombenangriff sind die Gebäude und Einrichtungen im November 1944 fast vollständig zerstört worden. So konnte Otto Mecheels sein letztes Glied in der Textilen Kette, die Textilpflege, nicht mehr in schulische Ausbildung umsetzen. Doch auch ohne dieses Gebiet hat sich die Höhere Fachschule für die Textilindustrie M.Gladbach-

Rheydt von 1935 bis 1944 zu einer „Höheren Fachschule für die Textilwirtschaft" entwickelt. Das Ergebnis war, dass schon während des Studiums alle mit Textilien befassten Personen die Möglichkeiten und Probleme der anderen kennenlernen konnten. Das förderte das Verständnis füreinander, zugleich aber auch mehr Kenntnisse untereinander. Es gab also nur Gewinner, so wie es sich der Direktor der Schule, Prof. Dr.-Ing. Otto Mecheels vorgestellt hatte.

Das letzte Glied der Textilen Kette hat Otto Mecheels in seiner 1949 auf Schloss Hohenstein gegründeten eigenen „Lehranstalt Hohenstein e.V." realisiert. In der Ausbildung für Textilingenieure gab es eine Fachrichtung Wäscherei und Chemischreinigung, und - wie könnte es auch anders sein - mit einem an die Schule angegliederten Lehr- und Versuchsbetrieb. Dort konnten dann die Studierenden wie schon in Reutlingen und M.Gladbach-Rheydt die experimentellen Arbeiten durchführen und das theoretische Wissen in Einklang damit bringen.

In der Lehranstalt Hohenstein konnte Otto Mecheels ein weiteres, neues Element in die Ausbildung weiterführen, nämlich das forscherische Denken, was bis dahin nicht zu den Schwerpunkten der Textilschulen gehört hatte. Doch in der Höheren Textilfachschule M. Gladbach-Rheydt hat er dieses Experiment gewagt und hatte Erfolg damit. In der Literatur wird dies so beschrieben: „es sei gelungen, was an anderen Fachschulen als unmöglich bezeichnet wurde, die Schüler im vierten Halbjahr für wissenschaftliche Forschung im Rahmen des Vierjahresplanes einzuspannen". Was in den 1940er Jahren noch ein Experiment war, ist heute gelebte Wirklichkeit an den Schulen.

Man muss zu der Einbindung der Schüler in Forschungsarbeiten jedoch hinzufügen, dass nicht an allen damaligen Höheren Fachschulen die Voraussetzungen dafür gegeben waren. In einen normalen Lehrbetrieb waren diese Arbeiten nicht zu integrieren, schon deshalb nicht, weil das Lehrpersonal in den Praktika überhaupt nicht die Fähigkeiten hatte, um die jungen Leute richtig anzuleiten. Dazu bedurfte es qualifizierter, analytisch denkender Koloristen oder Chemiker, doch diese standen in M.Gladbach-Rhydt zur Verfügung und auch später in den Hohenstein Instituten, weil neben den Schulen auch ein Forschungsinstitut bestanden hatte. Damit konnte die Betreuung der Arbeiten durch das Forschungspersonal erfolgen. Der Erfolg dieser Arbeiten hing also weniger von den Studierenden selbst ab als von der Begleitung durch die Institute. Doch wo diese Voraussetzungen gegeben waren, hat die Einbindung der Studierenden funktioniert.

Mit der schulischen Umsetzung der gesamten Textilen Kette im Sinne der Textilwirtschaft war für Otto Mecheels der Lehrauftrag, den er gegenüber seinen Studierenden empfand, noch nicht erfüllt, denn es genügte ihm nicht, nur gute Fachleute heranzubilden, er wollte auch tüchtige Menschen aus ihnen machen. Deshalb hat er sich in seiner Hohensteiner Zeit noch mehr als früher um die ethische Erziehung seiner Studierenden gekümmert. Es verging kaum eine Vorlesung, in der er nicht einige Minuten über wichtige Dinge des Lebens doziert hätte. Diese Exkurse haben meistens ganz realitätsnah mit einer interessanten Frage oder einer alltäglichen Situation begonnen und endeten dann in einer praktikablen Empfehlung für das Leben. Es konnte aber auch sein, dass er über ein vollkommen textilfremdes Fach gesprochen und daraus dann Parallelen zur Textilindustrie abgeleitet hat. Damit wollte er die Studierenden anregen, dass sie über den Tellerrand hinausblicken und sich in anderen Branchen umsehen, wie dort die Arbeitsabläufe sind. Sollten die Studieren-

Forschungsinstitut und Lehranstalt Hohenstein

den etwas verwundert geschaut haben, dann kam sein wohlbekannter Spruch:" Wer nur Textil versteht, versteht auch dieses nicht!"

Damit die Studierenden immer vor Augen hatten, was er von ihnen erwartet, stand dies in 6 Worten an der Frontseite der Aula: Schöpferische Idee – Fachliches Können – Persönliche Anständigkeit. Wenn man diese Worte zwei oder mehr Semester lang vor Augen hatte, dann hat sich das in das Unterbewusstsein eingeprägt. Vergessen hat man sie nicht mehr, ob man danach gelebt hat, ist eine andere Sache!

Im Alter von 68 Jahren hat Prof. Dr.-Ing. Otto Mecheels 1962 die Leitung der Lehranstalt Hohenstein e.V. an seinen Sohn Dr. Jürgen Mecheels übergeben. Er hat dann nur noch sporadisch Vorlesungen gehalten, kam aber regelmäßig in die Vorlesungen anderer Dozenten und hat für einige Minuten über sein Lieblingsthema, die Psychologie des Menschen, doziert.

Otto Mecheels ist 1979 im Alter von 85 Jahren auf Schloss Hohenstein gestorben. Mit ihm ist ein Hochschullehrer abgetreten, der den Menschen als Ganzes gesehen hat, genauso wie er das Textil als eine Einheit gesehen hat. Für ihn war Lehren gleichbedeutend mit Erziehung für das Leben. Er war sicherlich einer der Pioniere der gesamtheitlichen Textilausbildung.

2. Die Textilausbildung in der Zeit der Handfertigung

Die Anfänge der Berufsausbildung im Textilgewerbe in Form eines Lehrverhältnisses findet man bereits in der Antike. Ein Beispiel hierfür liefert der römische Schriftsteller Vulpian, der im 3. Jahrhundert n.Chr. lebte und der sich als Jurist mit dem Verhältnis des Meisters zum Lehrling beschäftigte, wobei ihm ein Walkermeister als Beispiel diente.

Im Mittelalter wurde die Berufsausbildung in den einzelnen textilen Handwerken besonders in den Zunftordnungen festgelegt. Diese regelten nicht nur die Arbeit der Lehrlinge in den Werkstätten der Meister, sie erließen auch Vorschriften für das Verhalten der Auszubildenden im Alltag. Für Verstöße gegen die vorgeschriebenen Verhaltensweisen wurden zu zahlende Strafen bis ins Detail festgeschrieben. Schon für den Eintritt in eine Berufsausbildung waren oft Hürden errichtet worden. So wurden in manchen Handwerken zur Lehre nur Kinder ehelicher Geburt, deren Eltern einen rechtschaffenen Lebenswandel aufzuweisen hatten, zugelassen. Jugendliche, von denen ein Elternteil zu einer Gefängnisstrafe verurteilt worden war, hatten kaum die Chance, eine Lehrstelle zu erhalten.

Wer eine Lehre in einem Textilhandwerk machen wollte, hatte üblicherweise ein Lehrgeld zu entrichten, dessen Höhe in den Zunftordnungen geregelt war und sich oft an den wirtschaftlichen Verhältnissen der Eltern ausrichtete. Auch die körperliche Verfassung der Bewerber für eine Lehre war oft ein Maßstab für das Lehrgeld. Jugendliche von kräftiger Statur, die der Meister bald zu Arbeiten verschiedener Art einsetzen konnte, hatten meistens weniger zu zahlen als etwas schwächliche Jugendliche. Die Zunftord-

Abb. 2.1 Der Weber namens Hans Weber bei der Arbeit am Webstuhl. Aus dem Hausbuch der Mendelschen Zwölfbrüderstiftung von 1425, das in der Stadtbibliothek Nürnberg aufbewahrt wird.

nungen legten auch fest, wie viele Lehrlinge der Meister ausbilden durfte.

Die von Handwerk zu Handwerk und auch von Region zu Region oft sehr unterschiedlichen Lehrzeiten regelte ebenfalls die Zunftordnung. Es war kaum möglich, eine Lehre unter drei Jahren zu machen. Meistersöhne genossen bei der Festlegung der Lehrzeit oft Privilegien. Auch für den Fall, dass eine Lehre abgebrochen wurde und dass der Lehrling, wie es oft hieß "entlaufen" war, sahen die Zunftordnungen Maßnahmen, die meist finanzieller Art waren, vor. Im Falle längerer Erkrankungen musste die verlorene Ausbildungszeit durch eine Verlängerung der Lehrzeit nachgeholt werden.

Abb. 2.2 Färber aus der Zeit um 1500. Kolorierte Federzeichnung aus dem Hausbuch der Landauerschen Stiftung in Nürnberg, das in der Stadtbibliothek Nürnberg aufbewahrt wird.

In der Ausbildungszeit hatte der Lehrmeister oft den Lehrling in volle Kost zu nehmen. Wenn es in mancher Zunftordnung heißt, der Lehrherr hätte den Lehrling wie einen "Menschen und nicht wie ein Stück Vieh" zu behandeln, dann kann man auf den oft fragwürdigen Umgang mit den Auszubildenden schließen. Das Ausbildungsverhältnis durfte der Meister nur beenden, wenn dem Lehrling Diebstahl oder Unzucht nachgewiesen werden konnte.

Ausbilder durften in den meisten Fällen nur die Meister sein. So war es einer Witwe, die die Werkstatt ihres verstorbenen Gatten weiterführte, nicht gestattet, Lehrlinge auszubilden. Auch nach einer Wiederverheiratung war die Lehrlingsausbildung nur möglich, wenn die Eheschließung mit einem Meister des jeweiligen Handwerks erfolgte. Von der Ausbildung von Lehrlingen waren meistens auch die ab etwa 16. Jahrhundert vorkommenden Freimeister, also Handwerksmeister, die keiner Zunft angehörten, ausgeschlossen. Diese Freimeister fand man besonders in seltenen Gewerben. Sie wurden oft vom Rat der Stadt als solche eingesetzt und zu Freimeistern erklärt. Ebenso wurde auch den mancherorts als Stümpler bezeichneten und wenig angesehenen Meistern die Ausbildungsberechtigung abgesprochen. Diese so genannten Stümpler waren nicht zunftgebunden. Es handelte sich dabei nicht selten um Meister, die wegen irgendwelcher Vergehen aus der Zunft ausgeschlossen worden waren.

In gleicher Weise wie für die Lehrlinge wurden auch für die Gesellen, die ihre Lehre beendet hatten und nun diese Berufsbezeichnung führen durften, Verhaltensweisen festgelegt, die sich weit in den Alltag dieser Personen hinein erstreckten und oft bis ins Detail geregelte Strafen bei Verstößen vorsahen. Wichtig war für die Gesellen die Wanderschaft, die mindestens ein Jahr und manchmal auch mehrere Jahre betrug. Die Wanderschaft der Handwerkergesellen kam im 14. Jahrhundert auf, in vielen Berufen wurde sie im 16. Jahrhundert Pflicht. Zu Beginn des 20. Jahrhunderts wurde sie mehr und

Abb. 2.3 Tuchscherer aus dem 1698 erschienenem Buch "Gemein-Nützliche Haupt-Stände" von Christoph Weigel mit der Beschreibung des Tuchscherens. Im Hintergrund ein Tuchscherer beim Rauen des Tuches.

mehr aufgegeben. Für die Weitergabe von beruflichen Kenntnissen war die Wanderschaft der Gesellen von ausschlaggebender Bedeutung. In manchen Berufen durften die Gesellen erst heiraten, wenn sie diese Wanderschaft aufzuweisen hatten. Und sie konnten kaum Meister werden, wenn sie sich um die Wanderschaft drückten. Allerdings sahen manche Zunftordnungen Ausnahmeregelungen für die Söhne von Meistern vor. Sie konnten sich durch Zahlung einer festgelegten Summe um die für das Erwerben beruflicher Kenntnisse und den Austausch von Know-how ausgesprochen wichtige Wanderschaft drücken. Wollte der Geselle Meister werden, so hatte er seine berufliche Qualifikation durch eine genau festgelegte Prüfung vor der Zunft nachzuweisen.

Mit dem Ende der handwerklichen Fertigung und dem Übergang auf die Produktion mit Maschinen änderte sich auch das textile Ausbildungswesen. Die Unterteilung in Lehrlinge, Gesellen und Meister wurde zwar in vielen Betrieben im Prinzip noch beibehalten, aber häufig wurden an den Maschinen keine ausgebildeten Fachkräfte, sondern angelernte Arbeiterinnen und Arbeiter mit einer niedrigen Entlohnung zu Tätigkeiten in den entstandenen Fabriken herangezogen.

Der altehrwürdige Handwerksmeister, der nach einer Lehre auch eine Gesellenzeit absolviert und vor der Zunft seine Meisterprüfung abgelegt hatte, rückte in den Hintergrund. Vielfach zogen sich die Betriebe ihre Meister, die auch in diesen benötigt wurden, selbst heran. So war es keineswegs selten, dass ein angelernter Arbeiter, der sich durch Gewissenhaftigkeit, Fleiß und technisches Gespür ausgezeichnet hatte, in seinem Betrieb Meister werden konnte.

Das Ausbildungswesen in der Zeit der Industrialisierung trug dieser Tendenz Rechnung. Oft in Abendkursen, häufig auch in Tageskursen, wurde versucht, diesen Meistern ein besseres berufliches Rüstzeug zu geben, was in den meisten Fällen auch die Unterstützung der Unternehmen fand.

Die Berufsausbildung zu Fachkräften in Form einer Lehre hat auch heute noch Bedeutung. So wird die Möglichkeit geboten, in einer Reihe von textilen Berufen eine Ausbildung zu machen. Als Beispiele seien Modenäher, Modeschneider, Maschinen- und Anlagenführer Textiltechnik, Maschinen- und Anlagenführer Textilveredlung, Produktionsmechaniker Textil, Textillaborant, Technischer Konfektionär und Textilreiniger genannt. Wenn hier die männlichen Berufsbezeichnungen angegeben werden, so sind diese Berufe selbstverständlich nicht nur für junge Männer, sondern in gleichem Maße auch für junge Frauen zugänglich.

Begleitend zu der praktischen Ausbildung in Betrieben ist der Besuch der Berufsschule obligatorisch. Sie ist eine der Säulen des Dualen Berufsausbildungssystems. Berufsschulen bestehen seit 1870, sie hießen bis 1912 Fortbildungsschulen. Diese Schulen wurden mehr und mehr zur Konkurrenz für die einfachen Webschulen, die sich mit ihrem Ausbildungsangebot im Wesentlichen an Lehrlinge und Gesellen wandten. An manchen Orten wurden die Webschulen aufgegeben und in die Staatlichen Berufsschulen eingegliedert.

Von dieser Konkurrenzsituation waren die so genannten Höheren Webschulen, die oft schon zu Textilfachschulen mit einem über die Weberei hinaus gehenden textilen Ausbildungsangebot geworden waren, nicht betroffen. Sie wandten sich an Absolventen, die später Führungskräfte in den Textilbetrieben werden sollten. Unter diesen waren nicht selten Fabrikantensöhne.

In vielen Berufen ist heute der Besuch der Berufsschule am Ort mit wöchentlich bis zu zehn Stunden möglich. Im Textilgewerbe ist aber, wegen der geringen Zahl der Auszubildenden und wegen einer kaum noch vorhandenen Konzentration der Betriebe an bestimmten Standorten, der mehrere Wochen umfassende Blockunterricht an verschiedenen Zentren üblich.

Der Berufsausbildung im Textilwesen wurde in der früheren DDR eine besondere Beachtung geschenkt. Hier besaßen rund 75% der in der Textilindustrie Beschäftigten einen Facharbeiterabschluss oder eine noch höhere Qualifikation. In den alten Bundesländern überwog in den Textilbetrieben dagegen der Anteil der Angelernten.

In früheren Jahren war es für angehende Textilingenieure fast eine Selbstverständlichkeit, vor dem Studium eine Lehre in einem Textilberuf zu machen. In der heute üblichen universitären Ausbildung des Führungsnachwuchses auf dem Textilgebiet wird dieses Lernen von der Pike auf nicht mehr oft wahrgenommen, empfehlenswert ist es aber allemal.

Literatur:

- Ennen, R., Zünfte und Wettbewerb, Diss. Marburg, 1970
- Martell, P., Zur Geschichte der Färberei in Württemberg, Melliand Textilberichte 6(1925), S. 297-299 u. 392-393
- Schnürle, K., Der mittelalterliche Handwerker, Würzburg, 1940
- Scholtz Novak, S., Meine Reise 1805-1812 – Die Aufzeichnungen des Tuchscherermeisters Johann David Scholtz aus seinen Wanderjahren, Bremen, 1993

Quelle Abbildungen:

- 2.1 Cardon, D., La Draperie au Moyen Age, Paris, 1999, S. 489, Fig. 195
- 2.2 Ploss, E.E., Ein Buch von alten Farben, Heidelberg, 1962, S. 45
- 2.3 Bibliothek des Germanischen Nationalmuseums, Nürnberg

3. Die Revolution des Textilwesens durch die Einführung der Maschinen

Über Jahrtausende war die Herstellung von Textilien eine manuell ausgeführte Tätigkeit. Dies änderte sich, als in der zweiten Hälfte des achtzehnten Jahrhunderts Maschinen aufkamen, die im Vergleich zur Handarbeit wesentlich höhere Leistungen ergaben und die nach und nach die manuelle Tätigkeit verdrängten. Sie machten nicht wenige, die bis dahin mit der manuellen Textilproduktion ihr Brot verdient hatten, erwerbslos.

Den Beginn dieser Phase, die üblicherweise als Industrielle Revolution bezeichnet wird, markieren die Einführung der Spinnmaschine und der Aufbau von Fabriken, in denen diese Maschinen betrieben wurden. Aber es gab schon vorher maschinelle Vorrichtungen in der Textilherstellung, nämlich die Walkmühle und die Seidenzwirnmühle.

Die ersten Spuren der mit Wasserkraft angetriebenen Walkmühle findet man bereits in einem Dokument aus dem Jahr 962. Es beschreibt eine Vorrichtung dieser Art für das Kloster San Bartolomeo di Carpineto in den Abruzzen. Die Achse des Wasserrades war bei der Walkmühle zu einer mit Nocken besetzten Achswelle verlängert worden. Die Nocken hoben schwere Holzhämmer, die beim Zurückfallen in den mit dem Walkgut und der Walklauge gefüllten Trog das zu walkende Gut stampften und so die beim Walken gewünschte partielle Verfilzung der Gewebeoberfläche herbeiführten. Durch die Stampfmechanik einer Walkmühle wurde die Tätigkeit von rund zwanzig bis vierzig herkömmlichen Fußwalkern ersetzt.

Abb. 3.1 Walkmühle aus dem 1607 erschienenem Buch von Vittorio Zonca.

Diese maschinelle Vorrichtung zum Walken verbreitete sich zunächst im Norden Italiens. Nördlich der Alpen taucht sie erstmals 1087 in Rouen auf. Im deutschsprachigen Raum findet man die

Walkmühle zum ersten Mal in Basel im Jahr 1193. Sie fand nicht überall eine rasche Aufnahme. So wurde sie in der Tuchfertigung Flanderns, die über mehrere Jahrhunderte die führende Europas war, lange abgelehnt. Hier war die Walkmühle zwar im 13. Jahrhundert etwas aufgekommen, sie wurde aber im 14. Jahrhundert wieder verlassen. Die Fußwalke wurde dort weiter praktiziert.

Die andere frühe maschinelle Vorrichtung ist das oft auch als Seidenzwirnmühle bezeichnete Filatorium. Es war offensichtlich so gut durchkonstruiert, dass es über rund fünf Jahrhunderte nahezu unverändert blieb. Der Antrieb des Filatiums erfolgte über Göpel oder über Wasserkraft. Auch von einem Tretradantrieb wird berichtet und bei kleinen Filatorien war sogar ein Antrieb über Handkurbeln möglich. Das besonders für das Zwirnen von Seidengarnen eingesetzte Filatorium, das meist eine Kreisform aufwies, dürfte nicht alleine durch die gegenüber dem herkömmlichen Handzwirnen wesentlich höhere Arbeitsleistung ausgelöst worden sein. Auch qualitative Aspekte wie eine gleichmäßige Zwirndrehung, die dann, wenn Garne von verschiedenen Handzwirnerinnen zusammen kommen, meistens nicht möglich ist, dürften bei der Einführung des Filatoriums eine wichtige Rolle gespielt haben.

Die Herkunft des Filatoriums ist bislang noch weitgehend ungeklärt. Eine Übernahme aus China wird in Erwägung gezogen, es erscheint aber auch nicht ausgeschlossen, dass es sich um eine eigenständige europäische oder vorderasiatische Entwicklung handelt. Einen ersten Hinweis auf eine Vorrichtung dieser Art findet man im Jahr 1272. Es kann vermutet werden, dass sie damals schon sowohl in Lucca als auch in Bologna im Seidengewerbe eingesetzt wurde. Daneben scheint auch Venedig schon früh in den Besitz des Filatoriums gelangt zu sein, wofür sich der erste Hinweis aus 1310 ergibt.

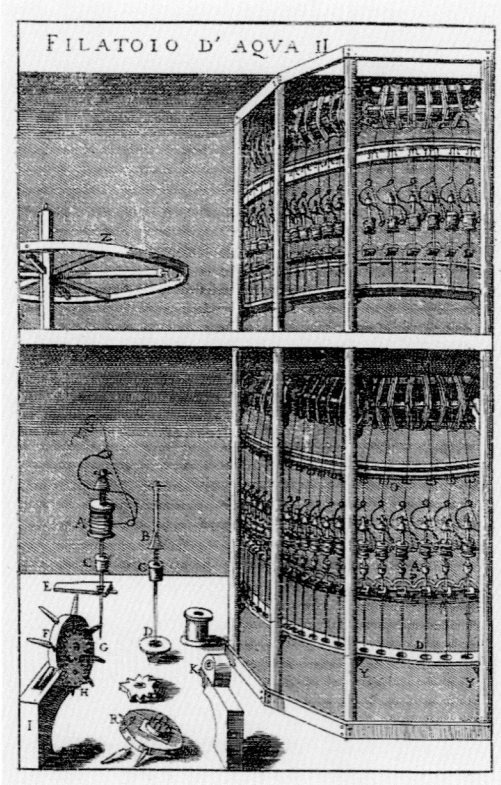

Abb. 3.2 Filatorium (Filatoio d' Aqva II) aus dem 1607 erschienenem Buch von Vittorio Zonca.

Zu Beginn des 15. Jahrhunderts war diese Vorrichtung auch im nördlichen Europa bekannt.

In England errichteten die Brüder Lombe 1718 eine mit Filatorien ausgestattete Seidenzwirnerei in Derby am Derwent. Diese Fabrik wurde oft als Ausgangspunkt für die späteren Spinnfabriken Englands betrachtet. Und das Filatorium mit seinem S-förmigen Fadenführer war vielleicht auch die Vorlage für die Flügelspindel, wie wir sie beim Spinnrad und später auch bei der Spinnmaschine finden.

Beide frühe maschinelle Vorrichtungen stießen bei den manuell Tätigen auf Widerstand, der aber örtlich begrenzt war und kaum ein überregionales Ausmaß erreichte. Dies änderte sich, als Maschinen zur Textilherstellung in größerem Umfang eingeführt wurden.

Am Anfang der Phase, die üblicherweise als Industrielle Revolution bezeichnet wird, steht die Spinnmaschine. Deren Entwicklung kann in einem engen Zusammenhang mit der besonders im 18. Jahrhundert stark zugenommenen Verarbeitung von Baumwolle gesehen werden. Es war die erste Faser, die maschinell zu Garnen verarbeitet wurde. Das mechanische Spinnen von Wolle und Flachs erfolgte später. Wenn man von den vermutlich weitgehend vergeblichen Versuchen zum mechanischen Antrieb des Spinnrads absieht, dann kann der erste Markstein in der Entwicklung der Spinnmaschine 1738, als Lewis Paul und John Wyatt eine entsprechende Maschine zum Patent anmeldeten, angesetzt werden. In ihr war der später für das Spinnen sehr wesentliche Verzug des Spinnmaterials zwischen zwei mit unterschiedlichen Geschwindigkeiten laufenden Walzenpaaren bereits vorgesehen. Mit wenig Erfolg versuchten die beiden Erfinder, ihre Spinnvorrichtung fabrikmäßig einzusetzen.

Der nächste Schritt auf dem Weg zu einer Spinnmaschine war die Spinning Jenny des Webers James Hargreaves. Er hatte mit deren Entwicklung vermutlich 1760 begonnen. Vier Jahre später hatte er eine Vorrichtung zur Verfügung, auf der gleichzeitig acht Garne gesponnen werden konnten. Die Zahl der Spindeln der Spinning Jenny entwickelte sich rasch nach oben. Die Spinning Jenny war zunächst für den Heimbetrieb vorgesehen. Erst später wurde sie zu einer Fabrikmaschine mit einem mechanischen Antrieb.

Den wohl wichtigsten Schritt auf dem Wege zum maschinellen Spinnen vollzog Richard Arkwright mit seiner als Water Frame bezeichneten Spinnmaschine, für die er 1769 ein Patent anmeldete. Eine weitere Maschine steuerte Samuel Crompton 1779 bei. Ihr Spinnprinzip ist eine Art Mittelding zwischen den Maschinen von Hargreaves und Arkwright, weshalb sie die Bezeichnung Mule erhielt. Während die Spinning Jenny und die Mule ihren ersten Einsatz bei Heimspinnern fanden und erst langsam den Eingang in die Fabrikfertigung schafften, war die Water Frame von Anfang an eine Maschine für die Spinnfabrik. Die Water Frame wurde zur Basis der Industrialisierung der Textilfertigung. Sie wurde später durch die Ringspinnmaschine, deren Anfänge man 1828 findet, abgelöst. Diese fasste in den Folgejahrzehnten, in denen sie eine Vielzahl von Verbesserungen erfuhr, in der Garnherstellung nur sehr langsam Fuß. Aber sie

Abb. 3.3 Water Frame – Nachbau des englischen Originals von 1769.

war bis in die zweite Hälfte der 20. Jahrhunderts für die Herstellung von Baumwollgarnen und auch von Wollkammgarnen die beherrschende Maschine.

Für Wollstreichgarne setzte sich der Selfactor durch. Dieser war eine Weiterentwicklung der Mule. Sein Erfinder war Richard Roberts, der 1825 mit seinen Arbeiten begann und 1830 eine leistungsfähige Maschine vorstellen konnte. Vorarbeit hierzu hatte William Kelly geleistet, der ab 1790 die Umstellung der Mules auf Wasserantrieb betrieben hatte. Der Selfactor war bis in die zweite Hälfte des 20. Jahrhunderts eine in der Textilindustrie häufig eingesetzte Maschine.

Eine besondere Geschichte hat die Flachsspinnmaschine, deren erste Ausführungsform 1810 von dem Franzosen Philippe de Girard gebaut wurde. Trotz seiner hervorragenden erfinderischen Leistungen gelang es Girard aber nicht, seine Erfindungen kommerziell zu nutzen. Durch zwei seiner Mitarbeiter gelangte das Know-how der maschinellen Flachsgarnherstellung, für die Girard das Nassspinnverfahren entwickelt hatte, nach England, wo die Maschine verbessert wurde. Ab den 1820er Jahren wurden in England Flachsspinnereien aufgebaut.

Mit dem Aufkommen der Spinnmaschinen entstand ein bis dahin kaum bekanntes Fertigungssystem, nämlich die Fabrik. In der Zeit der manuellen Textilfertigung arbeitete der Handwerker auf eigene Rechnung oder fertigte im Auftrag von so genannten Verlegern, bei denen es sich vorwiegend um Kaufleute handelte. Mit dem Aufkommen der Manufakturen wurde bereits ein Schritt in Richtung der Fabrikfertigung vollzogen. Deren Beginn findet man in England, wo auch die frühen wichtigen Maschinenerfindungen gemacht wurden. Es war besonders der Spinnmaschinenerfinder Richard Arkwright, der das Fabrikwesen aufbaute und der zahlreiche Nachahmer fand. Die Einführung dieses Fertigungssystems hatte erhebliche soziale Auswirkungen, wofür als schlimmstes Übel die Kinderarbeit genannt sei. Die Einführung der Textilfertigung in Fabriken breitete sich, von England kommend, sehr rasch über Kontinentaleuropa und über Nordamerika aus. Schon gegen Ende des achtzehnten Jahrhunderts entstanden Fabriken auf dem europäischen Festland und vor allem im Laufe des neunzehnten Jahrhunderts erfolgte bei der Herstellung von Textilien ein nahezu vollständiger Übergang auf die Fertigung in der Fabrik.

Einen langsameren Weg als das mechanische Spinnen vollzog die Einführung von Maschinen in der Weberei. Als Erfinder des Mechanischen Webstuhls gilt allgemein der englische Geistliche Edmond Cartwright, der mit Hilfe eines Zimmermannes und eines Schmieds 1785 eine solche Maschine gebaut hatte. Cartwright begnügte sich mit seiner ersten Erfindung nicht, er arbeitete an deren Vervollkommnung weiter. 1787 wagte er mit einer von einem Göpel angetriebenen kleinen Fabrik in Doncaster den Weg in die kommerzielle Nutzung seiner Maschine. Ein wirtschaftlicher Erfolg war diesem Un-

Abb. 3.4 Webmaschine von John Austin aus der Zeit um 1790.

ternehmen aber nicht beschieden. Schon 1793 musste die Fabrik nach einem Brand wieder geschlossen werden. Ob hier eine Brandstiftung durch aufgebrachte Weber erfolgt war, konnte nie ausreichend geklärt werden. Cartwright übertrug seine Patentrechte auf seinen Bruder John, der 1789 in Retford eine Fabrik errichtet hatte. Doch auch John Cartwright war kein dauerhafter Erfolg beschieden, die Fabrik musste 1798 geschlossen werden.

Neben Edmond Cartwright bemühten sich auch andere Erfinder um die Verbesserung der Webmaschine. Den wohl größten Anteil hieran hatte Richard Roberts mit seiner 1822 gebauten Maschine. Ab etwa 1830 konnte sich in England die mechanische Weberei durchsetzen, auf dem europäischen Festland begann deren Siegeszug auf breiter Basis etwa 1850.

Unauffälliger als bei der Einführung der Webmaschinen, worauf durch Aufstände und Maschinenzerstörungen immer wieder die Aufmerksamkeit gelenkt wurde, vollzog sich die Mechanisierung bei der Herstellung von Maschenwaren, also beim Stricken und Wirken. Schon 1589 hatte William Lee mit seinem Handkulierstuhl hierfür Vorarbeit geleistet, aber es war noch ein mit Muskelkraft betriebenes Arbeitsgerät.

Das von Lee ersonnene Arbeitsprinzip des Handkulierstuhls blieb über rund zwei Jahrhunderte in der Wirkerei dominierend, bis dann gegen Ende des 18. Jahrhunderts die Kettenwirkerei geboren wurde. Als deren Erfinder gilt der Engländer Josiah Crane mit dem Erfindungsjahr 1768. Es war zunächst ein Handkettenstuhl, der die Arbeitsweise mit einer Kette beim Weben mit derjenigen des Handkulierstuhls kombinierte. Die Mechanisierung dieses Wirkgerätes setzte 1807 ein. Der damals von S. Orgill weiter entwickelte Handkettenstuhl hatte bereits eine Triebwelle mit Hubscheiben. Er wurde zwar zunächst noch durch eine Handkurbel angetrieben, er ließ sich aber relativ leicht auf einen mechanischen Antrieb umstellen, was auch bald erfolgte.

Im neunzehnten Jahrhundert wurde eine Reihe verschiedener Maschinen zur Herstellung von Maschenwaren erfunden, so dass auch bei dieser Fertigungsart die Mechanisierung, besonders in der zweiten Hälfte des genannten Jahrhunderts, rasch voranschritt.

In der Textilveredlung kam man an Maschinen ebenfalls nicht vorbei. Relativ spät setzte die Mechanisierung in der Färberei ein, die Druckerei und auch die Wollausrüstung schritten hierbei schneller voran. Die althergebrachte Färbewanne fand man noch in der Mitte des zwanzigsten Jahrhunderts, aber gegen Ende des neunzehnten Jahrhunderts begann mit dem Aufkommen des Jiggers, des Foulards und der Färbeapparate auch hier die Mechanisierung, die dann mit den Kontinueverfahren in den 1930er Jahren ihre Vervollkommnung fand.

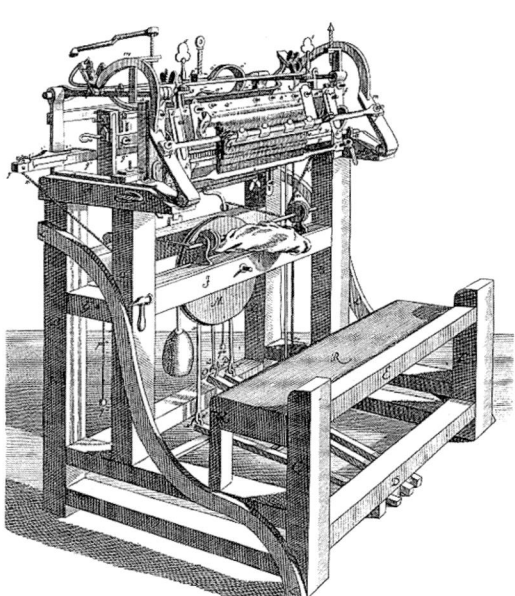

Abb. 3.5 Handkulierstuhl

Viel früher als beim Färben fanden Maschinen beim Textildruck Eingang in die Fertigung. Das wichtigste Datum ist hier das Jahr 1783 mit der Erfindung der Walzendruckmaschine durch den Schotten Thomas Bell. Diese Maschine hatte ei- wurde von ihnen deshalb auch wesentlich intensiver bekämpft als die Walzendruckmaschine. Die Perrotine fasste in den Druckereien verhältnismäßig schnell Fuß. Sie wurde ab 1844 auch in Deutschland gebaut. Die Blütezeit der Perroti-

Abb. 3.6 Drucken von Baumwollgeweben auf Walzendruckmaschinen in der Zeit um 1830. Nach einem Stahlstich in der 1836 in Stuttgart erschienenen deutschsprachigen Ausgabe eines Werkes von Edward Baines. Der Stahlstich wurde nachträglich koloriert.

nige nicht sehr erfolgreiche Vorläufer, der Durchbruch gelang erst der Konstruktion von Bell. Zu Beginn des neunzehnten Jahrhunderts findet man diese in der Anschaffung teure und bei Umstellungen auf andere Druckmuster nicht sehr flexible Maschine auch auf dem europäischen Festland.

Die Walzendruckmaschine war zunächst keine allzu gefährliche Konkurrenz für die Handdrucker. Dies änderte sich mit dem Aufkommen der nach ihrem Erfinder, dem Franzosen Louis Jérôme Perrot, benannte Perrotine, deren Entstehungsjahr 1834 anzusetzen ist. Diese Maschine imitierte den Handdruck mit Modeln und war somit eine direkte Konkurrenz für die Drucker. Sie

ne war die zweite Hälfte des neunzehnten Jahrhunderts, dann kam mehr und mehr die Walzendruckmaschine zum Einsatz und der Filmdruck kam auf. Dessen Mechanisierung wurde ab 1922 vollzogen.

Sehr früh fassten Maschinen in der Wollausrüstung Fuß. Es waren besonders Rau- und Schermaschinen, die ab Beginn des neunzehnten Jahrhunderts in die Fabriken kamen und zu einer harten Konkurrenz für die Tuchscherer wurden. Entsprechend heftig war der Widerstand dieses Berufszweiges, der in der Zeit der Handfertigung eine Art Starrolle unter den Textilhandwerkern hatte.

3.7 Die Nähmaschine von Barthelemy Thimonnier aus dem Jahr 1830. Rekonstruktion der Maschine aus dem Science Museum, London.

Auch in der Herstellung der Bekleidung kam die Maschine auf. Die bisherige Tätigkeit des Schneiders mit Nadel und Faden wurde mehr und mehr durch die Nähmaschine ersetzt. Die ersten Anfänge hierzu findet man 1790 in einem Patent des Briten Thomas Saint. Allerdings ist nicht bekannt, ob diese Maschine jemals gebaut und eingesetzt wurde. Die erste gebrauchsfähige Nähmaschine, die sich auch fertigungstechnisch bewährt hat, wurde 1829 von dem französischen Schneidermeister Barthelemy Thimonnier gebaut. Er sah sich heftigen Angriffen durch seine Berufsgenossen ausgesetzt. Thimonnier hat allerdings seine Bemühungen nicht aufgegeben, wie Patente aus den Jahren 1845 und 1847 zeigen. Auch in den USA war in dieser Zeit versucht worden, das Problem des maschinellen Nähens zu lösen. Als erster der amerikanischen Erfinder war Walter Hunt der praktischen Realisierung des maschinellen Nähens mit seiner Maschine aus dem Jahr 1833 schon sehr nahe. Über deren kommerzielle Verwertung ist allerdings nichts bekannt. In einer späteren Patentauseinandersetzung spielte diese Maschine aber eine bedeutende Rolle. Dem wirtschaftlichen Durchbruch der Nähmaschine verhalf Elias Howe mit seiner Konstruktion aus dem Jahr 1843. Aufbauend auf der Erfindung von Howe entstand in den Vereinigten Staaten eine Nähmaschinenindustrie, deren hervorstechendste Persönlichkeit wohl Isaac Merritt Singer war. Zwischen 1850 und 1855 kamen die ersten amerikanischen Nähmaschinen nach Europa, sie gaben den Anstoß zur Entstehung der europäischen Nähmaschinenindustrie. In vielen kleinen Schritten wurde die Maschine weiterentwickelt. Ihr Antrieb erfolgte zunächst durch Handkurbeln, später durch Fußpedale. Letztere waren bei Haushaltsmaschinen noch lange im Gebrauch. Schon früh befasste man sich mit dem Elektroantrieb, wofür sich die ersten Hinweise bereits 1866 finden lassen. Das herkömmliche Bild des Schneiders mit Nadel und Faden neigte sich dann bald dem Ende zu.

Auf dem europäischen Festland setzte die Mechanisierung der Textilfertigung erst um die Mitte des neunzehnten Jahrhunderts auf breiter Basis ein. Großbritannien hatte hier einen bedeutenden Vorsprung, was sich nicht zuletzt in Form von billiger britischer Importware in Kontinentaleuropa äußerte. Klagen der deutschen Textilhersteller hierüber findet man fast in jeder Druckschrift aus dem frühen 19. Jahrhundert bis weit über die Jahrhundertmitte hinaus. Vereinzelt konnte sich die herkömmliche manuelle Fertigung noch einige Zeit behaupten, auf weitere Sicht war sie jedoch gegen die Maschine nicht konkurrenzfähig.

Die Einführung der Maschinen stieß auf einen heftigen Widerstand der Textilhandwerker. Sie fürchteten den Verlust ihres Broterwerbs durch die Maschinen und versuchten deshalb, deren Einführung durch Zerstörungen zu verhindern. Für diese aufgebrachten Handwerker hat sich die Bezeichnung Maschinenstürmer eingebürgert. Es waren einmal die Weber, die diese Aufstände anführten, aber es waren auch die Tuchscherer und Kattundrucker, die den Verlust ihrer Exklusivität unter den Textilhandwerkern und ihrer relativ guten Entlohnung fürchteten.

Viele europäische Textilzentren waren von den Aktionen der Maschinenstürmer betroffen, wobei die Nachrichten über Aufstände in anderen Städten oft den Anstoß für Aktionen gegen Maschinen in der eigenen Stadt gaben.

Die bekanntesten und auch heftigsten Maschinenstürmer-Aktivitäten vollzogen die als Ludditen bekannt gewordenen Kämpfer gegen Maschinen in den englischen Textildistrikten. Die besonders 1812 tobenden Kämpfe der Ludditen forderten rund fünfzig Todesopfer. Teilweise kamen diese Menschen bei den Kämpfen selbst und teilweise durch Todesurteile gegen Maschinenstürmer ums Leben. Den Aktionen der Ludditen waren bereits mehrere Einzelaktionen gegen Spinn- und Webmaschinen vorausgegangen. Eine Art Vorläufer der Ludditen-Aufstände waren die Wiltshire Outrages aus dem Jahr 1802, bei denen besonders in der englischen Grafschaft Wiltshire Raumaschinen zerstört wurden. Mit dem vermehrten Aufkommen der Rau- und Schermaschinen nahmen dann die in starkem Maße von den Tuchscherern angeführten Zerstörungen dieser Maschinen zu, was sich in den oben erwähnten Ludditen-Aktionen äußerte. Nachdem diese abgeflaut waren, kam es in England in den 1820er Jahren zu Attacken gegen die Einführung von Webmaschinen. Besonders heftig wurden diese in Bradford ausgefochten, wo 1826 zwei Tote zu beklagen waren.

Neben diesen Aufständen in England gab es auch auf dem europäischen Festland viele, örtlich meist begrenzte Zerstörungen oder Zerstörungsversuche von Maschinen. Hier waren ebenfalls die Tuchscherer bei der Behinderung der Installation von Maschinen sehr aktiv. Am bekanntesten unter diesen Aktionen wurde der Eupener Tuchschereraufstand, doch nicht nur dort, auch in anderen Städten kam es zum Widerstand gegen die Aufstellung von Rau- und Schermaschinen, so in den französischen Tuchmacherstädten Vienne und Carcassone, in dem damals zur Österreichisch-Ungarischen Monarchie gehörenden Brünn sowie in der belgischen Tuchmachermetropole Verviers.

Auch die Einführung der Spinnmaschinen verlief nicht ohne Maschinenzerstörungen. Besonders heftige Attacken gegen Spinnvorrichtungen sind aus Rouen in Frankreich aus dem Jahr 1789 bekannt. Ein Beispiel aus der Schweiz ist der Brand von Uster aus dem Jahr 1832, bei dem, vermutlich von Heimarbeitern aus den umliegenden Bergdörfern, eine Baumwollspinnerei in Brand gesetzt wurde. In Böhmen richteten sich die Aktionen in Oberrochlitz gegen den Aufbau von Spinnmaschinen. Auch die frühen Pioniere und Erfinder von Textilmaschinen mussten in ihren Betrieben Attacken der Maschinenstürmer hinnehmen. So wurden die Fabriken des Spinnmaschinenerfinders Arkwright in Nottingham und Chorley durch Feuer zerstört.

Besonders die Handweber fühlten sich von den vor allem um die Mitte des neunzehnten Jahrhunderts aufkommenden Webmaschinen in ihrer Existenz bedroht. Ausdruck dieser Angst war der Schlesische Weberaufstand des Jahres 1844, in dem die Weber ihrer Empörung über ständig niedrigere Weblöhne und die dadurch völlige Verelendung ihrer Familien Ausdruck verliehen. Durch den zunehmenden Konkurrenzdruck von auf Maschinen gefertigten Geweben wurde den Verlegern der Absatz von handgewebter Ware immer mehr erschwert. Um ihren Absatz halten und preislich konkurrieren zu können, drückten sie die Löhne der für sie arbeitenden Weber, was schließlich zu diesem Aufstand führte.

Zu massiven Attacken kam es bereits gegen die Fabrik des Webmaschinenerfinders Cartwright in Doncaster sowie gegen die Fabrik des Bobinetmaschinenerfinders Heathcoat in Loughborough. Auch in Deutschland verlief die Einführung der Webmaschinen keineswegs problemlos. Ein erster Versuch hierzu wurde 1815 in Plauen unternommen. Der dort aufgestellte mechanische Webstuhl fiel einem Brand zum Opfer. Heftigen Widerstand leisteten die Handweber bei einem diesbezüglichen Versuch in Zschoppau, wo eine Zerstörung der Webmaschine nur durch Militäreinsatz verhindert werden konnte. Auch in Aachen lehnten sich die Textilhandwerker gegen die Mechanisierung auf. Hier richtete sich beim Aufstand von 1830 der Zorn vor allem gegen den Maschinenhersteller Cockerill. Maschinenzerstörungen und massive Proteste gegen die Maschinen sind außerdem aus dem Jahr 1836 aus Greiz, 1841 aus Ronneburg, 1842 aus Seifhennersdorf in der Oberlausitz und 1867 nochmals aus Greiz bekannt.

Heftige Kämpfe gegen die Maschinen gab es auch im böhmischen Tuchgewerbe von Reichenberg. Gerade in Böhmen lässt sich eine gewisse Parallele zu den Aktionen der Ludditen feststellen. Dort waren die Aktionen weitgehend organisiert, während es in anderen Regionen mehr zu spontanen Aufständen kann.

Schließlich sind unter den Maschinenstürmern auch noch die Kattundrucker mit ihren Aufständen 1844 in Prag und 1848 in Berlin zu nennen. Besonders der Prager Kattundruckeraufstand hat im Gebiet der böhmischen Textilindustrie relativ weite Kreise gezogen.

Den Maschinenstürmern wurden auch literarische Denkmäler gesetzt, so von Ernst Toller, der die Ludditen-Aufstände in seinem Drama "Die Maschinenstürmer" schildert und zum anderen von Gerhart Hauptmann in seinem Drama "Die Weber", das den Schlesischen Weberaufstand beschreibt.

Die Zeit der auf breiter Basis um die Mitte des neunzehnten Jahrhunderts in Deutschland einsetzenden Mechanisierung der Textilfertigung war auch die Zeit der Entstehung der Webschulen. Während in dieser Zeit die deutschen Textilhersteller noch den Importdruck der britischen Ware heftig zu spüren bekamen, ließ dieser in der zweiten Jahrhunderthälfte mehr und mehr nach. Trotz der späten Industrialisierung erwies sich die deutsche Textilindustrie bald konkurrenzfähig. Die solide Ausbildung in den Web- und Textilfachschulen hat hierzu sicher einen wesentlichen Beitrag geleistet.

Die maschinelle Fertigung ist heute auf dem Textilgebiet eine Selbstverständlich. Die besonders im neunzehnten Jahrhundert erfundenen Maschinen wurden verbessert und verfeinert, teilweise auch durch neue Produktionsverfahren abgelöst. Ab den 1980er Jahren ergab sich noch einmal eine Art industrieller Revolution, nämlich durch die Einführung der Elektronik, die inzwischen auch bei den Textilmaschinen eine Selbstverständlichkeit geworden ist.

Wenn sich auch die Produktionsverfahren und die hierfür eingesetzten Mittel grundlegend geändert haben, eines ist geblieben, nämlich der Bedarf an gut ausgebildeten Fachleuten. Deren Aufgabenfeld in den Fabriken ist heute natürlich ein völlig anderes als in der Zeit der Entstehung der Webschulen, aber ihre Bedeutung für die textile Fertigung hat sich nicht grundlegend geändert.

Literatur:

- Johannsen, O., Die Geschichte der Textil-Industrie, Leipzig-Stuttgart-Zürich, 1932

- Bohnsack, A., Spinnen und Weben, Reinbek, 1981

- Crouzet, F., The First Industrialists, Cambridge, 1985

- English, W., The Textile Industry - An Account of the Early Inventions of Spinning, Weaving and Knitting Machines, London u. Harlow, 1969

- Godfrey, F.P., An International History of the Sewing Machine, London, 1982

- Henkel, M. u. Taubert, R., Maschinenstürmer – Ein Kapitel aus der Sozialgeschichte des technischen Fortschritts, Frankfurt/Main, 1979

- Hills, R.L., Power in the Industrial Revolution, Manchester, 1970

- Mecheels, S., Vogler, H. u. Kurz, J., Kultur- und Industriegeschichte der Textilien, Bönnigheim, 2009

- Paulinyi, A., Industrielle Revolution, Reinbek, 1989

- Sale, K., Rebels against the Future, Reading/Mass. u.a., 1995

- Spehr, M., Maschinensturm – Protest und Widerstand gegen technische Neuerungen am Anfang der Industrialisierung, Münster, 2000

Quelle Abbildungen:

- 3.1   Zonca, V., Nove teatro di machine et edificii, herausgegeben von Carlo Poni, Milano, 1985

- 3.2   Zonca, V., Nove teatro di machine et edificii, herausgegeben von Carlo Poni, Milano, 1985

- 3.3   Rheinisches Industriemuseum, Ratingen

- 3.4   Hills, R.L., Power in the Industrial Revolution, Manchester, 1970, Plate 9

- 3.5   Aberle, C., Geschichte der Wirkerei und Strickerei in Johannsen, O., Geschichte der Textilindustrie, Leipzig-Stuttgart-Zürich, 1932, S. 409, Abb. 11

- 3.6   An., Uralter Zeugdruck, Bayer Farben Revue, H. 8(1964), S. 28

- 3.7   Godfrey, F.P., An International History of the Sewing Machine, London, 1982, S. 31

4. Der Eingang der Chemie in das Textilwesen

Die Vorgänge der Textilveredlung sind vorwiegend chemischer Natur. Die Chemie spielt bei den meisten dieser Vorgänge eine wichtige Rolle und chemische Kenntnisse sind somit für die Textilveredlung unumgänglich. In besonderem Maße gilt dies für die Färberei und den Textildruck. Eine Ausnahme bilden lediglich einige Trockenveredlungsverfahren. Muss nass gearbeitet werden, so kommt man an der Chemie nicht vorbei.

Wenn man die Alchemie als Vorgängerin der wissenschaftlichen Chemie sieht, so kann man die Verzahnung zwischen Färberei und Chemie schon in der Antike feststellen. Diese geht zurück bis zu Bolos-Demokritos, dem wahrscheinlichen Begründer der griechisch-äyptischen Alchemie. Bolos lebte um 200 v.Chr., er stammte aus Mendes im Nildelta, dem heutigen Tall Rub'a. Aus diesem Grunde ist er in der Literatur auch häufig als Bolos von Mendes zu finden. Er hatte, um seinen Schriften mehr Bedeutung und Aufmerksamkeit zu verschaffen, den Namen des griechischen Philosophen Demokritos von Abdera angenommen und verfasste unter dessen Namen auch seine Schriften. Er wird in der Literatur deshalb vorwiegend als Bolos-Demokritos bezeichnet. Sein bekanntestes Werk ist die «Physika et Mystika», die auch Rezepte über die Purpurfärberei enthält. Auf Bolos-Demokritos gehen auch die beiden umfangreichen Rezeptsammlungen für das Färben im Papyrus Graecus Holmiensis und im Papyrus Leidensis X, die im 4. Jahrhundert n.Chr. entstanden sind, zurück.

Doch das hohe Interesse der Alchimisten an der Textilfärberei war keineswegs von der Absicht, die Färbevorgänge chemisch zu durchdringen und zu erläutern, getrieben. Ihr Interesse galt der Stoffumwandlung. Hierfür war das Färben ein willkommenes Studienobjekt, da die Farbe eines Stoffes nach Meinung der frühen Alchimisten als Mittel zur Enthüllung der inneren Natur einer Substanz galt. Die Änderung der Farbe galt somit als Merkmal einer Stoffumwandlung. Die günstigste Möglichkeit, das Phänomen der Farbumwandlung zu studieren, fanden die frühen Alchimisten also in den Werkstätten der Textilfärber.

In den späteren Jahrhunderten und im Mittelalter war der unmittelbare Bezug zwischen der Färberei und der Alchemie nicht mehr in gleichem Maße gegeben, obwohl die Farbe weiterhin in der Denkart der Alchimisten eine hohe Bedeutung hatte. Aber deren Denken drehte sich zu sehr um die Verwandlung von Metallen in Gold, so dass die Farben und deren Erzeugung in den Hintergrund traten. Ganz waren diese aber aus dem Gesichtskreis der Alchimisten doch nicht verschwunden, wie die Schriften des Thomas von Bologna und des Heinrich von Langenstein (1325-1397) dies zeigen.

Die Färberei wurde von den späteren Alchimisten als Handwerk betrachtet, das zwar für sie da und dort interessante Farben erzeugte, das es aber in deren Augen kaum wert war, mit diesem in einen näheren Kontakt zu kommen. Auch die nach der Zeit der Alchimisten langsam beginnende wissenschaftliche Chemie hatte zunächst mit der Färberei nicht allzu viel im Sinn. Man befasste sich zwar teilweise mit Chemikalien, die auch die Färber in ihren Werkstätten einsetzten, aber dabei blieb es dann üblicherweise.

In der Zeit, in der die Zünfte das handwerkliche Leben beherrschten, wurde auch das Färben als Handwerk betrieben. Während bei anderen textilen Handwerksarbeiten frühe Zunftordnungen manches über die Arbeitsweise verraten, ist für das Färben nicht allzu viel zu finden. Lediglich über den Einsatz bestimmter Färbemittel kann aus diesen Dokumenten manche Information entnommen werden. Vielleicht liegt dies auch daran, dass erst relativ spät eigene Färberzünfte entstanden. Oft waren die Färber über viele Jahre in die Zünfte der Weber integriert.

Das Wissen über die richtigen Rezepturen und über die zweckmäßige Arbeitsweise findet man nicht in den Zunftordnungen, der Meister gab es an seine Lehrlinge, am liebsten natürlich an seine Söhne, weiter. Dieses Wissen hatte natürlich keinerlei chemisch-wissenschaftliche Basis, es war empirisch erarbeitet und resultierte aus Beobachtungen und Erfahrungen. Eine wissenschaftliche Durchdringung der Färbeprozesse wäre auch gar nicht möglich gewesen, denn Chemie und Physik steckten in der Zeit, als die Zünfte das Handwerk dominierten, noch in ihren Kinderschuhen. Die Färberei war eine geheime Kunst, kaum ein Meister ließ sich von seinen Kollegen in die Karten schauen, denn schließlich rühmte sich jeder, die besten Färbemethoden zu kennen und auch auszuführen. Wenn oft für das Färberhandwerk die Bezeichnung "Kunst" verwendet wird, so war es eine geheime Kunst, in die keiner außerhalb des engsten Kreises Einblick bekommen sollte.

Und doch gab es schon früh die so genannten Färbebücher, die aber in den meisten Fällen nur Rezepturen weitergaben und diese nicht erläuterten. Wegen der Geheimniskrämerei, die bei den Färbern betrieben wurde, ist der Wert dieser Bücher oft zweifelhaft und der Inhalt manchmal unverständlich.

Die erste Schrift mit Angaben zum Färben ist das so genannte Lucca-Manuskript mit dem Titel "Compositiones ad tingenda musiva" aus dem 8. Jahrhundert. Noch sehr nahe an der Alchemie befindet sich das als Mappae clavicula bekannt gewordene Manuskript, das wahrscheinlich in Frankreich zu Beginn des zweiten Jahrtausends entstanden ist. Ein ähnliches Alter kommt dem Heraclius, in dem ebenfalls Färberezepte zu finden sind, zu. Auch in der im klösterlichen Umfeld entstandenen "Schedula diversarum artium" des Theophilus Presbyter aus der Zeit um 1100 findet man Informationen zum Färben.

Im sechzehnten Jahrhundert kamen dann die so genannten Kunstbüchlein auf. Das erste hiervon ist, so weit dies heute noch festgestellt kann, ein Büchlein mit dem Titel "Allerley Matkel", das 1532 von verschiedenen Verlegern in Nürnberg, Zwickau und Mainz gedruckt wurde. Es befasst sich mit Färberezepten sowie mit Anweisungen zur Fleckentfernung. Zu diesen frühen Druckwerken zählt auch das meist kurz als Plictho bezeichnete Buch von Gioanventura Rosetti, das 1540 in Venedig erschienen ist. In ungefähr die Entstehungszeit des Plictho fällt das älteste deutschsprachige Färbebuch, das 1532 in Mainz von Peter Jordan zusammengestellt wurde.

Zu den besonders bekannten Bücher über die Färberei des 16. Jahrhunderts zählen die "Secreti di Don Alessio Piemontese", die 1555 in Venedig erstmals erschienen sind. Auch hierin wird neben der Färberei die Fleckentfernung behandelt.

Mit den besonders in Frankreich im 17. Jahrhundert herausgegebenen Färbebüchern deutet sich schon ein Wandel an. Nun kann man einen

Abb. 4.1 Abbildung aus dem Plictho des Giovanni Ventura Rosetti.

ersten Schritt von der rein handwerklichen Tätigkeit zu wissenschaftlich untermauerten Arbeitsprozessen feststellen. Diese Tendenz setzt sich im achtzehnten Jahrhundert in Frankreich besonders deutlich fort. Hier traten nun mehrere Forscher in den Vordergrund, die das färberische Wissen maßgebend beeinflusst haben und die manche Grundlagen für spätere Forschungsaktivitäten legten.

Den Anstoß hierzu gab eigentlich Jean Baptiste Colbert (1619-1683), der berühmte Minister Ludwig des XIV. Der eifrige Verfechter des Merkantilismus und Förderer des Gewerbes setzte eine Reglementierung der Färberei durch. Hierfür schuf er 1669 die Status des Teintures, die 1671 in der Bearbeitung von D'Albo veröffentlicht wurden. Die hier publizierten Vorschriften für die Färberei blieben über mehrere Jahrzehnte nahezu unverändert. Auch wenn die von Colbert verfügten Statuten keine grundsätzlichen Neuerungen brachten, so schufen sie aber doch durch die damit verbundene Bestandserfassung eine erste systematische Bearbeitung der Färbevorgänge.

Die von Colbert veranlassten Statuten waren die Basis für die Versuche zur wissenschaftlichen Durchdringung der Färbeprozesse im achtzehnten Jahrhundert. Dass gerade in Frankreich in dieser Zeit mehrere bedeutende Forscher auf dem Färbereigebiet von sich reden machten, dürfte nicht zuletzt darauf zurückzuführen sein, dass die Bemühungen Colberts dazu geführt hatten, dass das französische Textilgewerbe in Europa eine führende Rolle übernommen hatte.

Die handwerkliche Basis wurde in den Färbebüchern des 18. Jahrhunderts endgültig verlassen. Den Anfang hierzu machte ein 1708 erschienenes, viel beachtetes Buch unter dem Titel "Le Teinturier parfait". Es behielt lange seinen Status als Fachbuch und wurde 1769 unter dem Titel "Le Nouveau Teinturier parfait" in einer verbesserten Ausgabe neu aufgelegt. Noch deutlicher wird der wissenschaftliche Charakter in den Fachbüchern der nachstehend genannten französischen Chemiker.

Es würde zu weit führen, hier die einzelnen Werke und deren Inhalte darzulegen, es seien nur mit Charles François Dufay de Cisternay (1698-1739), Jean Hellot (1685-1766), Pierre Joseph Macquer (1718-1784), Claude Louis Berthollet (1748-1822) und Jean Antoine Claude Chaptal (1756-1832) die Namen der bedeutendsten französischen Färberei-Forscher des achtzehnten Jahrhunderts genannt.

Diese Forscher sind auch Autoren der meist allgemein als "Färbebücher" bezeichneten Fachbücher aus der

Abb. 4.2 Claude Louis Berthollet.

Zeit bis zur Einführung der synthetischen Farbstoffe. Bis zu dieser Phase entstanden rund 260 solcher Publikationen, deren Wert aber manchmal etwas zweifelhaft ist.

Zu den französischen Färbelehrern, von denen die Basis für den Eingang der Wissenschaft in die Färbereitechnik geschaffen wurde, kam noch der Engländer Edward Bancroft (1744-1821). Neben einigen wichtigen Entdeckungen wurde er vor allem durch sein 1794 verfasstes Färberei-Fachbuch mit dem Titel "Experimental Researches concerning the Philosophy of permanent Colours and the best means of producing them by Dyeing" bekannt. Unter der Bezeichnung "Neues englisches Färbebuch" erschien es 1817 auch in deutscher Übersetzung. Über mehrere Jahrzehnte blieb es ein Standardwerk für die Färberei der damaligen Zeit.

Für Deutschland sind hier die Namen der beiden Augsburger Johann Gottfried Dingler (1778-1855) und Wilhelm Heinrich von Kurrer zu nennen. Dingler war es ein besonderes Anliegen, die wissenschaftlich-chemischen Erkenntnisse seiner Zeit auf die damals noch weitgehend empirischen Färbe- und Druckverfahren zu übertragen. Dazu begann er schon früh eine rege publizistische Tätigkeit auf seinem neuen Fachgebiet. Im Gegensatz zu der Geheimniskrämerei in den Betrieben seiner Zeit propagierte Dingler die Weitergabe des Wissens und den technischen Erfahrungsaustausch. Hierzu schuf er mit einer Zeitschrift für den Textildruck die erste Fachzeitschrift im Textilgewerbe. 1820 gründete er das «Polytechnische Journal», das später, nach ihm benannt, «Dinglers Polytechnisches Journal» hieß. Diese Zeitschrift hat eine große Bedeutung erlangt. Sie existierte bis 1931.

Wilhelm Heinrich von Kurrer (1781-1862) gilt als Begründer der Fachliteratur für den Textildruck. Mit ihm ging dessen handwerkliches Zeitalter zu Ende. Neben der Publikation mehrerer Bü-

Abb. 4.3 Johann Gottfried Dingler, Bild aus Städt. Kunstsammlungen, Augsburg.

cher schuf er 1816 das "Magazin der Druck- und Färbekunst".

Mit der Erwähnung von Kurrer ist das neben der Färberei andere wichtige Verfahren der Farbgebung von Textilien, nämlich der Textildruck, angesprochen. Das Bedrucken von Textilien entwickelte sich erst dann, als die Baumwolle in Europa auf breiter Basis Fuß gefasst hatte und über den Fernhandel mit Indien große Mengen bedruckter Baumwollwaren, die in Europa als Indiennes bezeichnet wurden, in die europäischen Länder gelangten. Zwar gab es vorher schon den Ölfarbendruck auf Leinengeweben, was aber kaum des Erwähnens wert ist.

Die europäischen Textilhersteller betrachteten die aus Indien eingeführten bedruckten Baumwollwaren mit großer Skepsis. Sie brachten die Regierenden in einigen Ländern dazu, die Herstellung von Indiennes und das Tragen von Kleidungsstücken aus diesen bei Androhung teilweise drastischer Strafen zu verbieten. Diese Indienne-Verbote hemmten natürlich die Entwicklung eigener Verfahren zum Bedrucken von Baumwollwaren. Dies gilt nicht für die Niederlande und für die Schweiz, wo nach Möglichkeiten, es den Indern gleichzutun, gesucht wurde.

Als dann 1774 das letzte der Indienne-Verbote in England aufgehoben worden war und schon ab etwa 1740 die Durchsetzung dieser Verbote kaum noch wahrgenommen wurde, konnten in Ländern wie Frankreich, England und Deutschland ungehindert Verfahren zum Bedrucken von Baumwollgeweben entwickelt werden. Man warf sich nun auf diese Artikel. In der zweiten Hälfte des achtzehnten Jahrhunderts entstanden zwei große Druckerei-Manufakturen, einmal jene von Heinrich von Schüle (1720-1811) in Augsburg, zum anderen die Druckerei des in Württemberg geborenen Christoph Philipp Oberkampf (1738-1815) in Jouy nahe Paris. Beide hatten bereits die Notwendigkeit erkannt, die damals noch nicht sehr weit entwickelten chemischen Kenntnisse in die Druckerei-Rezepturen einzubeziehen. Bei Schüle war hierfür sein Schwiegersohn Jean Michel Hausmann (1749-1824) zuständig, bei Oberkampf arbeitete sein Neffe Samuel Widmer (1767-1821) auf diesem Gebiet.

In der ersten Hälfte des neunzehnten Jahrhunderts haben dann schweizerische und besonders elsässische Koloristen das Geschehen im Textildruck maßgebend beeinflusst. Im Elsass war dies die Mülhauser Familie Koechlin, besonders mit Camille Koechlin (1811-1890) und Daniel Koechlin-Schouch (1785-1871), von denen wichtige Impulse für den Textildruck ausgingen. Auch sie bezogen im Rahmen der damals gegebenen Möglichkeiten die Chemie sehr stark in ihre Arbeiten ein.

Noch ein anderes Gebiet der Textilveredlung hatte schon früh einen engen Kontakt zur Chemie aufgebaut, nämlich die Bleicherei. Über viele Jahrhunderte war das Bleichen eine Leinenbleiche und dies bedeutete eine Rasenbleiche. Wolle und Seide wurden nur selten gebleicht und wenn, dann reduktiv mit Schwefeldioxid. Als die Baumwolle aufkam, war auch für sie die Rasenbleiche das erste Verfahren zur Verbesserung des Weißgrades.

Ein erstes Eindringen der Chemie in die noch vollständig nach handwerklichen Prinzipien durchgeführte Bleiche gelang durch den schottischen Chemiker Francis Home (1719-1813), der 1756 vorschlug, Schwefelsäure anstelle von saurer Milch zum Absäuern des Bleichgutes nach der Alkalibehandlung einzusetzen. Obgleich neben einer Verkürzung der Bleichzeit auch eine Verbesserung des Weißgrades durch diese Maßnahme erreicht wurde, stieß der Vorschlag von Home keineswegs auf das Interesse der Bleicher.

Der Schritt zur chemischen Bleiche wurde dann durch den oben schon erwähnten französischen Chemiker Claude Louis Berthollet vollzogen. Er propagierte 1785 die Verwendung von Chlor zum Bleichen von cellulosischen Fasern. Freies Chlorgas und das auch einige Zeit hergestellte Chlorwasser erwiesen sich aber als Bleichmittel nicht gut geeignet. Für die Weiterentwicklung dieses Bleichverfahrens bedeutete es deshalb einen Meilenstein, als auf Anregung von Berthollet 1785 das Eau de Javelle durch Einleitung von Chlor in Pottaschelösung erstmals herge-

4.4 Die Manufaktur von Oberkampf in Jouy nach einer Lithographie von Delpech aus dem Jahr 1819.

stellt wurde. Hierbei bildete sich eine Mischung von Kaliumhypochlorit mit Kaliumchlorid. Das Eau de Javelle kam 1786 auf den Markt. Mit dem Chlorkalk und dem Eau des Labarraque folgten bald weitere Bleichmittel auf Basis von Hypochloriten. Die Rasenbleiche wich nun mehr und mehr der chemischen Bleiche, obgleich sich die erstere bis in das zwanzigste Jahrhundert, oft in einer Kombination mit der chemischen Bleiche, beim Bleichen von Leinen halten konnte.

Das war die Situation der Chemie in der Textilveredlung, als 1856 mit der Erfindung des Mauvein das Zeitalter der synthetischen Farbstoffe eingeleitet wurde. Die ersten Produkte dieser auf chemischem Wege hergestellten Färbemittel wurden noch rein empirisch aufgefunden, ihre Konstitution wurde oft erst Jahrzehnte später aufgeklärt. Aber die synthetischen Farbstoffe, auf die sich viele stürzten, gaben der Chemie sehr nachhaltige Impulse. Die organische technische Chemie entstand durch sie und die Beschäftigung mit den synthetischen Farbstoffen löste wichtige Erkenntnisse auf diesem Gebiet aus.

Am Beispiel der synthetischen Farbstoffe zeigte sich auch die Bedeutung der Wissenschaft und des Grundlagenwissens für den wirtschaftlichen Erfolg. In England hat die Farbstoffindustrie ihren Ausgang genommen, Frankreich kam als weiteres, Farbstoffe produzierendes Land, rasch hinzu. Doch die führende Stellung auf diesem Gebiet verloren die beiden Länder ab etwa 1870 mehr und mehr an Deutschland und die Schweiz. In einer Reihe wissenschaftlicher Untersuchungen wurde immer wieder der Frage nachgegangen, weshalb die beiden Ursprungsländer der Farbstoffproduktion so rasch gegenüber Deutschland und der Schweiz ins Hintertreffen geraten waren. Eine Vielzahl von Gründen wird hierbei diskutiert, aber zwei kommen immer wieder sehr stark in den Vordergrund, nämlich die enge Anbindung der Farbstoffindustrie an die Hochschulforschung in Deutschland und in der Schweiz sowie die gute Ausbildung der Chemiker in diesen beiden Ländern.

Die Chemie war bald aus der Textilveredlung nicht mehr wegzudenken. Dies erkannten auch die Verantwortlichen für das textile Fachschulwesen. Neben den schon bestehenden Webereiabteilungen und oft auch Spinnerei- sowie Strickerei und Wirkerei-Abteilungen kam die Textilchemie schon früh in das Lehrprogramm der Textilfachschulen. Am ehesten hat man diese Notwendigkeit in Krefeld erkannt, denn die dortige Höhere Webschule wurde schon 1878 zur Königlichen Webe-, Färberei- und Appreturschule erweitert. Um die Jahrhundertwende folgten dann weitere Textilfachschulen mit dem Aufbau von Textilchemie- bzw. Färbereiabteilungen, so 1898 in Cottbus, 1901 in Mönchengladbach, 1903 in Reutlingen und 1905 in Wuppertal.

Literatur:

- Ron, M., Bibliotheca tinctoria-Annoted Catalog of the Sidney M. Edelstein Collection in the History of Bleaching, Dyeing, Finishing and Spot Removing, Jerusalem, 1991
- Vogler, H., Waren die Färber der Antike Alchemisten?, Textilveredlung 27(1992), S. 352-358
- Wescher, H., Große Lehrer der Färbekunst im Frankreich des 18. Jahrhunderts, Ciba-Rundschau H. 22(1938), S. 783-799

Quelle Abbildungen:

- 4.1 An., Aus der Geschichte der Färberei, Bayer Farben Revue Nr. 13(1967), S. 35
- 4.2 Wikipedia
- 4.3 Müller, R.A., Unternehmer – Arbeitnehmer – Lebensbilder aus der Frühzeit der Industrialisierung in Bayern, München, 1985, S. 175
- 4.4 Juvet-Michel, A., Die großen Zeugdruckmanufakturen Frankreichs, Ciba-Rundschau H. 28(1938), S. 1025

5. Es begann mit den Webschulen

Anfang des neunzehnten Jahrhunderts zeigten sich die ersten Tendenzen, den bisherigen Weg der rein praktischen Berufsausbildung in den Handwerksbetrieben durch eine schulische Unterweisung zu ergänzen. So entstanden 1821 in Breslau sowie in Königsberg die ersten Gewerbeschulen. Auch Sonntagsschulen nahmen sich dieser Aufgabe teilweise an und versuchten, den Auszubildenden in beschränktem Maße theoretisches Rüstzeug zu vermitteln.

In dieser Zeit findet man auch bereits die ersten Tendenzen zur Einrichtung von Schulen mit fachlichem Charakter. Mancherorts entstanden Spinnschulen mit dem Ziel einer Verbesserung der Handspinnerei. Diese Notwendigkeit sah man besonders beim Spinnen von Flachsgarnen, um die Konkurrenzfähigkeit gegenüber Importgarnen zu verbessern. Die Schulen erfreuten sich in Preußen der Fürsorge durch den als Förderer der Gewerbe sehr bekannt gewordenen Staatsrat Gottlob Johann Christian Kunth (1757-1829). Solche Spinnschulen fand man besonders in Schlesien, dem Zentrum der preußischen Flachsverarbeitung. Aber auch aus der Oberlausitz sind solche Schulen, die oft nur eine relativ kurze Lebensdauer hatten, bekannt. Ein Beispiel hierfür bietet dort Neusalza, wo 1850 eine Spinnschule gegründet worden war. Ihr Ziel war es, eine bessere Garnqualität beim Handspinnen zu erreichen und Not leidende Dorfbewohner mit einer Verdienstmöglichkeit zu versorgen. 1873 wurde diese Schule wieder geschlossen.

Auch in Böhmen, einem der Textilzentren der österreichisch-ungarischen Monarchie, gab es bereits gegen Ende des achtzehnten Jahrhunderts die Spinn- und Industrialschulen. In Verbindung mit dem Volksschulunterricht wurden Kinder im Spinnen, Weben und anderen textilen sowie wirtschaftlich nützlichen Tätigkeiten unterrichtet. Das Ziel war es, die soziale Lage der Bevölkerung zu verbessern und neue Erwerbsmöglichkeiten zu erschließen. Die Arbeiten der Schüler brachten Erlöse bzw. sie wurden an diesen beteiligt.

Außerdem gab es in Böhmen in dieser Zeit neben den Industrialschulen auch eigenständige Spinn-, Web- und Klöppelschulen. Sie hatten mehr den Charakter von Lehrwerkstätten, die staatlich gefördert wurden. Als Schulen im eigentlichen Sinne konnten sie kaum bezeichnet werden. Hier stand neben dem Lernen das gewinnbringende Produzieren im Vordergrund. Diese Ausbildungsstätten scheiterten meist an finanziellen und organisatorischen Problemen. In der ersten Hälfte des neunzehnten Jahrhunderts verloren sie stark an Bedeutung.

Als Mitte des neunzehnten Jahrhunderts die maschinelle Garnherstellung mehr und mehr um sich griff, wurden die Spinnschulen geschlossen. Da sie nur noch soziale, aber keine industriellen Zwecke erfüllten, versagte ihnen der Staat die Förderung.

Diese Spinnschulen waren noch keine Fachschulen im eigentlichen Sinne. Sie hatten mehr den

Charakter von Sonntagsschulen und wurden häufig nicht durch fest angestellte Lehrer betreut. Wanderlehrer, die von Ort zu Ort zogen, übernahmen in vielen Fällen den Unterricht an den Spinnschulen.

Weshalb nicht versucht wurde, das Lehrprogramm dieser Spinnschulen auf die mechanische Garnherstellung auszuweiten und den in den stark aufkommenden Spinnereien tätigen Fachkräften ein besseres berufliches Rüstzeug zu vermitteln, ist nicht ausreichend bekannt. Vermutlich waren es die mangelnden finanziellen Mittel, die notwendig gewesen wären, um die Ausbildungseinrichtungen auf dem Spinnereigebiet auszubauen. So waren die um die Mitte des neunzehnten Jahrhunderts entstandenen Webschulen die ersten Textilfachschulen im eigentlichen Sinne. Sie bildeten in vielen Fällen die Basis für spätere Textilfachschulen mit breitem Lehrprogramm. Im Gegensatz zu den Webschulen haben die Spinnschulen solche Spuren nicht hinterlassen.

Die Einführung der mechanisierten Garnherstellung vollzog sich in Deutschland sehr langsam, um dann um die Mitte des neunzehnten Jahrhunderts mit zahlreichen Spinnerei-Neugründungen in die Textilfertigung einzudringen und das Handspinnen endgültig zum Erliegen zu bringen. In dieser Zeit konnte man schon auf rund ein halbes Jahrhundert des mechanischen Spinnens zurückblicken. Es war bei seiner Einführung auf eine Personengruppe gestoßen, die sich bei der Bedrohung ihres Broterwerbs kaum zu einer Gegenwehr in der Lage sah. Die manuelle Garnherstellung wurde vorwiegend von Frauen, oft aus dem bäuerlichen Bereich, wahrgenommen. Sie arbeiteten zu Hause mit dem Spinnrad und versorgten die handwerksmäßig tätigen Weber mit Garn. Es gab kein in Zünften und Gilden organisiertes Spinnerinnenhandwerk, das es schaffen konnte, der Einführung der Spinnmaschinen Widerstand entgegen zu setzen. Als billige Arbeitskräfte wurden diese Frauen von den entstandenen Spinnfabriken häufig aufgesogen.

Doch der Entzug der Arbeit des häuslichen Spinnens vollzog sich keineswegs ohne Probleme, da das Einkommen aus der Garnherstellung in den meist bäuerlichen Haushalten nun fehlte. Eine Verarmung, besonders der Landbevölkerung, war die Folge, zumal bei weitem nicht alle Frauen, die nun keinen Spinnlohn mehr bekamen, in die mechanischen Spinnereien aufgenommen werden konnten. Hinderlich waren oft die weiten Wege, aber die Frauen wurden auch häufig in der Landwirtschaft benötigt und waren somit gar nicht in der Lage, einer geregelten Arbeit in den Fabriken nachzugehen.

Dieses Problems nahmen sich teilweise auch die staatlichen Stellen an. So wurde beispielsweise in der Zeit von 1847 bis 1854 in vielen Bereichen Württembergs ein staatlich finanzierter Strickunterricht als Notstandsmaßnahme erteilt. Man wollte den Frauen, denen die Einnahmen aus dem Spinnen entzogen worden waren, eine neue Einnahmequelle bieten. Die Finanzierung der Strickkurse erfolgte in Württemberg durch die Zentralstelle für Wohltätigkeit. Anderenorts wie in der Oberlausitz findet man auch die Einführung von Nähschulen für Frauen, die denselben sozialen Hintergrund hatten.

Die langsame Einführung des mechanischen Spinnens ließ das "learning by doing" in den Fabriken viel eher zu als das mehr überfallartige Aufkommen des mechanischen Webens in der zweiten Hälfte des neunzehnten Jahrhunderts. Dies mag einer der Gründe sein, dass die Spinnschulen gegenüber den Webschulen völlig in den Hintergrund traten.

Der Sinn der Webschulen wird oft so dargestellt, dass mit der zunehmenden Mechanisierung gut ausgebildete Fachkräfte in den Webereien benötigt wurden. Damit ist nur ein Aspekt genannt, der andere betrifft die soziale Seite. Mit einer guten Ausbildung in den Webschulen wollte man oft das Handweber-Gewerbe stärken und diesem Berufszweig die Möglichkeit bieten, sich gegen die Maschine zu behaupten. Die ältesten Webschulen konnten ihre Ausbildungsbestrebungen kaum auf die Webmaschine ausrichten, da diese in der entsprechenden Zeitspanne erst langsam in die Textilfertigung eindrang. Die ersten Vorrichtungen für den praktischen Unterricht in den frühen Webschulen waren somit Handwebstühle. Aber auch der Aspekt der mechanischen Weberei spielte mancherorts bei der Schaffung der Webschulen schon eine gewisse Rolle. Bezeichnend für die Motivation beim Aufbau der Webschulen ist die Argumentation des Vorstandes der Öffentlichen Webeschule von Elberfeld aus dem Jahr 1844. Dort heißt es, dass für diejenigen, die eine größere Weberei mit Erfolg leiten wollten, die handwerksmäßige Erlernung dieser Kunst nicht mehr ausreichend sei.

Man sollte annehmen, dass die Gründung der Webschulen jeweils mit einer vollen Unterstützung der örtlichen Weberinnung erfolgte. Dies war aber nicht immer der Fall. Ein Beispiel hierfür liefern die Augsburger Weber. Dort war von der Regierung des schwäbischen Kreises 1836 eine Webschule gegründet worden. Wegen einer feindseligen Haltung der Augsburger Weber hatte diese aber nur drei Jahre Bestand. Dies hängt vielleicht mit einer Petition der Weber aus dem Jahr 1836 zusammen. Mit dieser Petition wollten die Weber einen Verein zur Installation von Maschinen sowie zum gemeinsamen Rohstoffeinkauf bilden. Der Augsburger Magistrat lehnte dieses Vorhaben ab, vermutlich machte sich hier der starke Einfluss der Kaufleute auf den Magistrat bemerkbar.

Die Gründung der frühen Webschulen fällt in eine Zeit in der allgemein erkannt wurde, dass Fortschritte auf dem Gebiet der Technik nur mit einer soliden Grundausbildung zu erwarten sind. Es ist auch die Zeit der Entstehung der Technischen Schulen. Das Ursprungsland dieser Schulen ist Frankreich, wo schon im achtzehnten Jahrhundert versucht wurde, technische Fragen wissenschaftlich zu durchleuchten. Die erste technische Lehranstalt ist dort 1794/95 mit der École Polytechnique in Paris gegründet worden. Bei dieser ersten Schule stand allerdings die Kriegstechnik im Vordergrund der Ausbildung. In Deutschland begann das Aufkommen der Technischen Schulen 1825 mit der Gründung einer derartigen Lehranstalt in Karlsruhe, der zwei Jahre später eine entsprechende Schule in München folgte. In Österreich-Ungarn wurde die erste technische Lehranstalt 1806 in Prag gegründet. Eine weitere Schulgründung erfolgte 1815 in Wien. In Deutschland wurden die Technischen Schulen später oft als Polytechnika bezeichnet. Ab Ende des neunzehnten Jahrhunderts erhielten diese Schulen oft Hochschulrang und manchmal auch das Promotionsrecht, womit die Zeit der Technischen Hochschulen begann. Die damals bestehenden Universitäten sahen diese Entwicklung sehr ungern und leisteten auch beträchtlichen Widerstand.

Wenn man die Frühgeschichte der Webschulen betrachtet, so fällt auf, dass die meisten von ihnen durch eine Privatinitiative entstanden sind. Oft waren es die örtlichen Vereinigungen der Unternehmer oder Handwerker, die auf die Einrichtung einer solchen Schule gedrängt haben. Erst später stiegen dann die städtischen und noch später die staatlichen Gremien als Träger der Schulen ein. Dies war für den Bestand der Webschulen aus wirtschaftlichen Gründen zwar erforderlich, aber die verschiedenen Schulträger wirkten dann in die Organisation der Lehreinrichtungen mit manchmal widerstrebenden Interessen hinein. Oft entstand so ein Hemmschuh für die Weiterentwicklung der Schulen.

Ein weiterer Mangel dieser neuen Ausbildungseinrichtungen war oft, dass keine Kooperation zwischen den Fachschulen eines Bezirkes stattfand. Jede Schule verfolgte ihre eigenen Interessen und statt einer Abstimmung der Lehrgebiete lagen sie miteinander in einem offenen oder versteckten Konkurrenzkampf.

Zu einem wichtigen Ausbildungszweig wurde schon früh die Dessinatur in den Webschulen und später dann auch in den Textilfachschulen. In den Produktionszentren der Textilindustrie hatte man wohl erkannt, dass die Mustergestaltung der hergestellten Textilien einen erheblich Einfluss auf die Absatzmöglichkeiten ausübte.

Der Bedarf an gut ausgebildeten Fachkräften, deren Wissensstand über die handwerkliche Tätigkeit hinausging, machte sich neben der Weberei selbstverständlich auch in den anderen textilen Fertigungszweigen bemerkbar. Deshalb wurden vielerorts an die bereits bestehenden Webschulen Spinn- und auch Strick- und Färbeschulen angegliedert.

Dies ändert nichts an der Tatsache, dass es die Webschulen waren, die das Fundament für die textile Fachschulausbildung schufen. Aus ihnen hat sich über die Textilingenieurschule die heutige universitäre Ausbildung der Textilfachleute entwickelt.

Literatur:

- Franzen, O., Die deutschen Textilfachschulen und ihre wirtschaftliche Bedeutung, Diss. Köln, 1925
- Klemm, F., Geschichte der Technik - Der Mensch und seine Erfindungen im Bereich des Abendlandes, Reinbek, 1989
- Nürnberger, F., Geschichte der Oberlausitzer Textilindustrie – von den Anfängen bis zur Gegenwart, Spitzkunnersdorf, 2007
- Reuther, O., Die Entwicklung der Augsburger Textil-Industrie, Diessen, 1915
- Schermaier, J., Fachschulen in Österreich – Schulen der Facharbeiterausbildung, Frankfurt, 2009

6. Die sozialen und gesellschaftlichen Verhältnisse in der Zeit der Entstehung der Webschulen

Das neunzehnte Jahrhundert hat wie keines zuvor das Leben weiter Kreise der Gesellschaft nachhaltig verändert. Als Europa in dieses Jahrhundert eintrat, versuchte Napoleon, sich zum Herrscher des Kontinents aufzuschwingen. Obgleich ihm dies nicht gelang, hat er gerade Deutschland nachhaltig verändert. Er setzte hier der Vielstaaterei ein Ende und beseitigte den unübersehbaren Flickenteppich, den die Landkarte Deutschlands bis dahin zeigte. Es entstand zwar ein weiterer Flickenteppich, aber nun ein überschaubarer.

In der Textilwirtschaft herrschte zu Beginn des neunzehnten Jahrhunderts noch das alte Fertigungssystem. Zwar war die Bedeutung der Zünfte stark zurückgegangen, aber es wurde prinzipiell nach Normen, die über Jahrhunderte entstanden waren, produziert. Die Garne wurden vorwiegend von Frauen, oft in den bäuerlichen Haushalten, gesponnen. Deren Weiterverarbeitung erfolgte in handwerklicher Weise zu Geweben oder Maschenwaren und auch die Textilveredlung folgte den überbrachten Normen.

Lediglich für das Spinnen hatte sich bereits eine Veränderung abgezeichnet, denn es gab schon die ersten mechanischen Spinnereien, besonders im Rheinland und in geringem Umfang auch in Sachsen. Maschinengesponnene Garne kamen in großen Mengen aus England, wo die maschinelle Garnherstellung bereits weit fortgeschritten war. Manche bis dahin mit dem Spinnen beschäftigte Frau musste bereits zu Beginn des neunzehnten Jahrhunderts den Verlust ihrer bisherigen Beschäftigung beklagen.

Die von Napoleon verfügte Kontinentalsperre übte auf die Entstehung der mechanischen Spinnerei einen nachhaltigen Einfluss aus. Da maschinengesponnene Garne aus England nach dem Einsetzen der Kontinentalsperre nicht mehr auf den europäischen Kontinent gelangen konnten, entstanden hier Spinnfabriken, von denen aber nicht wenige ihre Pforten schließen mussten, nachdem Garne aus England wieder zugänglich geworden waren.

Problematisch wurde durch die Kontinentalsperre auch die Rohstoffversorgung. Baumwolle, die sich in der Textilwelt Deutschlands bereits einen festen Platz erworben hatte, war aus Übersee nun nicht mehr zugänglich. Sie musste aus den Häfen des Mittelmeeres auf dem Landweg über die Alpen gebracht werden. Besonders hart traf die Kontinentalsperre den Indigo, denn das Universalfärbemittel für die Erzeugung von Blaufärbungen war nun nicht mehr zugänglich. So musste man sich gezwungenermaßen wieder auf die bereits weitgehend abgestorbene Gewinnung von Waid besinnen.

Mit dem Ende der Kontinentalsperre traten schnell die alten Verhältnisse wieder ein, aber die mechanische Garnherstellung hatte doch einen Schritt nach vorn gemacht. In den übrigen

Bereichen der Textilherstellung blieben die alten Verhältnisse bis etwa zur Jahrhundertmitte bestehen. Einzelne Versuche, mechanische Webereien aufzubauen, scheiterten an technischen Unzulänglichkeiten oder manchmal auch an dem Widerstand der Weber.

In der Verarbeitung der Garne zu textilen Flächengebilden wurde weiterhin handwerklich gefertigt. Zwar trat der selbstständige Handwerksmeister stark in den Hintergrund, denn sein bisheriger Status bestand meistens nur noch zum Schein, da er häufig unter dem Zwang der Verleger stand. Und die mehr und mehr aufkommenden Manufakturen sogen manche Handwerker auf. Diese Manufakturen bildeten die Vorstufen zu den späteren Fabriken.

Ein wichtiger Schritt in der Entwicklung der Textilwelt des neunzehnten Jahrhunderts war die Entstehung des Deutschen Zollvereins, also der handelspolitischen Einigung der deutschen Kleinstaaten auf ein einheitliches Wirtschaftsgebiet ohne Zollschranken. Der Deutsche Zollverein trat am 01.01.1834 in Kraft. Vorkämpfer hierfür waren der Reutlinger Friedrich List (1789-1846) und der badische Minister K.F. Nenebius, deren Denkschriften hierzu allerdings auch auf heftigen Widerstand gestoßen waren. Vor der Entstehung des Deutschen Zollvereins hatte es schon bi- und multilaterale Verträge zwischen einzelnen deutschen Staaten gegeben.

Der Fall der Zollgrenzen wirkte sich für die Textilproduktion einiger Gebiete sehr positiv aus. So konnten beispielsweise Sachsen und auch das zu Preußen gehörende Rheinland, wo die Industrialisierung der Garnherstellung bereits weit fortgeschritten war, nun ihre Waren ohne Zollschranken innerhalb Deutschlands anbieten, was die noch kaum industrialisierten deutschen Länder in Bedrängnis brachte.

Um die Jahrhundertmitte setzte dann eine rapide Veränderung ein. Zahlreiche zusätzliche Spinnereien entstanden und die mechanische Gewebeherstellung war nun so weit ausgereift, dass sie auf breiter Basis eingeführt werden konnte. Ähnliches gilt für die Herstellung der Maschenwaren. Auch in der Textilveredlung waren einige Teilbereiche wie die Wollgewebeausrüstung und der Textildruck bereits weitgehend mechanisiert.

Dies war die Zeit des Beginns der sozialen Not der bisher mit der Fertigung von Textilien beschäftigten Handwerker. Viele waren gezwungen, ihr Gewerbe aufzugeben und in den Fabriken eine neue Tätigkeit zu suchen, andere weigerten sich konsequent, den Weg in die Fabriken einzuschlagen. Ein Beispiel hierfür bilden die Großschönauer Weber. Als dort in den 1860er Jahren die mechanische Weberei mehr und mehr Fuß fasste, weigerten sich die am Ort tätigen Weber, eine Tätigkeit in der Fabrik aufzunehmen. Um die Maschinen betreiben zu können, mussten Arbeiter aus nahen böhmischen Ortschaften angeworben werden.

Diese Phase, die oft als die Industrielle Revolution bezeichnet wird, veränderte das Leben breiter Bevölkerungsschichten nachhaltig. Neben dem ererbten Adel entstand eine neue Adelsschicht, nämlich der Geldadel, den die neuen Fabrikbesitzer bildeten und deren Finanzkraft oft diejenige des alten Adels weit übertraf. Es waren vorwiegend ehemalige Kaufleute, die nun die neuen Fabrikbesitzer wurden. Einige Handwerksmeister schafften diesen Sprung auch, dazu kamen verschiedene Angehörige des alten Adels und Landbesitzer. Sie bildeten die neue Schicht des Geldadels. Deren Macht war fast uneingeschränkt, sie erfreuten sich in den meisten Fällen des Schutzes der Obrigkeit und konnten so in ihren Fabriken uneingeschränkt schalten und walten. Den neuen Fabrikherren schrieb niemand vor, welche Entlohnung sie ihren Beschäftigten zukommen lassen mussten. Sie konnten diese nach Gutdünken festlegen.

Auf der anderen Seite der gesellschaftlichen Skala entstand ebenfalls eine neue Schicht, nämlich das Heer der Fabrikarbeiter, oft als Proletariat bezeichnet. Diese Schicht setzte sich nicht nur aus ehemaligen Textilhandwerkern zusammen, es war eine inhomogene Gesellschaft verschiedenen Herkommens. Denn, genau genommen, hatte es diese Schicht der Unterprivilegierten schon zuvor gegeben. Es waren die Mägde und Knechte auf den Bauernhöfen, die Hausangestellten und die Menschen ohne Berufsausbildung, die sich als Tagelöhner verdingen mussten oder oft auch auf der Suche nach Arbeit als Wanderarbeiter von Dorf zu Dorf und von Stadt zu Stadt zogen. Auf Zeit fanden sie manchmal eine Beschäftigung und wurden von den Handwerksmeistern oft schamlos ausgenutzt.

Diese neue Schicht stellte nun im Wesentlichen die Arbeiterschaft in den Fabriken. Sie mussten mit dem, was ihnen die Fabrikherren gaben, zufrieden sein. Dies war oft, wie man in der Umgangssprache sagen würde, zum Leben zu wenig, aber zum Sterben zu viel.

Unter welchen Umständen diese Menschen leben mussten, ist in Worten nur schwer auszudrücken. Deshalb haben manche, in neuerer Zeit entstandene Textilmuseen ihre Exponate nicht nur auf das Handwerkszeug der früheren Textilhandwerker und auf die frühen Maschinen konzentriert, sondern auch oft die Verhältnisse im Wohnumfeld der Textilarbeiter in der Zeit der Frühindustrialisierung dargestellt. Sie liefern ein bedrückendes Bild über die damaligen Lebensverhältnisse.

Fabrikarbeiter besaßen in der Gesellschaft der Industrialisierungszeit nur ein geringes Ansehen. Häufig brachte man sie mit einem überhöhten Alkoholkonsum in Verbindung.

Besonders in Kreisen der Gewerkschaften und der politisch Linken wird noch heute der Unternehmer der damaligen Zeit als wohlgenährter, unsympathisch wirkender Mann mit einer dicken Zigarre im Mund dargestellt. So wird ein Bild des Kapitalisten gemalt, der an nichts anderem als an seinem Profit interessiert war und der die in seiner Fabrik tätigen Menschen rücksichtslos unterdrückte und ausbeutete, wenn es um die Maximierung seines eigenen Einkommens ging. Hierfür entstand der Begriff des Man-

Abb. 6.1 Die Fabriken von Manchester nach einer Zeichnung aus 1826.

chester-Kapitalismus, da in der Frühindustrialisierung eine hohe Zahl von Textilfabriken in Manchester sowie in dessen Umgebung angesiedelt war.

Es kann keineswegs in Abrede gestellt werden, dass es diese brutalen Ausbeuter gab und vielleicht existierten auch zu viele dieser Art. Dabei darf aber nicht übersehen werden, dass bei manchen der Frühindustriellen auch schon das soziale Gewissen schlug. Ein sehr bekanntes Beispiel ist Robert Owen (1771-1850), der durch die Heirat der Tochter des Fabrikbesitzers David Dale, dessen Fabrik er übernahm, zum Unternehmer geworden war. Das Prinzip von Owen war es, unter Beibehaltung eines ausreichenden Gewinnsystems die schlimmsten Auswirkungen des Frühkapitalismus zu mildern. Er führte kür-

Abb. 6.3 Arbeiterhäuser in der Eilermarkstraße in Gronau, Aufnahme aus 1984.

Abb. 6.2 Robert Owen, nach einer Zeichnung von Auguste Hervieu im Besitz der National Portrait Gallery, London.

zere Arbeitszeiten ein, richtete für seine Arbeiter einen Konsumladen und für die Kinder eine Unterrichtsstätte sowie Kindergärten ein. Besonders bekannt wurde er als Vorkämpfer gegen die Kinderarbeit.

Solche Unternehmer gab es auch in Deutschland. Man sieht üblicherweise die negativen Beispiele deutlicher als die positiven. In vielen deutschen Textilbetrieben herrschte der Fabrikbesitzer als Patriarch, nach dessen Pfeife im Unternehmen alle zu tanzen hatten. Aber Patriarchen fühlen sich oft für diejenigen, die für sie arbeiten, auch verantwortlich. Und sie lassen ihre Beschäftigten nicht bedenkenlos fallen, wenn sie in eine kritische Situation geraten sind. Der Bau von Werkswohnungen, die Einrichtung von Kantinen und der Aufbau von Krankenversicherungen, schon bevor diese 1883 per Gesetz verlangt wurden, sind Beispiele für das soziale Verhalten vieler Unternehmer.

Im Umfeld von vielen Fabriken entstanden Häuser, die dem Unternehmer gehörten und in denen Werksangehörigen menschenwürdige Wohnverhältnisse geboten wurden. So entstanden manchmal ganze Siedlungen mit Wohnhäusern für die Arbeiter der Fabrik. Ein Beispiel hierfür ist Gmindersdorf im Stadtgebiet von Reutlingen, das auf Initiative der Firma Ulrich Gminder, damals die größte Textilfabrik Reutlingens und eine der größten in Deutschland, in den Jahren 1903-1923 entstand.

Natürlich erfolgte der Bau von Werkswohnungen nicht ganz ohne Hintergedanken. Die Unternehmer konnten auf diese Weise ihre Arbeiter und manchmal auch noch die nachfolgende Generation an die Fabrik binden. Nicht selten arbeiteten alle Familienangehörigen in demselben Unternehmen. Die Unternehmer leisteten sich auch Eingriffe in das Privatleben der von ihnen Abhängigen. So wurde beispielsweise dem Arbeiter mitgeteilt, welche Tätigkeit seine Kin-

Abb. 6.4 Arbeiterhäuser des englischen Unternehmers Titus Salt aus den 1860er Jahren in Saltaire.

der, wenn sie sechzehn Jahre alt geworden waren, in der Fabrik auszuüben hätten. Eine Weigerung hätte die Entlassung und auch den Auszug aus der Werkswohnung zur Folge gehabt. Viele Fabrikbesitzer fühlten sich als Erzieher und als Vormund ihrer Arbeiter.

Zu den übelsten Auswüchsen in der Zeit der Frühindustrialisierung zählt die Kinderarbeit. Dieser Ausdruck wird üblicherweise für die Beschäftigung von Kindern in den Fabriken gebraucht, wobei oft übersehen wird, dass bei der häuslichen handwerklichen Fertigung sowie im bäuerlichen Bereich die Mitarbeit von Kindern auch üblich war und als normal angesehen wurde. Die Handwerker sowie die Bauern benötigten billige Arbeitskräfte. Diese waren oft die eigenen Kinder. So beschäftigten beispielsweise die Webmeister, die zu Hause am Webstuhl arbeiteten, ihre Kinder als Hilfskräfte.

Mit der Industrialisierung begann auch die Beschäftigung von Kindern in den Fabriken. Schon vorher war es in Manufakturen, beispielsweise in der Tuchfertigung, üblich, Kinder für leichtere Arbeiten wie das Reinigen der Handkarden oder das Spulen von Garnen einzusetzen. In den Fabriken wurden die Kinder zu Hilfsarbeiten, die kaum eine Ausbildung erforderten, herangezogen. Die Zahl der in den Fabriken tätigen Kinder übertraf oft diejenige der dort arbeitenden Frauen.

Kinder waren billige Arbeitskräfte und wurden deshalb, so weit wie möglich, zur Fabrikarbeit eingesetzt. Durch sie wurden nicht selten erwachsene Arbeitskräfte verdrängt. So kam es oft vor, dass die Mutter und auch die Kinder in der Fabrik arbeiteten, während der Vater vergeblich eine Beschäftigung suchte.

Die Kinderarbeit hatte nicht nur sehr negative gesundheitliche Auswirkungen für die Betroffenen, auch der Schulbesuch war wegen der Arbeit in der Fabrik nicht möglich. In dieser Zeit entstanden die Sonntagsschulen, die von den Kindern an ihrem arbeitsfreien Tag, dem Sonntag, besucht werden mussten, um dort wenigstens etwas lesen und schreiben zu lernen, aber auch die religiöse Unterweisung spielte in den Sonntagsschulen eine wichtige Rolle.

Abb. 6.5 Erschöpftes Mädchen in einer Baumwollspinnerei in Nottingham.

In der Bekämpfung der Kinderarbeit kommt der Schweiz, wo schon 1815 erste Maßnahmen unternommen wurden, eine gewisse Vorreiterrolle zu. Auch in England, dem Mutterland der Industrialisierung, musste man sich dieses Problems annehmen. Ein erstes Gesetz hierzu wurde 1819 erlassen. Es verbot die Beschäftigung von Kindern unter neun Jahren. In den Nachfolgejahren folgten dann mehrere Verbesserungen.

In der Zeit, als in England schon Maßnahmen zur Eindämmung der Kinderarbeit ergriffen worden waren, erreichte dieses traurige Kapitel in Deutschland erst seinen Höhepunkt. Allerdings wurde schon 1839 in Preußen ein Gesetz erlassen, das die Beschäftigung von Kindern unter neun Jahren in den Fabriken verbot und die Tagesarbeitszeit von Kindern zwischen neun und sechzehn Jahren auf zehn Stunden begrenzte. Die Unternehmer beachteten dieses Gesetz aber kaum. Dies änderte sich nach einer gesetzlichen Verfügung von 1853, womit die Arbeit von Kindern unter 14 Jahren auf sechs Stunden pro Tag begrenzt wurde. Mit dieser Änderung entstanden auch die so genannten Fabrikinspektoren, die von der preußischen Regierung eingesetzt worden waren und die streng auf die Einhaltung der Vorschriften achteten.

Als Gegner solcher Maßnahmen zur Eindämmung der Kinderarbeit erwiesen sich nicht nur die Fabrikanten, die den Verlust billiger Arbeitskräfte hinnehmen mussten, sondern oft auch die Eltern der in den Fabriken tätigen Kinder. Die Eingrenzung der Kinderarbeit hatte eine Schmälerung von manchem Familieneinkommen zur Folge. Die Unternehmer führten ein scheinheiliges Argument für die Kinderarbeit an. Sie behaupteten, dass nur diejenigen gute Facharbeiter werden könnten, die schon als Kinder in den Fabriken tätig seien.

Das Aufkommen komplizierterer Maschinen, für deren Überwachung Fachkräfte benötigt wurden, die Einführung der allgemeinen Schulpflicht und auch die Gesetzgebung zur Kinderarbeit führten dazu, dass Kinder ab den 1870er Jahren in den Fabriken kaum noch anzutreffen waren.

Die Gesetze gegen die Kinderarbeit betrafen die Fabriken, der Handwerksmeister durfte weiterhin seine Kinder zu Hilfsarbeiten heranziehen und auch auf dem Bauernhof änderte sich an der Mitarbeit der Kinder nichts.

Nicht nur die Kinder, auch die Erwachsenen waren in den frühen Fabriken erheblichen Belastungen durch Schmutz, Hitze, Feuchtigkeit und Chemikalien ausgesetzt. Letzteres galt besonders für die Färbereien und Appreturbetriebe. Manche Erkrankungen wurden dadurch ausgelöst.

Der Frauenanteil war in der Textilindustrie sehr hoch. Am besten bezahlt waren Weberinnen. Aber unterschiedliche Löhne zwischen Männern und Frauen waren üblich. Männer hatten gegenüber Frauen ungefähr das doppelte Einkommen. Ab 1891 gab es eine gesetzliche Arbeitszeit für Frauen mit maximal 11 Stunden, vorher waren dies 12 Stunden an sechs Arbeitstagen. Nachtarbeit war für Frauen nun verboten.

Wenig Beachtung fand in den jungen Fabriken der Unfallschutz. So erfolgten oft Reinigungsarbeiten und die Beseitigung kleiner Störungen bei laufenden Maschinen, was eigentlich verboten war, aber wobei zu oft ein Auge zugedrückt wurde. Schutzvorrichtungen an den Maschinen waren weitgehend unbekannt. In den seit 1891 im gesamten Deutschen Reich vorgeschriebenen Fabrikordnungen wurde aber dann doch der Vermeidung von Unfällen eine größere Beachtung geschenkt.

In vielen großen Betrieben gab es schon lange vor dieser gesetzlichen Regelung die Fabrikordnungen. Deren Zweck war ein ungestörter Produktionsverlauf sowie die Vermeidung von Maschinenbeschädigungen und von Materialverschwendung. In diese Fabrikordnungen wurde auch die Regelung der Arbeitszeiten und Pausen, die Verpflichtung zur Reinigung von Maschinen und das Verbot, den Arbeitsplatz während der Arbeitszeit zu verlassen, eingebracht. Oft enthielten die Fabrikordnungen auch Regelungen des persönlichen Verhaltens wie das Verbot von Unterhaltungen mit Kolleginnen und Kollegen während der Arbeitszeit und das Verlangen eines gebührlichen Verhaltens gegenüber den Vorgesetzten. Zuwiderhandlungen hatten häufig Geldstrafen, Abmahnungen oder auch Entlassungen zur Folge. Die Beschäftigten brachten den Fabrikordnungen wenig Sympathie entgegen, sie leisteten, wenn sich die Möglichkeit hierzu bot, Widerstand gegen diese Vorschriften.

Ein Überblick über die sozialen Verhältnisse in der Zeit der Industrialisierung wäre unvollständig, wollte man die Bestrebungen der Textilarbeiter zur Bildung eigener Berufsstandorganisationen übergehen. Schon in der Zeit um 1840 entstanden an vielen Orten Arbeitervereine, bei denen Sachsen die höchste Organisationsdichte aufzuweisen hatte.

Die ersten Bestrebungen zu überörtlichen Organisationen findet man 1869 mit der Gründung der "Internationalen Gewerkgenossenschaft der Manufaktur-, Fabrik- und Handarbeiter". Im Zuge der im Kaiserreich 1878 erlassenen Sozialistengesetze wurde dieser Verband aufgelöst. Auf lokaler Ebene konnten sich jedoch einige Fachorganisationen halten. Ein neuer überregionaler Versuch wurde 1884 in Gera unternommen. Dort wurde der "Deutsche Manufakturarbeiter und -arbeiterinnenverein" gegründet. Auch diese Organisation fiel den Sozialistengesetzen zum Opfer und wurde 1887 aufgelöst.

Mit der Einführung der staatlichen Gewerbeaufsicht im Jahr 1891 erfolgte auch die Erlaubnis zur Bildung von Arbeiterausschüssen. Diese blieben aber weitgehend bedeutungslos.

Nach dem ebenfalls 1891 erfolgten Erlöschen der Sozialistengesetze wurde in Pößneck in Ostthüringen der "Deutsche Textilarbeiterverband" gegründet. Ursprünglich bestanden erhebliche Bedenken gegen eine zentralistische Organisation dieses Verbandes, man bevorzugte lokale Vereinigungen. Die Bestrebungen zur Schaffung einer Zentralorganisation setzten sich aber schließlich durch. Mit der Zeitschrift "Textilarbeiter" entstand ein eigenes Verbandsorgan.

Die erste große Bewährungsprobe bestand der "Deutsche Textilarbeiterverband" bei dem Streik der Crimmitschauer Textilarbeiter in den Jahren 1903/04. Allerdings konnte der Verband diesen fünf Monate dauernden Streik nur dank hoher finanzieller Unterstützung aus ganz Deutschland und auch aus dem Ausland überstehen. Aber dieser Crimmitschauer Streik sah am Ende die Arbeiter als Verlierer. Für die besonders Engagierten hatte er eine dauernde Beschäftigungslosigkeit zur Folge und darüber hinaus bewirkte dieser Streik ein stärkeres Zusammenrücken der Textilarbeitgeber mit der Gründung eines Arbeitgeberverbandes der deutschen Textilindustrie.

Bereits während des Ersten Weltkriegs und besonders nach der Novemberrevolution gab es im Textilarbeiterverband heftige Richtungskämpfe zwischen gemäßigten und radikalen Kräften. Der Deutsche Textilarbeiterverband litt stark unter der Konkurrenz der christlichen Gewerkschaft. Diese wurde wegen der sozialistischen Ausrichtung des Textilarbeiterverbandes gegründet, nachdem der Versuch, eine weltanschaulich und parteipolitisch neutrale Arbeitervereinigung zu schaffen, gescheitert war. Die christliche Gewerkschaft entstand vor allem in katholischen Regionen wie am Niederrhein oder im Westmünsterland. So gründeten Mitglieder des 1872 entstandenen Katholischen Arbeitervereins 1899 in Bocholt die erste christliche Textilarbeitergewerkschaft Westfalens mit der Bezeichnung "Christlicher Textilarbeiterverband für Bocholt und Umgebung". In katholischen Gegenden waren christliche Gewerkschaften oft die dominierende Gewerkschaftsbewegung. Die zunächst mehr regionalen Vereinigungen wurden in der Zeit der Weimarer Republik zu einem Dachverband zusammengeführt.

Obgleich der revolutionäre Geist der Sozialisten in der christlichen Gewerkschaftsbewegung keine Sympathien fand, waren die Mitglieder dieser Gewerkschaft bei den Arbeitgebern oft noch mehr verhasst als die dem Textilarbeiterverband angehörenden Arbeiter, da man die christlichen Gewerkschaftler als verkleidete Sozialisten mit einem christlichem Mäntelchen verdächtigte. Bei Streiks hatten die christlichen Gewerkschaften die Bevölkerung häufig mehr auf ihrer Seite als der Textilarbeiterverband.

Mit der Zerschlagung der Gewerkschaft im nationalsozialistisch regierten Deutschland endete der Textilarbeiterverband. Den christlichen Gewerkschaften war dasselbe Schicksal beschieden. Nach dem Zweiten Weltkrieg organisierten sich die in der Textil- und Bekleidungsindustrie Beschäftigten in der Gewerkschaft Textil-Bekleidung. Wiedergründungen christlicher Gewerkschaften erfolgten erst Mitte der 1950er Jahre.

Literatur:

- Damaschke, S., Zwischen Anpassung und Auflehnung, Wuppertal, 1992
- Eichholzer, E., Zur Stellung der Textilindustrie in der Geschichte des schweizerischen Arbeiterschutzes, Textil-Rundschau 11(1956), S.185-190
- Lassotta, A. u. Lutum-Lenger, P., Textilarbeiter und Textilindustrie: Beiträge zu ihrer Geschichte in Westfalen während der Industrialisierung, Hagen, 1989
- Lassotta, A., Röver, H., Schultes, A. u. Steinborn, V., Streik Crimmitschau 1903 – Bocholt 1913, Essen, 1993
- Ober, P. u. Bergler, A., Textilarbeiter um 1900 – Arbeit, Alltag, Streik, Crimmitschau, 2003

Quelle Abbildungen:

- 6.1 Klemm, F., Geschichte der Technik - Der Mensch und seine Erfindungen im Bereich des Abendlandes, Reinbek, 1989, S. 150
- 6.2 Luetkens, C., Manchester – Stadt ohne Mittelalter, Ciba-Rundschau H. 1962/2, S. 16
- 6.3 Immenkamp, A., Der Arbeiterwohnungsbau im münsterländischen Textilgebiet von 1880 bis in die Gegenwart in Lassotta, A. u. Lutum-Lenger, P., Textilarbeiter und Textilindustrie: Beiträge zu ihrer Geschichte in Westfalen während der Industrialisierung, Hagen, 1989, S. 88
- 6.4 Kift, D., Arbeit, Familie und Freizeit in der englischen Textilindustrie im 19. Jahrhundert in Lassotta, A. u. Lutum-Lenger, P., Textilarbeiter und Textilindustrie: Beiträge zu ihrer Geschichte in Westfalen während der Industrialisierung, Hagen, 1989, S. 133
- 6.5 Henderson, W.O., Die industrielle Revolution – Europa 1780 – 1914, Wien-München-Zürich, 1969, Abb. 99, S. 126

7. Die textilen Ausbildungsstätten in Deutschland

7.1 Textilfachschulen in Baden-Württemberg

7.1.1 Reutlingen

In der Zeit der handwerklichen Textilfertigung zog die Freie Reichsstadt Reutlingen auf dem Textilgebiet nicht viel Aufmerksamkeit auf sich. Es gab Leinenweber in Reutlingen und auch die Tuchfertigung wurde hier betrieben, aber die Produkte waren wohl vorwiegend für den heimischen Bedarf und für die Märkte der näheren Umgebung vorgesehen. Dies änderte sich auch nicht wesentlich, als die Reichsstädtische Ordnung 1802 aufgehoben wurde und Reutlingen ein Teil Württembergs geworden war.

Abb. 7.1.1.1 Tuchmacherwerkstatt aus der Gegend von Reutlingen, Ausschnitt aus einer Lithographie von G.M. Kern aus der Zeit um 1835.

Erst 1862 wurde die alte Zunftordnung endgültig aufgegeben, wobei aber nicht bekannt ist, ob die Zünfte zuvor noch allzu viel Einfluss ausüben konnten Dies war aber auch die Zeit, als die Industrialisierung schon voll einsetzte. In diese Zeit fiel für Reutlingen, das vorher abseits der großen Handelsstraßen gelegen hatte, auch eine wichtige Neuerung, nämlich die Eröffnung der Eisenbahnstrecke Plochingen-Reutlingen im Jahr 1859. Nun war mit der einfacheren Anfuhr der Rohstoffe und dem vereinfachten Abtransport der hergestellten Ware eine wichtige Voraussetzung für die weitere Entwicklung gegeben.

Und doch gab es im Reutlinger Gebiet in etwas bescheidenem Ausmaß schon früh einzelne Bestrebungen zur Industrialisierung, so 1828 mit der Gründung einer Wollspinnerei der Gebrüder Neuner und 1846 in Betzingen mit der Baumwollspinnerei von Wiedenmann und Schickhardt. Als eine Attraktion besonderer Art wurde die Aufstellung des ersten mechanischen Wollwebstuhls in Reutlingen im Jahr 1846 gesehen.

Insgesamt gesehen, erwies sich die württembergische Textilindustrie als eine Art Spätzünder. Im Vergleich zu anderen Regionen wie beispielsweise Sachsen oder Elsass setzte die Industrialisierung der Textilfertigung verhältnismäßig spät ein. Aber dies hatte auch zur Folge, dass die württembergische Textilindustrie in der zweiten Hälfte des 19. Jahrhunderts mit wesentlich moderneren Maschinen produzieren konnte als beispielsweise die sächsische.

Die erste mechanische Spinnerei Württembergs entstand als Baumwollspinnerei mit englischen Maschinen 1810 in Berg bei Stuttgart. Ihr Gründer war der Kaufmann Karl Bockshammer. Erste mechanische Kammgarnspinnereien waren in Heilbronn und Esslingen entstanden, denen aber keine lange Lebensdauer beschieden war. Die erste mechanische Flachsspinnerei Württembergs wurde 1827 von Johann Friedrich Cotta in Heilbronn gegründet, sie musste aber schon 1832 wieder stillgelegt werden. Die mechanische Weberei begann in Württemberg mit einer Fabrikgründung durch den schon vorher als Verleger von Webwaren tätigen Gottlieb Meebold in Heidenheim. Er soll hierzu 1828 zwanzig Webmaschinen aus England eingeführt haben. 1841 installierte Meebold die erste Dampfmaschine in Württemberg.

Ein grundlegender Wandel vollzog sich dann in den 1850er- und 1860er Jahren. In dieser Zeit kam es zu einem rasanten Aufstieg der württembergischen Textilindustrie, was in besonderem Maße durch bedeutende Fabrikgründungen für Reutlingen gilt. So entstand 1852 mit schweizerischem Kapital die Baumwollspinnerei Unterhausen, 1864 die Ulrich Gminder GmbH und 1865 das Unternehmen von Georg Martin Eisenlohr. Die beiden letzteren sind aus Färbereien hervorgegangen.

Mit dem Aufschwung der Tuchmacherei waren schon in den 1820er Jahren Färbereien und Ausrüstungsbetriebe in Reutlingen entstanden. Verschiedene Färber waren dazu übergegangen, Textilien auf eigene Rechnung zu färben und Handel damit zu betreiben. Vorher hatten sie nur für Verleger oder für sonstige Kunden gefärbt. Zwei dieser Färber, nämlich die bereits genannten Gminder und Eisenlohr, standen nun am Anfang der rasanten Entwicklung der Reutlinger Textilindustrie und wurden zu Großbetrieben. Ulrich Gminder benutzte für seine neu entstandene Spinnerei seinen Trockenplatz außerhalb der Stadt. Eisenlohr ging den Arbeitskräften nach und errichtete in Dettingen, wo diese ausreichend zur Verfügung standen, einen Textilbetrieb, der mit Wasserkraft einer stillgelegten Mühle arbeitete.

Dies war nun auch die Zeit, in der sich das Reutlinger Textilgewerbe endgültig von der Wolle und vom Leinen abwandte und auf die Baumwolle setzte. Nicht wenige Handweber hatten diesen Schritt schon vorher vollzogen. Neben der Baumwollspinnerei und -weberei wurde die Maschenwarenindustrie das zweite Standbein der Reutlinger Textilindustrie. Auch auf dem letztgenannten Gebiet erfolgten die wichtigsten Gründungen in den 1850er und 1860er Jahren. In dieser Zeit wurde mit der Maschinenfabrik Arbach auch das erste Unternehmen des Textilmaschinenbaus in Reutlingen ins Leben gerufen.

Schon in der Gründerzeit wurde der Bedarf an gut ausgebildeten Fachkräften immer deutlicher. Es gab Wanderlehrer für Weberei in Württemberg, die aber den Ansprüchen an eine gute Ausbildung der benötigten Fachkräfte nicht gerecht werden konnten. So beschlossen mehrere Unternehmer des Reutlinger Gewerbevereins 1855 die Errichtung einer Webschule. Die hierfür nötige Zustimmung des württembergischen Innenministeriums erfolgte am 23.08.1855. Im altehrwürdigen Spendhaus, das zu den ältesten noch existierenden Profanbauten Reutlingens zählt, fand die Webschule für den Lehrbetrieb ihre erste Unterkunft.

Diese Schule war, wie viele andere Unterrichtsstätten dieser Art, ursprünglich nur für die Handweberei vorgesehen. Aber schon ein Jahrzehnt

Abb. 7.1.1.2 Das Spendhaus in Reutlingen, die erste Unterrichtsstätte der Reutlinger Webschule.

nach ihrer Gründung erfolgte auch der Unterricht in mechanischer Weberei.

Eine Techniker-Schule benötigt für eine sachgerechte Ausbildung auch Maschinen, die nach und nach angeschafft wurden. So wurden mehrere Webmaschinen, zu denen bald eine Dampfmaschine kam, installiert. Da sich ab der Mitte des neunzehnten Jahrhunderts in Reutlingen auch die Maschenwarenherstellung angesiedelt hatte, wurde 1878 die erste Wirkmaschine, an der ein Meister unterrichtete, angeschafft. Die ursprüngliche Webschule erfuhr damit eine Ausweitung zur Textilfachschule.

Die Räume des Spendhauses waren schon längst zu klein geworden, als 1891 ein Neubau erstellt wurde. In dieser Zeit kam auch eine Spinnerei-

Abb. 7.1.1.3 Das frühere Verwaltungsgebäude der Textilingenieurschule Reutlingen in der Kaiserstraße.

Abb. 7.1.1.4 Luftaufnahme der früheren Reutlinger Textilingenieurschule, vorn das Verwaltungsgebäude, dahinter die Anlagen des Lehrbetriebs, rechts das Forschungsgebäude.

abteilung hinzu, für deren Leitung der Ingenieur Otto Johannsen gewonnen werden konnte. Er wurde 1893 der Leiter der Schule. 1897 erfolgte seine Ernennung zum Professor. Bis zum Jahr 1932 lenkte er die Geschicke dieser Lehranstalt mit ihrem Forschungs- und Prüfinstitut.

Abb. 7.1.1.5 Prof. Dr.-Ing. Otto Johannsen.

Die technische Entwicklung machte es notwendig, das Lehrprogramm und auch den vorhandenen Maschinenpark auszuweiten. So wurde 1898 eine Abteilung für Musterzeichner eingeführt. Auch an der Textilveredlung, die 1903 ein Bestandteil der Reutlinger Schule wurde, konnte nicht vorbeigegangen werden. Vor allem dank des Wirkens von Otto Johannsen erreichte die Schule einen hohen Bekanntheitsgrad, der weit über die Grenzen Deutschlands hinausging. 1921 wurde der Schule ein Textilforschungsinstitut angegliedert. Schon 1910 war das Prüfamt für Textilstoffe entstanden. Diese Zusammenfassung von Lehre, Forschung und Prüfung bewährte sich über rund 50 Jahre. Mit der Abwanderung der Forschung nach Stuttgart sowie Denkendorf fand sie ihr Ende.

Nach einem Erlass der damaligen Reichsregierung aus dem Jahr 1939 wurden 1941 die Höheren Fachschulen für das Textilwesen in Textilingenieurschulen umgewandelt. So wurde aus dem Technikum für Textilindustrie die Textilingenieurschule Reutlingen. Das so genannte Reutlinger Diplom wurde nun durch den Titel des Textilingenieurs abgelöst.

Im Jahr 1941 vollzog sich ein weiterer Wandel. Nach Dr.-Ing. Gerhard Krauter, der die Schule nach dem Ausscheiden von Otto Johannsen geleitet hatte, übernahm Dr.-Ing. Fritz Walz die Leitung der Schule. Auch er prägte, ähnlich wie Johannsen, maßgebend deren Bild. Walz entwickelte ein besonders familiäres Verhältnis zu seinen Studenten. Der für ihn häufig verwendete Titel "Papa Walz" drückt dies deutlich aus. Unvergessen sind seine "Kistenpredigten" zu Beginn eines neuen Semesters, bei denen er, auf einer Kiste in der Lehrspinnerei stehend, die Studenten auf ihre Pflichten aufmerksam machte. Die Kiste hierfür hatten die Studenten oft so platziert, dass der Kopf von Prof. Walz, der eine beachtliche Körpergröße aufwies, mit einer von der Decke herab hängenden Lampe kollidieren musste. Aber Prof. Walz kannte seine Pappenheimer, sprich seine Studenten. Bevor er die Kiste bestieg, überprüfte er deren Position und rückte sie entsprechend zurecht.

Schon früh begann die Zusammenarbeit der Reutlinger Schule mit der Technischen Hochschule Stuttgart. Mehrere der Reutlinger Professoren waren auch Lehrbeauftragte an dieser Hochschule.

Abb. 7.1.1.6 Prof. Dr.-Ing. Fritz Walz bei seiner legendären Kistenpredigt.

Mit der Umwandlung der Ingenieurschulen in Fachhochschulen erfolgte 1971 in Reutlingen eine Trennung der Schule. Es entstanden die Fachhochschule mit dem Ingenieurstudium und die Technikerschule. Letztere erhielt, zum Andenken an den verdienten früheren Schulleiter, die Bezeichnung Otto Johannsen-Technikum. Wegen Mangels an Absolventen musste diese Schule in der Zwischenzeit geschlossen werden.

Mit Betriebswirtschaft und Allgemeiner Chemie/Kunststoffe wurden an der Fachhochschule Reutlingen nach ihrer Gründung neue Studiengänge geschaffen. Dafür waren die bisherigen Räume zu klein geworden. Von dem Neubau im Bezirk Hohbuch konnte 1977 das erste Gebäude bezogen werden.

Die Fachhochschule wurde 2005 zur Hochschule mit einem breit gefächerten Studienprogramm und der heutigen Bezeichnung Reutlingen University. Textile Studiengänge werden noch angeboten, bei denen die Textiltechnik und das Textildesign die Schwerpunkte bilden. Die Textilchemie, die ab 1903 genau hundert Jahre in Reutlingen gelehrt worden war, hat in den textilen Studiengängen keine Bedeutung mehr.

Die Entwicklung einer Schule wird von vielen Persönlichkeiten, vor allem von deren Direktoren und den engagierten Dozenten, geprägt. Es waren nicht wenige, die der Reutlinger Schule zu ihrem hervorragenden Ruf verholfen haben. Sie können nicht alle genannt werden. Stellvertretend für sie sei auf die bereits erwähnten Professoren Dr.-Ing. Otto Johannsen und Dr.-Ing. Fritz Walz für den Bereich der Textiltechnik hingewiesen. Um den Bereich der Textilchemie haben sich besonders die Professoren Dr.-Ing. Otto Mecheels, Dr. Hermann Rath und Dr. Andreas Agster verdient gemacht.

Literatur:
- An., 100 Jahre Technikum für Textilindustrie Reutlingen, Reutlingen, 1955
- Bächtiger, A., Die Entwicklung der Textilindustrie in Reutlingen im 19. Jahrhundert – Unveröffentlichtes Manuskript
- Bechtle, O., Die Gewerbeförderung im Königreich Württemberg im Geschäftsbereich der Zentralstelle für Gewerbe und Handel, Stuttgart, 1905
- Klaiber, B., Die geschichtliche Entwicklung der produktiven Kräfte im Raum Reutlingen, Diss. Tübingen, 1938
- Riede, H., Die Entwicklung der württembergischen Textilindustrie, Diss. Heidelberg, 1937

Quelle Abbildungen:
- 7.1.1.1 Clasen, C.P., Weben in schwerer Zeit – Das Augsburger Textilgewerbe im 19. Jahrhundert, Augsburg, 2006, S. 265, Abb. 11
- 7.1.1.2 Reutlingen University
- 7.1.1.3 Reutlingen University
- 7.1.1.4 Reutlingen University
- 7.1.1.5 An., 100 Jahre Technikum für Textilindustrie Reutlingen, Reutlingen, 1955, S. 11
- 7.1.1.6 An., 100 Jahre Technikum für Textilindustrie Reutlingen, Reutlingen, 1955, S. 76

7.1.2 Hohenstein - Bönnigheim

Der indirekte Anstoß für die Ausbildung von Textilfachleuten auf Schloss Hohenstein war die vom damaligen Reichsministerium für Wissenschaft, Erziehung und Volksbildung am 13. November 1944 verfügte Zusammenlegung der Textilingenieurschule M. Gladbach samt angeschlossener Institute mit der damaligen Höheren Textilfachschule Münchberg (Bayern). Damit verbunden war die Verlegung der Schule von Mönchengladbach nach Münchberg unter Leitung von Prof. Dr.-Ing. Otto Mecheels (1894 -1979). Als jedoch der Tross unter Leitung des damaligen Direktors am 26. November 1944 in Münchberg ankam, gestaltete sich die Integration äußerst schwierig. Nur die Mechanische Abteilung und das Warenprüfamt fanden eine Unterkunft, während die Chemische Abteilung und das Forschungsinstitut nach Bönnigheim, der Heimatstadt des Schuldirektors, weiter zogen, um in dem dort gerade leer stehenden Stadionschen Schloss unterzukommen. Es gelang tatsächlich, einen einigermaßen geregelten Lehrbetrieb aufzubauen, so dass Ende März 1945 die meisten Studenten ihr Ingenieurexamen ablegen und heimreisen konnten. Am 7. April 1945 ist dann Bönnigheim von französischen Truppen eingenommen worden.

7.1.2.1 Das im Jahre 1756 von Graf Stadion in Bönnigheim erbaute Schloss war die erste Unterkunft für die aus Mönchengladbach evakuierten Studierenden der Chemischen Abteilung

Verwaltungstechnisch ist das Schloss in Bönnigheim von November 1944 bis März 1945 als Außenstelle der Höheren Textilfachschule Mönchengladbach-Rheydt geführt worden. Da jedoch bereits vorher schon die Technische Hochschule Aachen nach Mönchengladbach evakuiert worden war, wurde Bönnigheim auch zur Außenstelle des Instituts für Textilchemie der Technischen Hochschule Aachen, wo das letzte Diplom am 3. Februar 1945 von Otto Mecheels unterschrieben worden ist.

Am 7. Mai 1945 war der Zweite Weltkrieg zu Ende, damit auch der Aufenthalt der Mönchengladbacher Schule im Stadionschen Schloss zu Bönnigheim, weil es wieder als Gehörlosenschule gebraucht worden ist. Zurück nach Mönchengladbach konnte Otto Mecheels mit seinen Mitarbeitern jedoch nicht, da die Schule und das dazugehörige Forschungsinstitut durch Bomben zerstört waren. Eine Alternative war das von Bönnigheim etwa 2 km entfernte Schloss Hohenstein. Dies war jedoch wegen der Granateinschläge in einem desolaten Zustand. Trotzdem zog Otto Mecheels mit Genehmigung der französischen Militärregierung als „Deutsches Institut für Textilindustrie Mönchengladbach-Rheydt" im Sommer 1945 in das Schloss Hohenstein ein. Im Frühjahr 1946 schied Otto Mecheels als beamteter Oberstudiendirektor freiwillig aus dem Staatsdienst aus und gründete auf Schloss Hohenstein als freier Unternehmer sein eigenes Forschungsinstitut.

Als 1948 die Währungsreform abgeschlossen war, eröffnete Otto Mecheels im Auftrag des Landesgewerbeamtes Stuttgart die Lehr- und Versuchsanstalt für Bekleidungsindustrie, um Bekleidungstechnikerinnen und -techniker auszubilden. Im Sommersemester 1949 begannen die ersten 17 Studierenden ihre zweisemestrige Ausbildung.

7.1.2.2 Schloss Hohenstein bot ein trostloses Bild, als Otto Mecheels im Sommer 1945 mit dem „Deutschen Institut für Textilindustrie Mönchengladbach-Rheydt" eingezogen ist.

Der Unterricht fand unter äußerst beengten Verhältnissen statt, weil sich das Forschungsinstitut und die Lehranstalt die verfügbaren Räume im Schloss teilen mussten. Ab 1952 verbesserte sich die Situation ein wenig, als in einem Anbau ein Lehrbetrieb für die Bekleidungstechniker eingerichtet werden konnte. Eine wirkliche Entspannung trat aber erst 1954 ein, als die im Krieg abgebrannte ehemalige Kelter wieder aufgebaut und in einem Hörsaal umgewandelt wurde. Doch die Entspannung hielt nicht lange an, denn die Zahl der Studierenden stieg unaufhaltsam. Folglich musste wieder gebaut werden. Zu Beginn des Wintersemesters 1959 konnte ein neues Hörsaalgebäude mit 354 Sitzplätzen offiziell eingeweiht werden.

7.1.2.3 Trotz eines Neubaus 1959 konnten die Hörsäle den Andrang der Studierenden kaum fassen. Überall herrschte Platzmangel und führte zu einer „sympathischen Enge", wie dies der Institutsdirektor, Prof. Dr.-Ing. Otto Mecheels, zu bezeichnen pflegte, was in Anbetracht der bunten Mischung aus weiblichen und männlichen Studierenden durchaus nicht als Nachteil empfunden worden ist.

In den 60er-Jahren waren bis zu 400 Studierende pro Semester eingeschrieben. Das machte die Einrichtung weiterer Hörsäle notwendig, die in dem 1962 errichteten Gebäude für die bekleidungsphysiologische Forschung untergebracht worden sind. Ein letzter Bauabschnitt für die inzwischen von der Lehranstalt Hohenstein zur Technischen Akademie Hohenstein umbenannten Schule ist 1990 realisiert worden.

Die ursprünglich zweisemestrige Ausbildung ist Mitte 1970 als Folge der staatlichen Anerkennung auf drei Semester ausgedehnt worden, aber weiterhin als Privatschule betrieben worden.

Ab den 1980er Jahren gingen die Schülerzahlen langsam aber stetig zurück, da die Bekleidungsindustrie ihre Produktion ins Ausland verlagert hat. Im Jahre 1996 musste dann die Bekleidungstechniker-Ausbildung beendet werden.

Im Jahre 1949 entstand ebenfalls im Auftrag des Landesgewerbeamtes Stuttgart und mit Unterstützung des württembergischen Textileinzelhandels-Verbandes eine Lehr- und Versuchsanstalt für den Textil- und Bekleidungseinzelhandel zur Ausbildung von Fachleuten für den Einzelhandel und den Großhandel. Diese Schule war im Grunde eine Fortsetzung der Arbeit von Otto Mecheels aus seiner Mönchengladbacher Zeit als Schuldirektor, wo er bereits 1939 eine Fachschule für den Textileinzelhandel ins Leben gerufen hatte.

Die Ausbildung in Hohenstein ist vom Handel sehr gut angenommen worden. Der Andrang von Seiten des Einzelhandels war so groß, dass im Jahre 1951 unbedingt ein Neubau hätte erstellt werden müssen, aber aufgrund der Gegebenheiten auf Schloss Hohenstein nicht zu realisieren war. Deshalb beschloss der Einzelhandelsverband, in Nagold eine eigene Ausbildungsstätte zu errichten und zog 1952 von Schloss Hohenstein nach Nagold um. Die Ausbildung von Fachleuten für den Textilgroßhandel blieb in Hohenstein, bis dann der klassische Textilgroßhandel vom Markt verschwand und die Ausbildung im Jahre 1970 zu Ende ging. Im Anschluss daran wurde eine Betriebswirtschaftliche Fachschule gegründet, die eine branchenübergreifende Ausbildung geboten hat. Zunächst entwickelte sich dieser Ausbildungszweig recht gut, doch mit dem Wegfall der Studiengebühren an staatlichen Schulen war die Privatschule Hohenstein trotz guter Qualität nicht mehr konkurrenzfähig. Im Jahre 1980 wurde dann die betriebswirtschaftliche Ausbildung beendet.

Ab Oktober 1951 konnte man an der Lehranstalt Hohenstein eine viersemestrige Ausbildung zum Textilingenieur Fachrichtung Textilchemie absolvieren, weil es Otto Mecheels gelungen war, die finanziellen Mittel für die Einrichtung eines chemischen Übungslaboratoriums zu beschaffen. Es war ein zunächst kleines Labor im Dachgeschoss des Schlosses, aber 1955 konnten die Studierenden bereits in einen geräumigen Laborbau im Hof des Schlosses umziehen (und haben der Zeit nachgetrauert, wo es noch so eng und gemütlich zuging). Fast gleichzeitig mit der Einrichtung des chemischen Übungslaboratoriums ist in der ehemaligen Remise des Schlosses ein Lehr- und Versuchbetrieb für Chemischreinigung installiert worden, einige Jahre später kam dann noch eine kleine Wäscherei dazu. Damit war eine textilchemische Ausbildung mit Schwerpunkt Chemischreinigung und Gewerbliche Wäscherei möglich. In nur weni-

Das im Jahre 1958 erbaute Laboratorium für die Textilchemische Abteilung verfügte über 100 Laborplätze, womit jeder Studierende seinen eigenen Laborplatz zur Verfügung hatte.

gen Jahren ist die Zahl der Studierenden auf 80 angewachsen und betrug nach dem Umzug in einen 1958 fertig gestellten Laborneubau über 100 Personen. Die Einweihung des Neubaus ist mit wichtigen Persönlichkeiten aus der Industrie und Gesellschaft gefeiert worden. So haben zwei Studienkollegen von Otto Mecheels, nämlich der Vorstandsvorsitzende der Badischen Anilin- und Sodafabrik BASF, Prof. Dr.-Ing. Karl Wurster, und der Perlonerfinder, Prof. Dr. Paul Schlack, gesprochen, wie auch der Präsident der Landesgewerbeamtes Stuttgart, Dr. H. Würth. Zu Ehren des Doktorvaters von Otto Mecheels wurde das Gebäude "William Küster-Bau" benannt. Ein besonderes Ereignis war, dass die Witwe von Prof. Dr. Dr.med.h.c. William Küster an der feierlichen Namensgebung des neuen Gebäudes teilnehmen konnte.

7.1.2.5 Prof. Dr.-Ing. Otto Mecheels (*1894 †1979) war von 1946 bis 1962 Direktor der Lehranstalt Hohenstein e.V. auf Schloss Hohenstein, zuvor leitete er von 1939 bis 1945 die Höhere Fachschule für Textilindustrie Mönchengladbach-Rheydt. Das Bild zeigt ihn in seiner typischen Pose, wenn er über besonders wichtige Dinge dozierte.

Bis Anfang der 1970er-Jahre waren die Semester gut belegt und die Ausbildung hatte sich etabliert, bis dann durch ein neues Fachhochschulgesetz die bisherigen Ingenieurschulen in Fachhochschulen umgewandelt werden mussten. Diesen Schritt konnte und wollte die Technische Akademie Hohenstein nicht mitmachen und beendete im Jahre 1975 die Ausbildung von Textilingenieuren.

Neben Textilingenieuren sind auch Textiltechniker der Fachrichtung Wäscherei/Chemischreinigung in dreisemestrigen Lehrgängen ausgebildet worden. Das Besondere daran war, dass sie nach einer Intervallmethode durchgeführt wurden, wobei pro Jahr nur ein Semester im Herbst und Winter studiert wurde und im Frühjahr und

Sommer die Studierenden in den Betrieben arbeiten konnten. Der tiefere Sinn dafür lag darin, dass in den damaligen Chemischreinigungen in den Herbst- und Wintermonaten wenig zu tun war, und damit die Zeit für ein Studium vorhanden gewesen ist. Zeitweise waren 50 Studierende pro Semester eingeschrieben.

Mit der Beendigung der Ingenieurausbildung 1975 standen für die Technikerausbildung nicht mehr genügend Laborplätze für die praktischen Übungen zur Verfügung. Deshalb wurde die Technikerausbildung im Jahre 1980 eingestellt.

Seit dem Ende der mehrsemestrigen Ausbildungsgänge konzentriert sich die Technische Akademie Hohenstein voll auf die Weiterbildung von Personen aus der Textilwirtschaft und dem Gesundheitswesen mit Präsenzunterricht und E-Learning. Aufgrund der internationalen Ausrichtung der Lehrtätigkeit ist 2010 der Name in Hohenstein Academy umgewandelt worden.

7.1.2.6 Die Weiterbildung von Personen aus der Textilwirtschaft und dem Gesundheitswesen erfolgt im Konferenz- und Medienzentrum der Hohenstein Institute nach integralen Konzepten durch Präsenzunterricht oder Fernunterricht bzw. beides zusammen im Sinne des Blended Learning.

Literatur:
- Kurz, J. u. Mecheels, S., Textile Welt – Die Erfolgsgeschichte der Hohenstein Institute, Bönnigheim, 2008

Quelle Abbildungen
- 7.1.2.1 bis 7.1.2.6 Hohenstein Institue

7.1.3 Albstadt und Sigmaringen

Die heutige Hochschule Albstadt-Sigmaringen hat die beiden in der Bezeichnung der Ausbildungsstätte genannten Standorte. Während Sigmaringen keine herausragende textile Tradition aufzuweisen hat, ist dies bei Albstadt, dem anderen Standort, deutlich anders.

Albstadt ist 1975 durch eine Fusion der früher eigenständigen Städte Ebingen und Tailfingen unter Einbeziehung einiger Randgemeinden entstanden. Besonders in Tailfingen entwickelte sich mit der Maschenwarenherstellung ein Fertigungs- und später Industriezweig mit einer überragenden Bedeutung.

Dieser Gewerbezweig entstand wahrscheinlich durch zugewanderte Waldenser, die den Handkulierstuhl mitbrachten. Auf diesem erfolgte über viele Jahre die Handfertigung, bis dann in den 1830er Jahren die Mechanisierung in der Herstellung von Maschenwaren einsetzte. Mit dem Aufkommen des ersten Rundwirkstuhls in Tailfingen im Jahr 1836 weitete sich das bislang vorwiegend auf Strümpfe konzentrierte Fertigungsprogramm auf Trikotagen verschiedener Art aus. Die Installation der Rundwirkstühle erfolgte vorwiegend in Privathäusern, wo sie in Heimarbeit betrieben wurden. Die Ausweitung auf mehrere Rundwirkstühle erforderte einen Erweiterungsbau und aus diesem entstand später eine kleine Fabrik. Ab den 1850er Jahren gab es in Ebingen und Tailfingen eine Reihe von Firmengründungen auf dem Gebiet der Maschenwarenherstellung, so dass sich hier ein Zentrum dieses Fertigungszweiges herausbildete. Die Dampfmaschine als Voraussetzung für die Mechanisierung der wasserarmen Gegend wurde in den 1840er Jahren eingeführt.

Nach dem Zweiten Weltkrieg entstand, nach dem Wegbrechen der sächsischen Maschenwarenindustrie, im Raum Ebingen-Tailfingen die größte Zusammenballung dieses Industriezweiges in Deutschland. Von besonderer Bedeutung für Ebingen wurde Theodor Groz, der ab 1864 seine Nadlerwerkstatt als Nadelfabrik betrieb und in den 1880er Jahren das Maschinenzeitalter in der Nadelfertigung einleitete.

Während, wie gezeigt werden konnte, der Standort Albstadt der Hochschule Albstadt-Sigmaringen eine sehr lange textile Tradition aufweisen kann, trifft dies für Sigmaringen nicht zu. Und Webschulen als Ausgangsbasis für die heutige Hochschule, die für andere Standorte festgestellt werden können, lassen sich weder für Albstadt noch für Sigmaringen nachweisen.

Das Textilstudium an der noch jungen Hochschule Albstadt-Sigmaringen entstand erst 1971. In Sigmaringen wurde in diesem Jahr mit der Gründung der Staatlichen Ingenieurschule für Haushalts-, Ernährungs- und Bekleidungstechnik der Grundstein für die heutige Hochschule gelegt. Schon ein Jahr später erfolgte, wie bei anderen Ingenieurschulen, die Umwandlung in eine Fachhochschule. Das Geburtsjahr des Standortes Albstadt ist 1988. Von der württembergischen Landesregierung war dem aus Ebingen und Tailfingen entstandenem Albstadt eine Hochschule versprochen worden, die Zusammenlegung mit der Schule in Sigmaringen bot sich für diese neue Schule an. So entstand 1988 die Fachhochschule Albstadt-Sigmaringen. Die ursprünglich in Sigmaringen gelehrte Bekleidungstechnik wurde nach Albstadt verlegt. Dies war nahe liegend, da sich dieser textile Studienzweig nun in einem der württembergischen Textilzentren mit einer langen Tradition befand.

In Sigmaringen existiert seit 1974 auch eine Modefachschule, die aber eigenständig und nicht an die Hochschule angebunden ist.

Literatur:
- Fahlbusch, K.H., Zwei Professoren schauen zurück, Teil XX der Hochschulserie der Zeitung "Südkurier"
- Lang, P.T. u. Conzelmann, W., Tailfingen – Die Trikotstadt, Albstadt, 1990
- Reinhard, O., Die württembergische Textilindustrie, Leipzig, 1899

7.1.4 Nagold

Die textile Vorgeschichte von Nagold hat keine Besonderheiten aufzuweisen, die Stadt stand in der Zeit der manuellen Textilfertigung und auch nach der Einführung der Maschinen stets im Schatten des nahen Calw, das als das Zentrum der württembergischen Wollindustrie galt. Die Wollweberei kam hier gegen Ende des 16. Jahrhunderts stark auf, sie könnte aus der Pforzheimer Gegend dorthin gekommen sein. Für den Vertrieb der Waren erlangte die 1650 gegründete und aus dem Verlegertum entstandene Zeughandlungscompagnie eine ganz besondere Bedeutung. An sie waren zahlreiche Textilhandwerker, auch aus der weiteren Umgebung, gebunden. Die Zeughandlungscompagnie bestand bis 1797. Als die Mechanisierung der Wollspinnerei begann, übernahm auch hier die Gegend um Calw die Vorreiterrolle für die württembergische Textilindustrie. Die ersten Streichgarnspinnereien entstanden 1816. Seit 1862 gibt es die Fertigung von Decken in Calw.

Die Wiege der heutigen Fachakademie für Textil und Schuhe stand nicht in Nagold, sondern auf Schloss Hohenstein bei Bönnigheim, wo die Schule am 29.10.1949 gegründet wurde. Otto Mecheels, der Leiter und Gründer der Hohensteiner Lehranstalt, hatte sich schon in seiner Zeit als Professor und Leiter der Textilingenieurschule Mönchengladbach um die Ausbildung von Textilkaufleuten bemüht. Diese früheren

Verbindungen waren wohl dafür ausschlaggebend, dass der Hauptverband des Textileinzelhandels bei seinen Bestrebungen, eine Ausbildungsstätte für Kaufleute aus dem Textilhandel aufzubauen, sein Augenmerk auf Schloss Hohenstein richtete.

Innerhalb weniger Jahre nahm der Andrang zum Studium an dieser neuen Ausbildungseinrichtung so zu, dass die Räumlichkeiten nicht mehr ausreichten. Die Schule wurde deshalb 1952 nach Nagold verlegt. Dort wurden ab dieser Zeit Textilkaufleute in einem immer breiter werdenden Studienprogramm ausgebildet. Der heutige Hauptstudiengang Textilmanagement/Textilwirtschaft ist auf zwei Jahre ausgelegt. Er führt zum Abschluss als Textilbetriebswirt BTE, womit Fachleute für gehobene Positionen im Handel und der Industrie der Modebranche auf ihre künftige Tätigkeit vorbereitet werden.

Literatur:
- Flik, R., Die Textilindustrie in Calw und Heidenheim 1750-1870, Stuttgart, 1990
- Kurz, J. u. Mecheels, S., Textile Welt – Die Erfolgsgeschichte der Hohensteiner Institute, Bönnigheim, 2008

7.1.5 Laichingen

In Laichingen, einem Städtchen auf der Schwäbischen Alb, entwickelte sich ein Zentrum des Leinengewerbes. Die Landweberei wurde dort besonders als Nebengewerbe neben der Landwirtschaft betrieben. Fast alle Bauern im Ort waren auch gleichzeitig Weber. Doch nach und nach bildete sich bei den Bauernsöhnen, die für eine Übernahme des elterlichen Hofes nicht in Frage kamen, der Beruf des Leinenwebers heraus.

Eine langfristig angelegte württembergische Gewerbepolitik, die vom Merkantilismus geprägt war, nahm sich besonders des Leinengewerbes an. So wurde 1598 in Urach am Fuße der Schwäbischen Alb ein Zentrum des Leinengewerbes errichtet, wo die Gewebe der Schwäbischen Alb, die vorher bevorzugt über Ulm vermarktet worden waren, gesammelt und für den Vertrieb vorbereitet wurden. In Urach wurde 1662 eine Leinwandhandlungs-Compagnie errichtet, die bis 1793 bestand. Sie wurde wiederholt mit Privilegien der württembergischen Regierung ausgestattet. Im 19. Jahrhundert wurde dann wieder der Eigenvertrieb der Laichinger Leinengewebe, teilweise über Verlage, möglich.

Als zu Beginn des 19. Jahrhunderts die Verarbeitung von Baumwolle stark aufkam, geriet das Leinengewerbe in eine Krise, von der auch die Laichinger betroffen waren. Dank der hohen Qualität ihrer Ware und der schon frühen Umstellung auf feine Gewebe konnte in Laichingen diese Krise gemeistert werden.

Im Sommer ging das Geschäft mit den Leinengeweben oft schlecht, viele Weber hatten nicht ausreichend zu tun. Sie mussten bei den Bauern auf den Feldern arbeiten, doch nicht alle konnten in Laichingen oder der näheren Umgebung eine Beschäftigung finden. Viele mussten weiter weg, zum Beispiel in die Umgebung von Ulm, gehen, um dort Arbeit bei Bauern zu suchen. Im Herbst, wenn das Geschäft wieder anzog, kehrten diese Weber an ihre Webstühle zurück. Für sie hatte sich der Begriff des Herbstwebers herausgebildet. Das Wandern der Herbstweber begann wahrscheinlich gegen 1780, es endete, nachdem die erste mechanische Weberei in Laichingen errichtet worden war, da es nun Dauerarbeit in Laichingen selbst gab.

Noch in der zweiten Hälfte des neunzehnten Jahrhunderts wurde in Laichingen ausschließlich auf Handwebstühlen gearbeitet. Die erste mechanische Leinenweberei wurde dort 1903 eingeführt.

Wie in anderen Textilzentren wurde auch in Laichingen 1873 eine Webschule errichtet, um den Handwebern ein fachliches Rüstzeug zu geben und das Leinengewerbe in den Orten der Schwäbischen Alb zu unterstützen. Die Gründung dieser Schule wurde von Ferdinand von Steinbeis, der für die Entwicklung der Wirtschaft im Königreich Württemberg eine große Bedeutung erlangt hat, sehr gefördert.

Die Laichinger Webschule war aber nicht die erste Fachschule dieser Stadt auf der Schwäbischen Alb. Ein Dokument aus dem Jahr 1837 berichtet über eine "Industrieanstalt für Stricken, Sticken und Weißnähen". Hier wurden besonders Mädchen ausgebildet. Wie lange diese Schule bestand, lässt sich nicht mehr klären.

In der Zeit des Zweiten Weltkriegs musste der Schulbetrieb der Webschule 1944 eingestellt werden. Ab 1948 erfolgte der Wiederaufbau. Die neue Schule wies nun zwei Abteilungen auf, nämlich die mechanische Weberei und die Handweberei. Die letztere entwickelte sich immer mehr in Richtung des Kunstgewerbes. Das Lehrprogramm war stark auf die heimischen Produkte, nämlich Leinen-, Halbleinen- und Baumwollgewebe ausgerichtet. Durch eine Kooperation mit der Textilingenieurschule Reutlingen konnte den Absolventen der Laichinger Webschule das Weiterstudium an der dortigen Lehranstalt angeboten werden. Der Lehrbetrieb der Laichinger Webschule musste 1961 eingestellt werden.

Literatur:
- Bechtle, O., Die Gewerbeförderung im Königreich Württemberg im Geschäftsbereich der Zentralstelle für Gewerbe und Handel, Stuttgart, 1905
- Medick, H., Weben und Überleben in Laichingen 1650-1900, Göttingen, 1996
- Oelhafen, G., Beiträge zur Geschichte von Laichingen, Laichingen, 2003
- Unterlagen aus dem Stadtarchiv Laichingen

7.1.6 Heidenheim

In Heidenheim hatte sich seit dem 14. Jahrhundert ein Leinengewerbe entwickelt, das den auf der östlichen Schwäbischen Alb angebauten Flachs verarbeitete. Daneben entstand im Tal der Brenz ab dem 15. Jahrhundert auch eine erfolgreiche Schafzucht und damit die Quelle für ein Wollgewerbe. Mit der 1758 gegründeten Cotton-Manufaktur kam die Verarbeitung von Baumwolle nach Heidenheim, zu deren Pionier Johann Gottlieb Meebold (1796-1871) wurde. Die ursprünglich im Leinengewerbe tätige Firma Meebold, Hartenstein & Comp. aus Sulz am Neckar hatte sich 1774 in Heidenheim niedergelassen, dort das frühere Manufaktur-Gebäude des berühmten Textildruckunternehmers Johann Heinrich von Schüle, der vorübergehend seinen Betrieb von Augsburg nach Heidenheim verlegt hatte, übernommen und eine Manufaktur für die Herstellung von Baumwollgarnen und -geweben eingerichtet, womit sie die Handweber der Umgebung beschäftigten.

In der Zeit der Industrialisierung nahm Heidenheim eine führende Position in der württembergischen Textilindustrie ein. Meebold und seine Partner gliederten 1812 ihrem Unternehmen eine mechanische Spinnerei an und leiteten so die Mechanisierung der Textilfertigung in dieser Stadt ein. Auch für die mechanische Weberei leistete Meebold Pionierarbeit. Die erste Webmaschine kam 1825 nach Heidenheim. Dort entstand eine der ersten mechanischen Webereien Deutschlands.

Zu Beginn des Jahres 1860 machte der Heidenheimer Gewerbeverein eine Eingabe an die Zentralstelle für Gewerbe und Handel in Stuttgart für die Einrichtung einer Webereilehrwerkstatt. Die Lehranstalt, deren Standort Schloss Hellenstein wurde, konnte im November desselben Jahres eröffnet werden. Dies war der Beginn der

Abb. 7.1.6.1 Bleiche an der Brenz bei Mergelstetten mit den ersten Betriebsanlagen der Verbandstofffabrik Hartmann. Im Hintergrund Heidenheim mit Schloss Hellenstein, in dem die Heidenheimer Webschule untergebracht war. Ölbild von Johann Georg Schreiner (geb. 1801 in Mergelstetten) aus dem Stadtarchiv Heidenheim.

Heidenheimer Webschule. Zunächst wurde auf Handwebstühlen, darunter eine große Zahl von Jacquardwebstühlen, unterrichtet. Webmaschinen wurden ab 1876 in der Schule aufgestellt. Die Unterrichtsstätte war in eine Fachschule für Weber, die in der Hand- und Maschinenweberei unterrichtet wurden, sowie in die Höhere Webschule, in der künftige Führungskräfte ausgebildet wurden, aufgetrennt.

Nach der Auflösung des Webschulvereins übernahm die Stadtverwaltung unter staatlicher Aufsicht 1890 die Webschule. Ein starker Rückgang der Anmeldungen führte 1906 zur Auflösung der Schule. Das Unterrichtsmaterial und Teile des Inventars wurden von den Schulen in Reutlingen, Sindelfingen und Laichingen übernommen.

Quelle Abbildung:
- Abb. 7.1.6.1 Schneider, W., Hausweberei, Leinwandhandel, Textilindustrie in Heidenheim, Heidenheim, 1976

Literatur:
- Bechtle, O., Die Gewerbeförderung im Königreich Württemberg im Geschäftsbereich der Zentralstelle für Gewerbe und Handel, Stuttgart, 1905
- Flik, R., Die Textilindustrie in Calw und Heidenheim 1750-1870, Stuttgart, 1990
- Schneider, W., Hausweberei, Leinwandhandel, Textilindustrie in Heidenheim, Heidenheim, 1976

7.1.7 Sindelfingen

Sindelfingen im württembergischen Landkreis Böblingen kennt man vor allem als Standort der Autoindustrie sowie eines Unternehmens der Elektronik-Branche. Weniger bekannt ist, dass Sindelfingen früher eine Weberstadt war, die im frühen 19. Jahrhunderts die höchste Zahl von Webmeistern innerhalb Württembergs aufzuweisen hatte.

Die ursprüngliche Weberei Sindelfingens war eine Leinenweberei. Gearbeitet wurde für die 1797 aufgelöste Zeughandlungskompagnie in Calw. Nachdem dieser Zwang entfallen war, konnten sich die Sindelfinger Weber andere Auftraggeber suchen, was vielleicht das Aufblühen des Gewerbes zu Beginn des 19. Jahrhunderts erklärt. Früher als in anderen Orten der Leinenweberei wandte man sich in Sindelfingen auch der Verarbeitung der Baumwolle zu. Außerdem entstand 1835 eine Seidenmanufaktur, die ebenfalls für die Beschäftigung der Sindelfinger Weber sorgte.

Die Rolle von Sindelfingen als Textilstadt änderte sich 1915 mit der Ansiedlung der Firma Daimler. Die dort höheren Löhne führten zu einer Abwanderung vieler Arbeitskräfte in die noch junge Autoindustrie.

Dass in einer Stadt mit einem umfangreichen Webereigewerbe auch der Wunsch nach einer Ausbildungsstätte für die Fachkräfte bestand, ist nahe liegend. Diese wurde durch die Initiative von Johann Kneusels, der aus Krefeld stammte und damals Werksleiter der Sindelfinger Seidenwarenfabrik Sax war, gegründet. Mit städtischer Unterstützung eröffnete Kneusels 1869 eine Webschule, damals die vierte in Württemberg. Früh wurde erkannt, dass neben der technisch orientierten Ausbildung auch der Musterentwurf eine hohe Bedeutung für das Webereigewerbe hat, nicht zuletzt deshalb, weil

Abb. 7.1.7.1 Web- und Zeichenschule Sindelfingen

die Jacquardweberei eine besondere Stärke Sindelfingens war. So wurde auf Drängen der Zentralstelle für Gewerbe und Handel in Stuttgart 1878 ein Zeichenlehrer eingestellt, der drei Jahre später Kneusels auch als Webereilehrer ablöste.

Da sich die mechanische Weberei in den 1880er Jahren mehr und mehr in Sindelfingen etablierte, richtete die Schule 1911 einen Maschinensaal für Webmaschinen ein, womit die Ausbildung durch die Maschinenweberei ergänzt wurde. Neben der mechanischen Weberei behielt auch die Handweberei in Sindelfingen eine hohe Bedeutung. Die Handweber wurden mit besonders komplexen und schwierigen Aufgaben versehen. Mit der Wirtschaftskrise ging um etwa 1930 die Handweberei dann stark zurück.

Die bereits erwähnte Abwanderung von Webern in die Autoindustrie bewirkte in der Webschule einen Rückgang der Schülerzahl. Deshalb wurde diese Lehranstalt 1923 der Gewerbeschule als Webabteilung angegliedert. 1942 erfolgte die Anerkennung der Webschule als Meisterschule. Wie an anderen Orten musste auch die Sindelfinger Schule in den letzten Kriegsmonaten geschlossen werden. Die Wiedereröffnung erfolgte am 02.05.1946.

Schon vor dem Zweiten Weltkrieg war die Webschule eigene Wege gegangen, die Verbindung mit der Gewerbeschule bestand lediglich in der Person des gemeinsamen Schulleiters. Diese weitgehende Selbstständigkeit setzte sich zu Beginn der 1950er Jahre fort. Offiziell wurde die Webschule 1956 wieder eine eigenständige Lehranstalt. Die Sindelfinger Schule war nun die einzige Meisterschule für das Webereihandwerk im Bereich der Bundesrepublik. Wesentlich war auch, dass der Bundesfachverband für Handweberei seine Geschäftsstelle nach Sindelfingen verlegte, wodurch sich eine enge Verbindung der Schule mit diesem Gewerbe ergab. Die Webschulklasse im Sindelfinger Berufsschulzentrum wurde im Jahr 2000 geschlossen, womit die Sindelfinger Webschulaktivitäten endeten.

Ergänzend muss noch erwähnt werden, dass in dem nahen Weil im Schönbuch kurzzeitig ebenfalls eine Webschule existierte, die 1856 mit Hilfe der Zentralstelle für Handel und Gewerbe der württembergischen Regierung eingerichtet wurde. Diese hatte aber nicht die Weiterbildung von Webereifachkräften, sondern eine soziale Aufgabe als Ziel. Wegen des zunehmenden Bettelns und der Landstreicherei wurde in Weil im Schönbuch versucht, junge Leute im Weben auszubilden und ihnen eine berufliche Perspektive zu geben.

Quelle Abbildung:
- Abb. 7.1.7.1 Klaus Philippschek, Sindelfingen

Literatur:
- An., 1869-1969 – 100 Jahre Webschule Sindelfingen, Sindelfingen, 1969
- Burr, W., Die ersten Lehrer der Webschule Sindelfingen in Jahresbericht Stadt Sindelfingen, Sindelfingen, 1968
- Philippschek, K., Sindelfingen und seine Webereigeschichte, Internet – Zeitreise bb.de
- Rathmann, O., Von der Webschule zu Weil im Schönbuch, Internet – Zeitreise bb.de

7.1.8 Blaubeuren

Blaubeuren, die Stadt im württembergischen Alb-Donau-Kreis, gilt als ein frühes Zentrum des Leinengewerbes. Als dessen Ausgangspunkt wird ein vom württembergischen Herzog Ulrich 1560 verliehener Wappenbrief gesehen. Der Empfänger dieses Briefes war der Bürgermeister und Leinwandhändler Mathäus Lang. Der Name Lang charakterisiert über viele Generationen bis in die Neuzeit hinein die führende Familie des Blaubeurer Leinengewerbes.

In Urach war 1662 eine Leinwandhandlungskompagnie gegründet worden. Diese versuchte, die Ware aus Blaubeuren unter ihre Fittiche zu bringen, was aber am Widerstand der Blaubeurer Weber scheiterte. Sie konnten an anderen Orten, beispielsweise in Günzburg, bessere Preise erzielen als in Urach.

Neben der Herstellung von Leinengeweben hatte auch das Bleichen in Blaubeuren eine sehr hohe Bedeutung. Nach einer längeren Vorgeschichte wurde 1726 auf Initiative von Andreas Lang eine Bleichkompagnie gegründet. Sie erhielt 1729 das Privileg für den Handel mit der Leinwand und den Einkauf der Rohware. Alle Anteile der Bleichkompagnie wurden 1748 von Andreas Lang aufgekauft. Damit ging das herzogliche Privileg auf die Familie Lang über.

Abb. 7.1.8.1: Bleiche bei Blaubeuren in der Zeit um 1850.

Schon 1843 wurde versucht, die mechanische Weberei in Blaubeuren einzuführen, aber dieser Versuch scheiterte. Bis zur Realisierung dieses Vorhabens dauerte es bis 1864. Es waren wieder Mitglieder der Familie Lang, die hierzu die Initiative ergriffen. Heute ist die Leinenindustrie in Blaubeuren nicht mehr präsent. Die aus dem Langschen Unternehmen hervorgegangene Firma Württembergische Leinenindustrie musste 1975 ihre Produktion einstellen.

Auf Initiative von Friedrich Karl Lang erfolgte 1854 in Blaubeuren die Gründung einer Webschule. Vorausgegangen war eine Reise von Eduard Lang, der 1853 auf Kosten der württembergischen Zentralstelle für Gewerbe und Handel eine Studienreise in die Leinengebiete von Belgien, Frankreich, England und Irland unternommen hatte. Für die neu gegründete Schule war ein Weblehrer aus Irland nach Blaubeuren geholt worden. Das Ziel der Schule war die Einführung der irischen und belgischen Webverfahren. Schon 1859 erfolgte die Schließung der Lehranstalt. Die Nachfolge trat die Webschule in Laichingen an. Auch hierfür ergriff Friedrich Karl Lang die Initiative. Er sah wohl wenig Sinn darin, in zwei nicht allzu weit voneinander entfernten Orten gleichartige Lehreinrichtungen aufrechtzuerhalten.

Literatur:
- Kollmer, G., Die Industrieentwicklung einer württembergischen Amtsstadt am Beispiel Blaubeuren in Decker-Hauff, H.M. u. Eberl, I., Blaubeuren. Die Entwicklung einer Siedlung in Südwestdeutschland, Sigmaringen, 1986
- Lang, R., 400 Jahre Blaubeurer Leinen – 400 Jahre Qualität, Ulm, 1960

Quelle Abbildung:
- Abb. 7.1.8.1 Lang, R., 400 Jahre Blaubeurer Leinen, Ulm, 1960, S. 4

7.1.9 Sonstige Textilschulen in Baden-Württemberg

Im Jahr 1905 erschien in Stuttgart ein Buch von Otto Bechtle, in dem die Gewerbeförderung im Königreich Württemberg beschrieben wird. Einen breiten Raum nehmen in diesem Buch die Textilfachschulen des Landes ein. Besonders die Schule in Reutlingen wird hier wegen ihres umfangreichen Lehrprogramms als die führende im Lande herausgestellt. Aber auch die Schulen in Heidenheim, Laichingen und Sindelfingen finden ausreichende Erwähnung.

Aber Bechtle erwähnt auch weniger bekannte Lehreinrichtungen, so eine Stickereischule in Wolfschlugen, eine Spitzenklöppelschule in Köngen, eine Webereilehrwerkstätte in Sontheim sowie die süddeutsche Bekleidungsakademie in Stuttgart.

Wolfschlugen ist ein Dorf im Landkreis Esslingen. Die Stickerei prägte ab der Mitte des 19. Jahrhunderts bis in die Anfänge des 20. Jahrhunderts das Dorfgewerbe. Der Absatz der bestickten Ware vollzog sich im Wesentlichen innerhalb Württembergs. Die ersten Ausbildungsmöglichkeiten wurden schon 1853 geschaffen, als Kindern im Alter zwischen 10 und 14 Jahren das Sticken gelehrt wurde. Um 1865 verbesserte sich die Situation in der Landwirtschaft, so dass das Interesse am Sticken nachließ. Es nahm in den späteren Jahren wieder zu, da die in der Landwirtschaft des Dorfes gegebenen Möglichkeiten für den Erwerb des Lebensunterhalts nicht ausreichten. Um ungefähr 1880 gelang dann ein Durchbruch bei den Stickarbeiten. Dies führte 1897 zur Gründung einer Stickschule, die von der württembergischen Zentralstelle für Gewerbe und Handel gefördert wurde. Etwa ein Jahrzehnt später wurde ein Rückgang der Schülerinnen festgestellt und auch von der Zentralstelle bemängelt. Ursache dieses Rückgangs war die bessere Verdienstmöglichkeit für junge Frauen in den Fabriken der Umgebung. In der Zeit des Nationalsozialismus bekam das Sticken in Wolfschlugen nochmals einen Aufschwung. Doch der Versuch, die Tradition des Stickens in den Nachkriegsjahren neu zu beleben, war vergeblich. Die Stickschule musste 1954 geschlossen werden. Heute erinnert ein Stickereimuseum an dieses für Wolfschlugen bedeutende Gewerbe.

Auch Köngen zählt zum Landkreis Esslingen. Hier wurde auf Initiative von Marie Weishaar 1853 eine Klöppelschule gegründet, womit für die arme Dorfbevölkerung eine Erwerbsquelle geschaffen werden sollte. Wegen einer zu geringen Wirtschaftlichkeit musste die Schule 1869 aufgegeben werden. Eine Neugründung erfolgte 1882 durch Bertha Weishaar, die Schwiegertochter von Marie Weishaar. Diese Schule bestand bis 1919. Durch die Industrialisierung hatten sich im Umland bessere Verdienstmöglichkeiten ergeben, so dass das Klöppeln für die Dorfbevölkerung immer weniger lohnend wurde.

Über die Webereilehrstätte in Sontheim konnte nichts in Erfahrung gebracht werden. In Württemberg gibt es mehrere Orte mit diesem Namen. Es handelt sich hier wahrscheinlich um Sontheim auf der Schwäbischen Alb.

Auch über die Süddeutsche Bekleidungsakademie in Stuttgart ist nicht viel bekannt. Sie wurde 1882 als Privatschule gegründet. Wie lange sie bestand, konnte nicht ermittelt werden.

Laut Literaturangaben soll auch in Mannheim eine Webschule existiert haben. Diese gab es, sie wurde nicht in der Zeit der Entstehung der Webschulen gegründet, sondern erst 1937 als Schule für die Handweberei. Im Lehrplan der Städtischen Webschule Mannheim stand die künstlerische Gestaltung im Vordergrund. Nach dem Zweiten Weltkrieg war die Schule in einem Seitenflügel des Mannheimer Schlosses untergebracht. Nachdem die Stadt Mannheim die finanzielle Förderung der Schule gestrichen hatte, wurde sie 1962 geschlossen.

Ein Verzeichnis der Fachschulen aus dem Jahr 1915 erwähnt für Karlsruhe eine Kunststickereischule des Badischen Frauenvereins. Hier wurden Kurse im Sticken und Weben angeboten. Über die Geschichte dieser Schule sind keine näheren Einzelheiten bekannt.

Neben den textilen Studiengängen an den Hochschulen in Reutlingen und Albstadt-Sigmaringen sowie dem kaufmännisch ausgerichteten Studium an der Fachakademie für Textil und Schuhe in Nagold bietet Baden-Württemberg heute in Bad Säckingen eine weitere Ausbildungseinrichtung für Textilberufe an. Dort befindet sich die Gemeinschaftsausbildungsstätte der Textilindustrie, die meistens kurz als Gatex bezeichnet wird. In dieser erfolgt, begleitend zur Berufsschule und zur betrieblichen Ausbildung, ein Blockunterricht in textilen Fächern. Von der Gatex wird dieser als dritte Säule im dualen Ausbildungssystem betrachtet.

Literatur:
- An., Unsere Fachschulen, Stuttgart, 1915
- Bechtle, O., Die Gewerbeförderung im Königreich Württemberg im Geschäftsbereich der Zentralstelle für Gewerbe und Handel, Stuttgart, 1905
- Bleich, K.E., Hofacker, H.G. u. Oechslen, F., Wolfschlugen - Die Gemeinde und ihre Geschichte, Stuttgart, 1994
- Fastnacht, K., Köngen – Ein Schloss und seine Herrschaften, Weißenhorn, 2007
- Klock, G. u Hollensteiner, K., Stickereimuseum Wolfschlugen, Wolfschlugen, 2005
- Unterlagen aus dem Stadtarchiv Mannheim
- Unterlagen aus dem Stadtarchiv Stuttgart

7.2 Textilfachschulen in Bayern

7.2.1 Münchberg

Die Textilfertigung Oberfrankens begann mit dem Heimgewerbe zur Verarbeitung der heimischen Rohstoffe Wolle und Leinen. Mit der Entstehung der Städte bildete sich ein Textilhandwerk heraus, bei dem die Tuchmacher und die Leineweber eine dominierende Rolle einnahmen. Diese beiden Berufe findet man bereits in einer Urkunde aus dem Jahr 1265 in Bayreuth. Doch die Gewebeherstellung blieb nicht auf die Städte beschränkt, sie dehnte sich auch auf das Land aus. Die anderenorts üblichen Spannungen zwischen Stadt- und Landwebern ergaben sich auch in Oberfranken.

Abb. 7.2.1.1: Vorderansicht des 1898 errichteten Hauptgebäudes der Münchberger Webschule nach einer Originalzeichnung des Landesbauamtes Hof

Eine besondere Bedeutung erlangte die Verarbeitung von Baumwolle und zwar zunächst in Form des Barchents, einem Mischgewebe aus Leinenkette und Baumwollschuss. Burggraf Johann III. sorgte dafür, dass sich Barchentweber in Oberfranken ansiedelten und dieses Gewerbe vermutlich zuerst in Kulmbach einführten. Schon wenige Jahrzehnte später wurden auch reine Baumwollgewebe hergestellt.

Die Industrialisierung der Oberfränkischen Textilfertigung begann 1853 mit der Errichtung einer Spinnerei in Bayreuth. Im gleichen Jahr entstand auch in Hof eine mechanische Baumwollspinnerei, die aber nicht lange Bestand hatte. Die Gründung weiterer Spinnereien, an die auch mechanische Webereien angegliedert wurden, folgte.

Um die Mitte des neunzehnten Jahrhunderts fasste die mechanische Weberei mehr und mehr Fuß. Dadurch gerieten die zahlreichen Handweber in der Münchberger Region in Bedrängnis. Mit der 1854 im Münchberg erfolgten Gründung einer Webschule wollte man ihnen etwas zu Hilfe kommen. Anders als in anderen Regionen konnte sich in Oberfranken die Handweberei neben der mechanischen Gewebeherstellung relativ lange halten.

Doch bei einer Bilanz rund dreißig Jahre nach der Gründung der Webschule musste festgestellt werden, dass nur die Hälfte der Absolventen der Schule auch Hausweber geblieben waren. Die ursprüngliche Aufgabe wurde somit nur teilweise erfüllt, aber für manchen Handweber bot die Schule die Möglichkeit, in die mechanische Weberei überzuwechseln.

Die Webschule in Münchberg war nicht die einzige derartige Einrichtung in der Region. So waren in Stammbach, Helmbrechts, Wüstenselbitz, Zell und Sparneck ähnliche Einrichtungen als Nebenschulen entstanden, die sich aber als nicht lebensfähig erwiesen und bald in die Münchberger Schule integriert wurden.

Die Schule in Münchberg wurde 1898 zur Königlich Bayrischen Webschule. Im gleichen Jahr konnte sie ein neues Schulgebäude beziehen. Als eine Besonderheit entstand auch ein Webschulpensionat für auswärtige Schüler. 1916 wurde der Schule das Staatliche Prüfamt angegliedert. Es konnte aber erst nach dem Ende des Ersten Weltkriegs seine Arbeit in größerem Umfang aufnehmen. Eine Umbenennung der Schule in Staatliche Höhere Fachschule für Textilindustrie erfolgte 1922.

Der Zweite Weltkrieg wirkte sich auch auf die Münchberger Schule aus. So war vorgesehen, die völlig ausgebombte Textilingenieurschule Mönchengladbach in Münchberg aufzunehmen. Hierzu war Prof. Dr. Otto Mecheels, der Direktor der Mönchengladbacher Schule, am 26.11.1944 in Münchberg eingetroffen, ihm folgten mehrere Lehrer und Schüler. Der gemeinsame Unterricht sollte laut amtlicher Verfügung am 09.01.1945 beginnen. Diese ministerielle Anweisung stieß in Münchberg auf wenig Sympathie, so dass Mecheels mit seinen Mitarbeitern und Studenten in seinen Heimatort Bönnigheim/Neckar weiter zog, wo sich Arbeitsmöglichkeiten in sehr beschränktem Ausmaß boten. Diese kriegsbedingte Umsiedlung bildete den Grundstein der Hohensteiner Institute.

Auch in Münchberg musste der Schulbetrieb wegen Kohlenmangels eingestellt werden. Nur das Warenprüfamt konnte noch etwas weiterarbeiten.

Nach dem Zweiten Weltkrieg war das Schulgebäude noch einige Zeit ein Lazarett und danach ein Durchgangslager für Heimatvertriebene. Der Lehrbetrieb konnte erst am 15.03.1947 wieder aufgenommen werden.

Nach der Erweiterung des Lehrprogramms auf die Bereiche Spinnerei und Textilveredlung wurde die Münchberger Schule 1956 zur Textilingenieurschule. Durch die Neuordnung des Ingenieurschulwesens und die Einführung der Fachhochschulen entstand 1971 in Münchberg der Fachbereich Textiltechnik und -gestaltung als Abteilung der Fachhochschule Coburg. Diese wurde 2000 in die neu gegründete Fachhochschule Hof einbezogen. Als Teil dieser Fachhochschule werden in Münchberg heute für das Ingenieurstudium die Studienrichtungen Textilerzeugung sowie Textilveredlung/Textilchemie angeboten. Auch die in neuerer Zeit deutlich erhöhte Bedeutung der Vliesstofferzeugung findet im Lehrangebot Berücksichtigung.

Nach der Ausgliederung des Ingenieurstudiums und dessen Einbeziehung in den Bereich der Fachhochschule entstand in Münchberg die Fachschule für Textiltechnik und Textilbetriebswirtschaft. In einem zweijährigen Vollzeitunterricht erfolgt dort die Ausbildung zu staatlich geprüften Textiltechnikern bzw. Textiltechnikerinnen und zu staatlich geprüften Textilbetriebswirten und Textilbetriebswirtinnen. Diese Schule wurde 1975 als "Staatliches Berufsbildungszentrum Textil-Bekleidung Münchberg/Naila" gegründet. Während die Textiltechnik in Münchberg gelehrt wird, hat die Bekleidungstechnik ihren Sitz in Naila.

Literatur:

- Alwens, L., Textiler Aufbau Nordbayerns - Tradition und Leistung, Spinner und Weber 76(1958), S. 900-901

- Alwens, L. u. Eusemann, S., Leistung durch Nachwuchs – 100 Jahre Staatliche Höhere Fachschule für Textilindustrie Münchberg, Münchberg, 1954

- Haßler, F., Aus der Geschichte der Handweberei und der Textilindustrie in Oberfranken, Melliand Textilberichte 36(1955), S. 867-872

- Kluge, A., Zünftige und nichtzünftige Handweberei in Oberfranken in Murr, K.B., Wüst, W., Blessing, W.K. u. Fassl, P., Die süddeutsche Textillandschaft, Augsburg, 2010

- Loy, W., 150 Jahre textile Ausbildungsstätten in Münchberg, Melliand Textilberichte 85(2004), S. 129-130

Quelle Abbildung:

- Abb. 7.2.1.1 Fachhochschule Hof, Abteilung Münchberg

7.2.2 Augsburg

Augsburg zählt zu den deutschen Städten mit einer besonders langen Textiltradition. Daneben war Augsburg früher auch ein wichtiger Handelsplatz. Die besonders lange Tradition gilt vor allem für die Färberei in Augsburg, deren erste Spuren 1383 in einem Steuerbuch zu finden sind. Auch das Tuchschererhandwerk ist dort schon früh belegt, es lässt sich bereits 1346 nachweisen. Es ist die erste Erwähnung dieses Handwerks in Deutschland.

Unter den insgesamt siebzehn Augsburger Zünften findet man auch die Barchent- und Leinenweber. Die Färber waren zunächst in die Zünfte der Weber eingegliedert. Die Bedeutung von Augsburg als Zentrum des Leinengewerbes zeigt sich darin, dass ab Mitte des 16. Jahrhunderts auch die Leinendamastweberei in Augsburg Fuß fasste. Als der Barchent, ein Mischgewebe mit einer Leinenkette und einem Baumwollschuss, ab 1372 aufkam, löste dieser die Leinenweberei teilweise ab. Augsburg wurde zu einem Zentrum der Barchent-Herstellung. Über viele Jahre war dieser das Hauptprodukt der Augsburger Weber, in den ersten Jahrzehnten des neunzehnten Jahrhunderts gingen diese jedoch mehr und mehr auf die Herstellung von reinen Baumwollgeweben über.

Augsburg ist die Geburtsstätte des deutschen Textildrucks. Dessen erste Spuren findet man dort schon gegen Ende des fünfzehnten Jahrhunderts. Die eigentlichen Begründer der Augsburger Druckindustrie waren 1690 die Brüder Georg und Jeremias Neuhofer. Die Kenntnisse hierfür hatte Georg in den Niederlanden erworben. Die Neuhofersche Druckerei, die bis 1785 bestand, wurde zur Begründerin des Baumwolldrucks in Deutschland. Ab Beginn des 18. Jahrhunderts breitete sich die Druckerei in Augsburg mit einer Reihe von Unternehmensgründungen stetig aus. Besonders bekannt wurde der dortige Textildruck durch die Manufaktur von Johann Heinrich von Schüle.

Durch den Kattundruck erlebte auch die Handweberei in Augsburg einen Aufschwung, musste aber dann um die Mitte des neunzehnten Jahrhunderts, wie anderenorts auch, der Maschinenweberei weichen. Ein anderes wichtiges Augsburger Gewerbe auf dem Gebiet der Textilveredlung war die Bleicherei mit einer langen Tradition. Die Bleicher tauchen erstmals 1346 in den Steuerregistern der Stadt auf, womit der erste Beweis für deren Existenz gegeben ist.

Schon früh bemühten sich Augsburger Unternehmer, vermutlich zunächst mit wenig Erfolg, um die Einführung von Spinnmaschinen. Ab 1792 kann mit der Eröffnung einer Baumwollspinnerei von Johann Friedrich Heine der erste Versuch zur maschinellen Garnherstellung für Augsburg belegt werden. Angeblich wurde nur auf einer Maschine gearbeitet. Über den Erfolg dieses Unternehmens gibt es keine gesicherten Auskünfte.

Ein weiterer Versuch wurde 1809 von den Brüdern Matulka mit der Gründung einer Baumwollspinnerei unternommen. Dieses Unternehmen hatte nur eine Lebensdauer von vier Jahren.

Im Jahr 1825 soll es schon drei kleine Spinnereien in Augsburg gegeben haben. Diese befassten sich mit der Herstellung von Baumwollgarnen. In dem genannten Jahr erfolgte die Gründung der ersten Wollspinnerei in Augsburg und 1839 kam eine Flachsspinnerei dazu.

Einer der Pioniere der Augsburger Textilindustrie war Ludwig August Riedinger. Die Firma Riedinger wurde besonders durch ihre Pionierarbeit auf dem Gebiet der Verarbeitung von Viscose-Spinnfasern bekannt. Bedeutend für Augsburg war auch die Verlegung der Firma Christian Dierig aus Langenbielau in Schlesien: Sie kam als Folge des Schlesischen Weberaufstandes nach Augsburg.

Die vermutlich erste größere Textilfabrik der Stadt war die 1837 gegründete Baumwollspinnerei und -weberei Augsburg. Eines der sehr alten Unternehmen von Augsburg ist auch der Textilveredlungsbetrieb von Martini. Ursprünglich betrieb das Unternehmen eine Leinengarnbleiche. Die Baumwollstückbleiche kam 1835 und später auch die Färberei hinzu. Danach folgte in der Zeit bis ca. 1860 ein Gründungsboom von Textilunternehmen in Augsburg.

Dass in einer Stadt mit einer derartig umfangreichen Textilfertigung der Wunsch nach einer soliden Fachausbildung besteht, ist nahe liegend. Aber besonders erfolgreich ließ sich das textile Fachschulwesen in Augsburg nicht einführen.

Von der Regierung des Schwäbischen Kreises wurde schon 1836 eine Webschule gegründet. Diese Gründung erfolgte vermutlich in Zusammenarbeit mit dem Polytechnischen Verein. Die Schule verfügte offensichtlich schon 1837 über eine Webmaschine. Es war beschlossen worden, dass kein Lehrjunge seine Lehre beenden durfte, der nicht die Webschule besucht hatte. Empfohlen wurde auch der Besuch des Zeichenunterrichtes in der Polytechnischen Schule mit dem Ziel der besseren Ausbildung in der Bildweberei. Diese sicher sehr zweckmäßige und auch zukunftsorientierte Maßnahme stieß aber auf einen erheblichen Widerstand der Augsburger Weber, von denen die Webschule boykottiert wurde.

Was die Weber zu diesem nicht ohne weiteres zu verstehenden Vorgehen bewogen hat, ist nicht ausreichend geklärt. Vielleicht war die Ursache eine Petition der Weber aus dem Jahr der Webschulgründung. In dieser teilten die Weber die Absicht mit, einen Verein zur Installation von Spinnmaschinen sowie zum gemeinsamen Rohstoffeinkauf zu bilden. Der Augsburger Magistrat lehnte dieses Vorhaben ab, vermutlich machte sich hier der starke Einfluss der Kaufleute im Magistrat bemerkbar. Mit dem Vorhaben der Weber hätten diese eine Selbstständigkeit in der Garnversorgung erreicht und wären so der Abhängigkeit von den Kaufleuten etwas entglitten.

Wegen des geringen Interesses der Augsburger Weber an der Webschule und wegen des mehr oder weniger offenen Widerstandes war der Schulbesuch gering. Deshalb musste die Schule 1838 wieder geschlossen werden.

Als die Weberinnung von Augsburg 1863 aufgelöst wurde, schlug die Regierung vor, einen Teil des Vermögens der aufgelösten Innung für die Gründung einer neuen Webschule einzusetzen. Dieser Vorschlag fand bei den Webern ebenfalls keine Zustimmung, sie lehnten ihn ab. Die Begründung war, dass sie von einer solchen Schule keinen Nutzen hätten.

Auch der zweite Anlauf zur Gründung einer Webschule in der Textilmetropole Augsburg stand unter keinem guten Stern. Nun war es wohl ein Webschulverein, der die Initiative hierzu ergriff. Die Schule stand aber unter städtischer Aufsicht. Sie wollte in einjährigen Tageskursen und dreijährigen Abend- bzw. Sonntagskursen neben praktischen Webereikentnissen auch Wissen in Maschinenlehre, Materialkunde, Bindungslehre und Freihandzeichnen vermitteln. Am 03.10.1902 wurde an den Augsburger Magistrat berichtet, dass die Vorbereitungen für die Einrichtung der Schule abgeschlossen seien und der Unterricht beginnen könne.

Als Lehrer und Schulleiter hatte man Josef Neumann ausgewählt. Er versuchte, für die neue Lehranstalt den Status der Höheren Schule durchzusetzen. Damit war die Königliche Bezirksregierung für Schwaben und Neuburg aber nicht einverstanden. Sie meinte, die Bezeichnung "Gewerbliche Fachschule" sei ausreichend.

Neumann stammte aus Schönwald in Böhmen, wo er am 09.09.1863 geboren wurde. Er hatte bis

1901 eine Musterzeichnerei im thüringischen Ronneburg betrieben. Zuletzt lief diese unter dem Namen seiner Frau. Sie musste 1901 wegen eines Konkurses geschlossen werden.

Die Schriftstücke, in denen die Befähigung von Neumann in Frage gestellt wird, ziehen sich wie ein roter Faden durch die Akte über die Webschule im Augsburger Stadtarchiv. Sein hartnäckigster Gegenspieler war der Webmeister Gotterbarm, der immer wieder dem Magistrat über Neumann berichtete. Aber in Hermann Schneider hatte Neumann einen Fürsprecher, der für ihn auch aushilfsweise Unterricht erteilte. Schneider wird als Obermeister der Kammgarnspinnerei bezeichnet.

Die Neumann-Skeptiker bekamen Oberwasser, als am 05.01.1903 der Untersuchungsrichter am thüringischen Landgericht Altenburg bei der Polizeidienststelle in Augsburg beantragte, alle Geschäftsunterlagen des Ehepaares Neumann aus der Ronneburger Zeit zu beschlagnahmen und eventuell eine Hausdurchsuchung vorzunehmen. Neumann wurde Unterschlagung und Wechselfälschung vorgeworfen. Am 16.03.1903 wurde er verhaftet und am 27.04.1903 zu einer sechsmonatigen Gefängnisstrafe verurteilt.

Der Schulbetrieb in Augsburg ruhte nun. Als Neumann seine Strafe abgesessen hatte und in Augsburg wieder auftauchte, wurde ihm die Wiederaufnahme des Unterrichts polizeilich verboten. Dies schien ihn nicht zu beeindrucken, denn ungefähr sechs Wochen nach diesem Verbot berichtete sein Widersacher Gotterbarm, dass Neumann wieder Unterricht erteile. Und im April 1904 bezog die Schule sogar ein neues Gebäude. In einem Zeitungsausschnitt zu diesem Ereignis wird ihr eine gute maschinelle Ausstattung bescheinigt. Aber um die Jahresmitte 1905 kam dann das Ende der Schule.

Dies war die Geschichte der zweiten Augsburger Webschule, die fast den Eindruck einer Kriminalstory hinterlässt.

Wesentlich seriöser ging es dann beim dritten Anlauf und bei der Gründung einer Städtischen Webschule zu. Die ersten Hinweise hierauf findet man im Augsburger Stadtarchiv für das Jahr 1907. An den Kosten für diese Schule beteiligte sich später auch der Landkreis. 1912 wurde neben der Webschule auch eine Spinnschule ins Leben gerufen. Beide wurden als Abend- bzw. Sonntagsschulen betrieben und erhielten nun die Bezeichnung "Fachschule für Spinnerei und Weberei". Organisatorisch waren sie der Handwerkerschule angegliedert.

Zu Beginn des Ersten Weltkriegs musste der Schulbetrieb eingestellt werden. Die Wiedereröffnung erfolgte 1920. Wie lange die Schule noch existierte, konnte nicht klar festgestellt werden. Die entsprechende Akte im Augsburger Stadtarchiv deutet auf das Jahr 1925 hin.

Literatur:
- Clasen, C.P., Weben in schwerer Zeit – Das Augsburger Textilgewerbe im 19. Jahrhundert, Augsburg, 2006
- Hassler, F., Aus der Geschichte der Augsburger Textilindustrie, Textil-Praxis 8(1953), S. 831- 834
- Murr, K.B., Die Entwicklung der bayerisch-schwäbischen Textilindustrie im "langen" 19. Jahrhundert in Murr, K.B., Wüst, W., Blessing, W.K. u. Fassl, P. Die süddeutsche Textillandschaft, Augsburg, 2010
- Reuther, O., Die Entwicklung der Augsburger Textil-Industrie, Diesen, 1915
- Unterlagen aus dem Augsburger Stadtarchiv

7.2.3 Aschaffenburg

Das am Untermain gelegene Aschaffenburg entwickelte sich im 19. und 20. Jahrhundert zu einem Zentrum der deutschen Bekleidungsindustrie, in das auch das Umland einbezogen war.

Der Begründer der Aschaffenburger Bekleidungsindustrie war der Schneidermeister Johann Desch aus Glattbach bei Aschaffenburg. Nach einer Lehre in Aschaffenburg begann er in seinem Heimatort 1869 die verlagsmäßige Herstellung von Bekleidung. 1874 verlegte er seinen Betrieb nach Aschaffenburg. Eine zweite Kleiderfabrik entstand dort 1878, ihr folgten bald weitere. In die nach dem Verlagssystem ausgerichtete Bekleidungsproduktion wurden die Schneidermeister der Umgebung durch die Vergabe von Heimarbeit einbezogen. Eine Fabrikproduktion in eigenen Werkstätten wurde 1912 durch August Vordemfelde eingeführt.

Die Bekleidungsindustrie dehnte sich auf die Gemeinden des Umlandes aus, besonders auf solche mit einem Bahnanschluss. In diese musste die Aschaffenburger Industrie in der Zeit der Bombardierungen während des Zweiten Weltkriegs ausweichen. Nach Kriegsende erfolgte die Rückverlagerung, die 1949 weitgehend abgeschlossen war.

Aus dem Fortbildungswerk des Deutschen Gewerkschaftsbundes entstand 1965 eine Fachschule für Bekleidungstechnik in Aschaffenburg. Die Trägerschaft übernahmen paritätisch die damalige Gewerkschaft Textil und Bekleidung sowie der regionale und überregionale Arbeitgeberverband der Bekleidungsindustrie. Heute sind dies die Industriegewerkschaft Metall nach der Integration der Textilgewerkschaft sowie der Gesamtverband der deutschen Textil- und Modeindustrie. Die gemeinschaftliche Verantwortung der Sozialpartner für die Schule ist bis heute erhalten geblieben, was in Deutschland wohl einmalig sein dürfte. Die Fachschule für Bekleidungstechnik wurde 1973 vom Bayrischen Kultusministerium staatlich anerkannt und damit öffentlichen Schulen gleichgestellt, wobei aber der private Status erhalten blieb.

Die Schule bildet Bekleidungstechnikerinnen und Bekleidungstechniker sowie Bekleidungstechnische Assistentinnen und Assistenten aus. Der letztgenannte Ausbildungszweig wurde in den 1970er Jahren aufgenommen und 1983 staatlich anerkannt.

Literatur:
- Peters, H., Die Entwicklung und Struktur der Oberbekleidungsindustrie im Raum Aschaffenburg, Frankfurt, 1992
- Privatmitteilung von Herrn Horst Schengber, ehemaliger Leiter der Aschaffenburger Schule

7.2.4 Passau

Im südlichen Bayrischen Wald hat die Leinenweberei eine lange Tradition. Es waren vor allem die Bauernfamilien, in denen während der Wintermonate das Spinnen von Flachsgarnen und deren Verarbeitung zu Geweben zu den Beschäftigungen zählten. Aus diesem häuslichen Gewerbe entstand ein Weberhandwerk, das sich vorwiegend mit der Herstellung von Leinengeweben befasste. Verarbeitet wurde der in großem Umfang angebaute heimische Flachs. Passauer Leinen hatte sich einen guten Ruf erworben.

Um die Mitte des neunzehnten Jahrhunderts kam verstärkt die Verarbeitung von Baumwolle im Passauer Umland auf. Auch die Seidenweberei findet man dort in dieser Zeit. Einige Jahrzehnte später setzte, wie anderenorts, die Industrialisierung der Textilfertigung ein.

Schon früh bestand in Passau das Bedürfnis nach einer soliden Berufsausbildung des dortigen Webernachwuchses. 1833 wurde eine Kreisgewerbeschule gegründet. Die an diese Lehranstalt angegliederte Handwerkerfeiertagsschule hatte die Kunstweberei als Unterrichtsfach, das von einem Webmeister betreut wurde. Wegen eines zu geringen Schülerinteresses wurde der Unterricht 1849 wieder aufgegeben.

Doch der Wunsch, eine Webschule ins Leben zu rufen, verstummte damit nicht. So wurde 1859 ein neuer Anlauf genommen und von der Passauer Handels- und Gewerbekammer ein Antrag zur Neugründung einer Webschule gestellt. Es dauerte dann bis zum 02.03.1862, bis die neue Webschule als Sonntagsschule ihre Pforten öffnete. Dieser folgte zwei Jahre später eine Tagesschule. Der Unterricht wurde von zwei Webmeistern und dem Schulleiter Joseph Pinkaczek erteilt. Um nicht "im eigenen Saft schmoren" zu müssen, hatte die Bayrische Staatsregierung Pinkaczek eine umfangreiche Studienreise zu mehreren Textilzentren, wo bereits Webschulen existierten, genehmigt.

Der Unterricht war nicht streng fachbezogen. So waren auch Deutsch, Rechnen, Religionslehre und besonders Zeichnen Unterrichtsfächer. Schon in dieser frühen Zeit erkannte man auch die Notwendigkeit, Chemie in den Unterrichtsplan aufzunehmen, wobei besonders die Textilveredlung im Vordergrund stand.

Problematisch war die räumliche Unterbringung der Webschule, für die zunächst der Sitzungssaal des Rathauses als Unterrichtsraum diente. 1868 erhielt die Schule aber dann ein eigenes Gebäude.

Die Trägerschaft lag in den Händen der Passauer Kreisverwaltung, unterstützt vom Magistrat der Stadt Passau und vom dortigen Gewerbeverein. Zum Schuletat trug der Erlös aus dem Verkauf der im Unterricht erzeugten Gewebe bei.

Eine nachlassende Interessentenzahl führte 1876 zur Schließung der Sonntagsschule. 1914 kam auch für die Tagesschule das Ende. Der Grund hierfür war wohl die Ausrichtung des Lehrplans auf die Handweberei, die durch die mechanische Gewebeherstellung immer mehr verdrängt wurde.

Literatur:
- An., Die Weberschule zu Passau, Donau-Zeitung vom 03.08.1936
- Geyer, O., Drei aufgelöste Passauer Schulen in Oswald, J., Ostbairische Grenzmarken – Passauer Jahrbuch für Geschichte, Kunst und Volkskunde, Passau, 1967
- Unterlagen aus dem Stadtarchiv Passau

7.2.5 Klöppelschulen in Bayern

Auch in Bayern war, ähnlich wie in Sachsen, das Klöppeln eine Handwerkskunst, mit der versucht wurde, den Bewohnern etwas abgelegener Gegenden eine Verdienstmöglichkeit zu verschaffen. So veranlasste die bayerische Regierung 1897 Erhebungen zum Thema Klöppeln. Man wollte feststellen, ob in Oberfranken und in der Oberpfalz diese Technik eingeführt werden könne. In der Oberpfalz hatte sie allerdings damals, aus Böhmen kommend, schon etwas Fuß gefasst.

In Nordhalben im fränkischen Landkreis Kronau entstand 1903 unter Mitwirkung des Unternehmers Constantin Krantz aus dem nicht allzu weit entfernten Plauen eine Klöppelschule, die in veränderter Form noch heute existiert. Man darf annehmen, dass das Klöppeln aus dem Erzgebirge nach Franken kam. In einem 1907 für die Klöppelschule errichteten Gebäude wurde Unterricht für Kinder und für Erwachsene erteilt, zumal diese handarbeitliche Tätigkeit früher für die Wirtschaft der Gemeinde von Bedeutung war. Die dort hergestellten Klöppelspitzen wurden vorwiegend nach Plauen geliefert.

Die Schule von Nordhalben musste 1940 geschlossen werden. Die Wiederaufnahme des Unterrichts erfolgte 1947. Die Nordhalbener Schule wurde im Laufe der Jahre mit vielfältigen Kurs-

Abb. 7.2.5.1 Gebäude der Klöppelschule in Nordhalben, das 1907 erbaut wurde.

Abb. 7.2.5.2 Klöppelunterricht in der Klöppelschule Nordhalben in den 1950er Jahren.

angeboten stark auf den Tourismus ausgerichtet, sie wird aber auch von vielen Mädchen und jungen Frauen aus dem Ort und der näheren Umgebung besucht.

An die Tradition des Klöppelns in Nordhalben erinnert besonders das dortige Klöppelmuseum. Die Klöppelschule, die in der Trägerschaft der Kommune ist, war aus wirtschaftlichen Zwängen gegründet worden, heute ist sie eine Stätte sinnvoller Freizeitgestaltung.

Daneben gab es auch eine Klöppelschule in Rothenkirchen im Frankenwald. Auch an der Errichtung dieser Lehranstalt war der bereits erwähnte Plauener Unternehmer Constantin Krantz beteiligt. In Rothenkirchen begann 1905 der Unterricht durch eine Klöppellehrerin aus Sachsen. Eine eigene Klöppelschule wurde 1912 genehmigt, der Bau wurde aber nicht realisiert. 1920 wurde die Rothenkirchener Klöppelschule geschlossen.

In Warmensteinach im Fichtelgebirge wurden 1914 Klöppelkurse eingeführt. Deren Initiator war der Ortspfarrer Kompe. Mit dessen ein Jahr später erfolgten Weggang endete der Klöppelunterricht in Warmensteinach.

Auch in Mittelfranken wurde das Klöppeln betrieben. So wurde 1913 in Abenberg im Landkreis Roth eine Klöppelschule gegründet, womit versucht wurde, die dortige Klöppeltradition zu erhalten. Noch heute werden in Abenberg Klöppelkurse durchgeführt und im Ort befindet sich auch ein Klöppelmuseum.

Ausgangspunkt für das Klöppelgewerbe der Oberpfalz dürfte, ebenso wie in Oberfranken, das Erzgebirge gewesen sein, allerdings war hier wahrscheinlich Böhmen die Zwischenstation. Dort gab es in der Zeit, als die oberpfälzischen Klöppelschulen eröffnet wurden, schon mehrere Schulen dieser Art.

Die erste der oberpfälzischen Schulen entstand 1901 in Stadlern im Landkreis Schwandorf unter Leitung einer Klöppellehrerin aus dem Erzgebirge. 1905 erhielt sie ein eigenes Gebäude. Die Schule musste 1971 geschlossen werden.

Eine weitere Klöppelschule wurde am 01.12.1906 in Schönsee, ebenfalls im Landkreis Schwandorf, ins Leben gerufen. Die Schule wurde in den 1970er Jahren zwar geschlossen, aber noch heute werden in Schönsee Klöppelkurse, sowohl für Einheimische als auch für Touristen, angeboten.

Das Trio der oberpfälzischen Klöppelschulen wird durch eine entsprechende Einrichtung in dem nahe der tschechischen Grenze im Landkreis Cham gelegenen Tiefenbach vervollständigt. Dort entstand 1907 eine Klöppelschule, die den Titel "Königliche Klöppelschule" führen durfte. Die Schule musste 1970 geschlossen werden.

Literatur:
- Kluge, A., Handspinnen und Handweben in der Wirtschaftsgeschichte Oberfrankens in Miscellanea curiensia VIII (57. Bericht des Nordoberfränkischen Vereins für Natur-, Geschichts- und Landeskunde), Hof, 2009
- Münzer-Glas, B., Spitzenkräfte klöppeln in Oberfranken, Helmbrechts, 1996

Quelle Abbildungen:
- Abb. 7.2.5.1 Münzer-Glas, B., Spitzenkräfte klöppeln in Oberfranken, Helmbrechts, 1996, S. 11
- Abb. 7.2.5.2 Münzer-Glas, B., Spitzenkräfte klöppeln in Oberfranken, Helmbrechts, 1996, S. 25

7.2.6 Sonstige Textilfachschulen in Bayern

Unter den Standorten sonstiger Textilfachschulen in Bayern ist vor allem Naila zu nennen. In der früheren Bergbaustadt im Landkreis Hof in Oberfranken entstand in der Zeit der Industrialisierung eine bedeutende Textilindustrie, von der aber nur noch einige Betriebe übrig geblieben sind. Naila ist aber auch ein Standort der Textilmaschinenfabrikation.

In Naila wurde 1949 eine Stickereifachschule, die im Volksmund die Bezeichnung Stifa hatte, gegründet. Sie erhielt 1952 ein neues Schulgebäude. Durch die Verschiebung des Lehrprogramms in Richtung Konfektion erfolgte 1958 die Umbenennung der Lehranstalt in "Staatliche Fachschule für Stickerei und Konfektion". Eine weitere Änderung des Namens erfolgte 1967 in "Staatliche Fach- und Berufsschule für Bekleidung".

Diese Schule wurde 1975 in das "Staatliche Berufsbildungszentrum Textil-Bekleidung Münchberg/Naila" integriert. An diesem Berufsbildungszentrum erfolgt die Ausbildung von Textiltechnikern, Textilbetriebswirten und Bekleidungstechnikern. Während die Textiltechnik in Münchberg gelehrt wird, hat die Bekleidungstechnik ihren Sitz in Naila.

Nach Literaturangaben soll es früher Webschulen in Hof sowie in Nürnberg gegeben haben. In den Stadtarchiven der beiden genannten Städte lassen sich jedoch keine Hinweise hierauf finden. Nürnberg hatte als Textilzentrum keine besondere Bedeutung und für Hof mit seinem Textilgewerbe stand die schon 1854 gegründete Webschule im nahen Münchberg zur Verfügung.

7.3 Textilfachschulen in Rheinland-Pfalz

7.3.1 Lambrecht

In Lambrecht in Rheinland-Pfalz hatte sich eine traditionsreiche Tuchindustrie herausgebildet. Diese wurde 1577 durch wallonische Einwanderer begründet. Eine von den Wallonen mitgebrachte Besonderheit waren die Genossenschaften der Textilhandwerker, deren erste schon 1590 nachweisbar ist. Lambrecht stieg rasch zu einem bedeutenden Zentrum dieses Industriezweiges auf, büßte aber diese Stellung durch den Dreißigjährigen Krieg und nachfolgende weitere Zerstörungen weitgehend wieder ein. Der langsame Wiederanstieg der Tuchfertigung führte 1796, nachdem die Pfalz vorübergehend in Frankreich eingegliedert worden war, zu einer neuen Blütezeit.

Relativ langsam vollzog sich in Lambrecht die Einführung der Maschinen, die erst in den 1830er Jahren etwas einsetzte. Die erste Webmaschine ging dort 1857 in Betrieb.

Wie in anderen Textilzentren entstand auch in Lambrecht eine Webschule, die 1876 den Lehrbetrieb aufnahm. Es handelte sich um eine städtische Einrichtung, die von den örtlichen Unternehmern unterstützt wurde.

Die Unterrichtung in der Webschule erfolgte zunächst an Handwebstühlen, doch 1881 wurde auch die mechanische Weberei aufgenommen. Erst in den 1880er Jahren wurde das Lehrprogramm stark auf die Wolle ausgerichtet, vorher konzentrierte sich der Unterricht lambrechtfremd auf Baumwolle und Leinen.

Neben der Webschule bestand bis 1930 eine städtische Zeichenschule. Deren Lehrer wurden auch in der Webschule eingesetzt.

Die Lambrechter Schule wurde 1911 zur Königlichen Höheren Webschule. Nun erfolgte die Gestaltung des Lehrplans durch den Bayrischen Staat, womit die Eigenständigkeit teilweise aufgegeben wurde. Der Schulbetrieb musste 1914 eingestellt werden. Die Schule wurde ein kriegswichtiger Betrieb. 1917 wurde der Webschule ein Warenprüfungsamt angegliedert, was für den Schuletat sehr bedeutend war. Am 31.05.1923 erfolgte wieder eine neue Bezeichnung. Aus der Höheren Webschule wurde die Staatliche Höhere Fachschule für Textilindustrie in Lambrecht.

Schon zu Beginn des Zweiten Weltkriegs erfolgten Militäreinquartierungen in der Schule. Bei einem Bombenangriff Ende 1944 entstanden schwere Gebäudeschäden, aber der Unterricht konnte bis März 1945 aufrechterhalten werden.

Die Wiedereröffnung der Lambrechter Textilfachschule nach dem Zweiten Weltkrieg erfolgte am 15.04.1947. Sie führte ab 1951 wieder die frühere Bezeichnung "Staatliche Höhere Fachschule für Textilindustrie". 1955 wurde sie zur Textilingenieurschule. Deren Lehrgebiete waren besonders die Kamm- und Streichgarnspinnerei, die Texturierung, die Maschinenweberei, die Wirkerei und Strickerei sowie die Appretur und die Färberei.

Neben dem Ingenieurstudium erfolgte auch die Ausbildung von Textiltechnikern auf den Gebieten Spinnerei und Weberei sowie die Ausbildung von Textilkaufleuten.

Mit der Einführung von Fachhochschulen kam das Ende der Lambrechter Textilingenieurschule. Die letzten Semester liefen 1972 in Lambrecht aus. In der Fachhochschule Kaiserslautern wurde nun die Fachrichtung Textiltechnik am Standort Kaiserslautern gelehrt. Diese Aktivitäten wurden

1996 vom Standort Pirmasens der Fachhochschule Kaiserslautern übernommen. Dort wird heute ein Bachelor-Studiengang der Textiltechnik mit den Schwerpunkten Flächentechnologie und Veredlung angeboten.

Auch die Technikerschule, die vorher an die Ingenieurschule angegliedert war, musste 1974 geschlossen werden. Das Gebäude der Lambrechter Schule wurde zu einem Verwaltungssitz.

Literatur:
- Bühler, F., Die Entwicklung der Tuchindustrie in Lambrecht, Leipzig, 1914
- Himmler, K.H., Ein Gang durch die Zeiten – Webschule/Textilingenieurschule Lambrecht, Lambrecht, 2004

7.4 Textilfachschulen in Hessen

7.4.1 Lauterbach

In Lauterbach im Vogelsbergkreis in Hessen kann besonders die Leinenweberei auf eine sehr lange Tradition zurückblicken. Die ersten Hinweise auf die Verarbeitung des in Oberhessen angebauten Flachses zu Geweben findet man ab dem 13. Jahrhundert. Der Flachsanbau wurde zur Grundlage der hier betriebenen hausindustriellen Handweberei. Deren weitgehender Niedergang erfolgte durch die vermehrte Einführung der Webmaschine gegen Ende des 19. Jahrhunderts. Die erste mechanische Weberei in dieser Region findet man 1865. Doch die Handweberei, die zu einem großen Teil von Bauern wahrgenommen wurde, konnte sich in der ersten Hälfte des 20. Jahrhunderts noch verhältnismäßig gut behaupten.

Wie in anderen Zentren des Textilgewerbes, bestand auch in Lauterbach der Wunsch nach einer Webschule. Eine solche Ausbildungseinrichtung wurde 1856 vom Hessischen Gewerbeverein in Zusammenarbeit mit den Unternehmern aus dem Leinengewerbe gegründet. Sie nahm ein Jahr später den Schulbetrieb auf. Die Zielrichtung dieser Schule war die Erteilung von praktischem und theoretischem Unterricht in allen Zweigen der Weberei, wobei die heimische Leinen- und Baumwollweberei den Schwerpunkt bildete. Der Unterricht gliederte sich in zwei Abteilungen, eine für praktische Weber und eine andere für angehende Führungskräfte auf dem Gebiet der Weberei.

Wegen eines mangelnden Interesses musste die Schule 1872 wieder aufgegeben werden. Eine Neugründung erfolgte 1897 als "Großherzogliche Hessische Webschule zu Lauterbach". Die ursprüngliche Aufgabe dieser Schule war die Ausbildung von Handwebern. Mit der fortschreitenden Industrialisierung kam aber auch die mechanische Weberei in den Lehrplan, die Handweberei verlor mehr und mehr ihre Bedeutung.

Nach dem Zweiten Weltkrieg erfolgte die Umwandlung der ursprünglichen Webschule in eine Textilfachschule mit einem breiteren Ausbildungsprogramm. Der Umbruch in der Textilindustrie führte in den späten 1960er Jahren zur Schließung der Schule.

Literatur:
- Rothamel, H.T., Die Weberei in den Kreisen Alsfeld und Lauterbach (Oberhessen), Greifswald, 1927

7.5 Textilfachschulen in Thüringen

7.5.1 Greiz

Die Textilindustrie hat in dem zum thüringischen Vogtland zählenden Greiz eine lange Tradition. Die ersten Spuren des Textilgewerbes findet man hier um 1450 mit dem Entstehen einer Tuchmacherzunft. Etwa dreißig Jahre später werden auch Leineweber in Greiz erwähnt. Einige Jahre vor den Leinewebern sind schon Färber in Greiz nachweisbar. Die Hersteller von Leinengeweben bestimmten vor allem im 16. und 17. Jahrhundert das Wirtschaftsleben der Stadt. Um die Mitte des 17. Jahrhunderts brachten niederländische Emigranten die Herstellung von Kammgarngeweben nach Greiz. Sie wurden als Greiz-Geraer Artikel bekannt. Für die Tuchmacher entstand im 18. Jahrhundert eine immer problematischere Situation, die um 1780 zum völligen Zusammenbruch dieses Gewerbes führte. Als dessen Folge wurde vermehrt die Verarbeitung von Baumwolle, die in Greiz schon ab 1731 nachweisbar ist, aufgenommen. Zu Beginn des 19. Jahrhunderts fasste auch der Textildruck in Greiz mit einer Reihe von Firmengründungen Fuß.

Die mechanische Garnherstellung setzte 1811 in Greiz ein. Die mechanische Weberei hielt 1862 mit der Installation von Webmaschinen englischer Herkunft Einzug. Der erste Versuch zur Einführung eines mechanischen Webstuhls war schon 1836 unternommen worden, was zu einem heftigen Widerstand der Greizer Weber führte. Damals konnten die Weber den Übergang auf Maschinen noch verhindern, nicht aber rund dreißig Jahre später, als 1867 diese Proteste noch einmal in massiver Form aufflammten. Als Greizer Leineweberkriege sind diese Widerstände gegen die Mechanisierung in die Geschichte eingegangen. Parallel zur Textilindustrie entwickelte sich ab 1869 in Greiz auch der Textilmaschinenbau.

Der in der Zeit der Mechanisierung immer stärker werdende Bedarf an gut ausgebildeten Fachkräften führte 1879 auf Initiative des ein Jahr zuvor gebildeten Webschulvereins Greiz zur Gründung einer Webschule. Eine Stickereifachschule, eine Stopffachschule und eine Warenprüfstelle waren in diese integriert. Die 1905 zur Höheren Webschule und 1948 zur Textilingenieurschule gewordene Fachschule wurde 1951 aufgelöst und in die gleichartige Lehranstalt in Reichenbach integriert.

Wie in anderen Textilzentren der neuen Bundesländer musste auch in Greiz ein sehr großer Teil der vorhandenen textilen Produktionskapazitäten stillgelegt werden. Greiz wurde aber 1992 zum Standort des Textilforschungszentrums Thüringen-Vogtland.

Literatur:
- Finkenwirth, K., Die Gera-Greizer Textil-Industrie, Greiz, 1910
- Obenauf, D., Ritter, W. u. Strauß, G., Ein Streifzug durch die Greizer Textilgeschichte, Greiz, 2005

7.5.2 Gera

In der thüringischen Stadt Gera kann die Textilherstellung auf eine sehr lange Tradition zurückblicken. Eine erste urkundliche Erwähnung von Leinenwebern findet man dort 1487. Eine größere Bedeutung als die Herstellung von Leinengeweben hatte in Gera die Tuchmacherei, die dort ebenfalls seit dem 15. Jahrhundert betrieben wurde. In den 1570er Jahren kamen niederländische Glaubensflüchtlinge nach Gera, unter denen auch Wollweber waren. Sie führten die Herstellung feiner Wollgewebe ein, die auch von vielen ehemaligen Leinenwebern aufgenommen wurde. Gera wurde auch zum Sitz der Kaufleute, von denen die im Fürstentum Reuß hergestellte Ware vertrieben wurde.

In der Zeit um 1730 findet man die ersten Hinweise auf die Verarbeitung von Baumwolle in Gera. Die erste Maschinenspinnerei für die Verarbeitung dieser Faser entstand 1811. Die mechanische Weberei fasste 1858 in Gera Fuß. Zu einem bedeutenden und sehr bekannten Produkt der dortigen Textilindustrie wurde der Greiz-Geraer Artikel.

Wie in anderen Zentren des Textilgewerbes entstand auch in Gera eine Webschule, die 1869 ins Leben gerufen wurde. Vorher gab es schon in der Sonntagsschule einen Fachunterricht in Weberei und Zeichnen, der aber nach Meinung der Geraer Unternehmer nicht ausreichend war. Deshalb hatte sich ein Verein von Industriellen und Freunden des Gewerbefleißes gebildet, der sich die Gründung einer Fachwebschule zur Aufgabe gemacht hatte. Die mit Sonntags- und Abendunterricht geführte Schule wurde finanziell von der Stadt Gera sowie vom Fürstlich-Reußischen Ministerium finanziell unterstützt.

Die "Fachwebschule zu Gera", in deren Lehrprogramm auch bald die mechanische Weberei einbezogen wurde, erfreute sich bis zum Ersten Weltkrieg der kommunalen und staatlichen Unterstützung. Danach musste die örtliche Industrie die Trägerschaft der Schule übernehmen. Mit einer ausreichenden Interessentenzahl konnte die Lehranstalt mit vorwiegend ehrenamtlich tätigen Lehrern weitergeführt werden.

Bestrebungen zur Auflösung der Webschule kamen 1925 auf. Eine als Bürgerliche Arbeitsgemeinschaft bezeichnete Interessengruppe stellte den Antrag, die Räume der Webschule der Nutzung durch die örtliche Berufsschule zugänglich zu machen. Begründet wurde dies damit, dass die Räume wegen des Sonntags- und Abendunterrichts der Webschule tagsüber ungenutzt seien. Eine Besonderheit, die in der Argumentation der Berufsschule herausgestellt wurde, war, dass das Schulgebäude zwar im Besitz der örtlichen Textilindustrie sei, der Grund und Boden sich aber in städtischem Besitz befinde. Das Kuratorium der Fachwebschule stimmte zwar der Nutzung der Räume durch die Berufsschule zu, wehrte sich aber gegen eine Eingliederung der Webschule in die Berufsschule.

Nachdem in einigen sächsischen Städten und zwar in Chemnitz, Reichenbach und besonders in dem nahen Greiz Höhere Webschulen entstanden waren, wurde die Lage für die kleineren Schulen immer schwieriger. Dies führte schließlich 1930 auch zum Ende der Geraer Webschule, die in der dortigen Berufsschule aufging.

Literatur:
- Finkenwirth, K., Die Gera-Greizer Textil-Industrie, Greiz, 1910
- Unterlagen aus dem Stadtarchiv Gera

7.5.3 Apolda

Apolda im mittelthüringischen Landkreis Weimarer Land war früher ein bedeutendes Zentrum der Maschenwarenherstellung. In einem Apoldaer Erbzinsregister von 1593 findet man einen David der Strickermann. Von ihm wird angenommen, er habe die Grundlage für die Apoldaer Maschenwarenindustrie geschaffen und das Stricken dort eingeführt. Konkrete Anhaltspunkte ergeben sich hierfür aber nicht. Gesichert ist dagegen, dass gegen Ende des 17. Jahrhunderts oder zu Beginn des 18. Jahrhunderts mit dem Handkulierstuhl ein frühes Arbeitsgerät für die Herstellung von Wirkwaren nach Apolda kam. Im Laufe des 18. Jahrhunderts kann ein starker Anstieg der Anzahl dieser Geräte in Apolda festgestellt werden. Für die Vermarktung der hergestellten Ware erwies sich das 1789 gegründete Handelshaus Zimmermann & Söhne als sehr bedeutend. Um 1860 begann in Apolda der Übergang auf die maschinelle Fertigung. Diese führte dazu, dass gegen Ende des 19. Jahrhunderts die reine Strumpfproduktion mehr und mehr in den Hintergrund trat und dass ein Überwechseln auf die Herstellung verschiedener Strick- und Wirkwaren erfolgte.

Die Weberei stand in Apolda jeweils im Schatten der Maschenwaren. Um 1880 begann in dieser auf die Wirkerei und Strickerei stark ausgerichteten Stadt die Herstellung von Maschinen für diesen Industriezweig.

Apolda ist auch der Ausgangsort für die Textilarbeiterbewegung. Der Wirkmeister August Baudert gründete dort 1891 den Textilarbeiterverband, den er in der Gewerkschaft verankerte.

In der nationalsozialistischen Zeit wurde in Apolda ein Betrieb der Spinnhütte Celle errichtet. Dort wurde Seide aus den Maulbeerplantagen von Apolda und Umgebung mit dem Ziel der Herstellung von Fallschirmseide verarbeitet.

Schon früh wurde in Apolda deutlich, dass eine solide Fachausbildung für das dortige Gewerbe von entscheidender Bedeutung war. So wurde bereits 1796 auf Privatinitiative eine Schule errichtet, wo vor allem Frauen neben dem Stricken auch im Nähen und Spinnen unterrichtet wurden. Der anfängliche Zustrom von Lernwilligen flaute aber in den Folgejahren ab. Auf Initiative der Großherzogin erfolgte 1836 eine Neugründung einer Fachschule für Wirkerei und Strickerei.

Wie lange diese Schule Bestand hatte, konnte nicht ermittelt werden. In einem Verzeichnis der deutschen Fachschulen aus dem Jahr 1915 ist für Apolda keine entsprechende Lehranstalt ausgewiesen. Es erscheint aber nicht ausgeschlossen, dass die Schule bis in die ersten Jahre nach dem Zweiten Weltkrieg bestand. Als 1950 in der ehemaligen DDR eine Neuordnung des gesamten Fachschulwesens erfolgte, dürfte die Apoldaer Schule ihre Aktivitäten beendet haben. Ihr Lehrprogramm wurde wahrscheinlich in die Textilingenieurschule Chemnitz integriert.

Literatur:
- An., Unsere Fachschulen, Stuttgart, 1915
- Bahr, T. u. Grütze, D., Der Weg der Wolle – Ein Gebäude erzählt aus der Geschichte von Wirkerei und Strickerei in Apolda, Apolda, o.J.

7.5.4 Ronneburg

Ronneburg ist eine Kleinstadt im thüringischen Landkreis Greiz mit einer langen textilen Tradition und einer früher umfangreichen Textilfertigung.

Ronneburg wurde vor allem durch den auch als Schnallensturm bezeichneten Ronneburger Weberaufstand bekannt. Die dortige Firma Hennig u. Völker hatte Anfang 1841 heimlich vier Webmaschinen gekauft und aufgestellt. Das Geheimnis dieser Investition blieb aber nicht lange gewahrt. Zunächst versuchten die Ronneburger Weber, durch eine Petition die Inbetriebnahme dieser Maschinen zu verhindern. Da bald Gerüchte über Maßnahmen gegen die Maschinen die Runde machten, wurde ein Versammlungsverbot erlassen. Trotzdem kam es am 24.03.1841 zu einer gemeinsamen Aktion und zur Zerstörung der Maschinen. Durch den Einsatz von Militär wurde die Ruhe wieder hergestellt.

Abb. 7.5.4.1 Stadtwappen von Ronneburg. Der Löwe im oberen Teil ist aus dem Wappen der Vögte von Weide, die über viele Jahre große Besitztümer in der Region besaßen. Der mittlere Teil mit dem Weberschiffchen erinnert an die Webereitradition der Stadt und an den Ronneburger Weberaufstand von 1841. Der untere Teil ist ein Hinweis auf den für die Region wichtigen Bergbau.

In Ronneburg wurde wahrscheinlich schon 1840 eine Webschule gegründet und diese der örtlichen Berufsschule angeschlossen. Wie lange diese Schule Bestand hatte, ist nicht bekannt. Die Unterlagen aus dem Stadtarchiv Ronneburg berichten 1869 über eine Neugründung der Webschule, wofür Staatsmittel und eine Beihilfe der Stadt in Anspruch genommen werden konnten. Am 01.04.1909 wurde die Webschule verstaatlicht und in das Berufsschulwesen integriert. Dies kann als Ende der Ronneburger Webschule betrachtet werden.

Literatur:
- Spehr, M., Maschinensturm – Protest und Widerstand gegen technische Neuerungen am Anfang der Industrialisierung, Münster, 2000
- Unterlagen aus dem Stadtarchiv Ronneburg

Quelle Abbildung:
- 7.5.4.1 Wikipedia

7.5.5 Mühlhausen/Thüringen

Mühlhausen in Thüringen hat eine beachtenswerte textile Vergangenheit. Die ehemalige Freie Reichsstadt galt im Mittelalter als bedeutende Handelsstadt. Die Produktion von Textilwaren wurde dort schon früh zum Haupterwerbszweig der Handwerker. So findet man in Mühlhausen bereits im 14. Jahrhundert Zünfte von Woll- und Leinenwebern. Letztere spielten allerdings eine untergeordnete Rolle, dominierend waren die Wollverarbeitung und die Färberei. Verarbeitet wurde Wolle aus der thüringischen Schafzucht. Mühlhausen war auch ein Stapelplatz für den Wollhandel, besonders für Wolle aus dem Eichsfeld. Zu Beginn des 20. Jahrhunderts hatte Mühlhausen eine bedeutende Textilindustrie mit Kammgarn- und Streichgarnspinnereien, Maschenwarenfertigung, Weberei, Färberei und Ausrüstung.

In der Umgebung von Mühlhausen wurde auch Waid für die Gewinnung dieses bis zum Auftauchen von Indigo für Blautöne dominierenden Färbemittels angebaut. Der Waidanbau wurde aber im 16. Jahrhundert wegen hoher Abgaben auf die Waidäcker aufgegeben.

In diesem Zentrum der Textilfertigung war 1897 mit staatlichen und städtischen Finanzhilfen eine Webschule gegründet worden, die am 14.04.1898 eingeweiht wurde. In der Schule wurden eine Tages- und eine Abendabteilung für Weber sowie eine Abendabteilung für Wirker angeboten. 1907 kam eine Tagesabteilung für das Weißnähen, 1908 eine Tagesabteilung für Schneider und 1910 eine Abendabteilung für Schneider hinzu.

Die Schule, die zuletzt die Bezeichnung "Preußische Fachschule für Textilindustrie zu Mühlhausen in Thüringen" hatte, wurde von Webern und Wirkern nur in geringer Zahl besucht, besonders ab 1910 ließ der Schulbesuch erheblich nach. So musste 1912 die Wirkereiabteilung geschlossen werden. Wegen des geringen Interesses der Mühlhausener Weber wurde die Schule am 01.10.1921 aufgelöst.

Literatur:
- Siegmund, A., Die Textilindustrie von Mühlhausen in Thüringen in der Nachkriegszeit, Jena, 1929
- Unterlagen aus dem Stadtarchiv Mühlhausen

7.5.6 Gößnitz

Die thüringische Stadt Gößnitz im Altenburger Land galt in früheren Zeiten als ein Zentrum der Weberei. Die Weberinnung von Gößnitz war die größte der gesamten Umgebung. Die dortigen Meister beschäftigten teilweise bis zu 300 Gesellen. Die erste mechanische Spinnerei wurde 1876 in Gößnitz gegründet, die erste mechanische Weberei entstand 1890.

Bei dieser überragenden Bedeutung der Geweberherstellung ist es nicht erstaunlich, dass in Gößnitz der Bedarf an einer Webschule bestand. Diese wurde 1857 als Sonntags- und Abendschule gegründet. Die Initiative hierzu ging vom Gewerbe-Verein aus, der für dieses Vorhaben Landesmittel erhielt. Der Unterricht wurde von einigen jungen Webmeistern erteilt. Zu dem Weberei-Fachunterricht kam 1874 auch ein kaufmännischer Unterricht. 1878 erfolgte die Zusammenführung mit der Fortbildungsschule, deren Einführung 1870 per Gesetz verordnet worden war.

Die Weberinnung von Gößnitz wurde am 10.04.1883 aufgelöst. Dies war auch das Ende der Gößnitzer Webschule.

Literatur:
- Unterlagen vom Förderverein des Heimatmuseums Gößnitz

7.6 Textilfachschulen in Sachsen

7.6.1 Chemnitz

Zu den Regionen, in denen sehr früh die Industrialisierung der Textilherstellung erfolgte, gehört neben dem Rheinland vor allem Sachsen. Hier fassten Maschinen in der Fertigung von Textilien früh Fuß und hier findet man auch die Geburtsregion der deutschen Textilmaschinenindustrie. Was für Sachsen allgemein gesagt wurde, gilt in besonderem Maße für Chemnitz, das zum Zentrum der sächsischen Textilindustrie wurde. Die für Chemnitz oft verwendete Bezeichnung "Sächsisches Manchester" zeigt die Bedeutung der Stadt für die Textilindustrie.

Doch lange bevor von einer Textilindustrie im eigentlichen Sinne gesprochen werden konnte, verfügte Sachsen bereits über eine umfangreiche Textilfertigung. Diese hat vielleicht schon um 1250 mit der Einwanderung flämischer Leinenweber ihren Anfang genommen. Zittau und Chemnitz wurden zu Zentren der sächsischen Leinenweberei und besonders in der Oberlausitz entstanden zahlreiche Weberdörfer, unter denen Großschönau mit seiner Damastweberei das bekannteste war. Aus der Leinenweberei entwickelte sich 1496 in Sachsen die Herstellung von Barchent, einem Gewebe mit Leinenkette und Baumwollschuss, womit die Verarbeitung von Baumwolle in Sachsen Einzug hielt. Auch hierfür findet man den Anfang in Chemnitz.

In der Zeit der Industriellen Revolution wurde Sachsen neben dem Rheinland zur führenden Textilregion Deutschlands. Die ersten Schritte zur Ablösung der Garnherstellung auf dem Spinnrad gab es schon 1782, als in Ernstthal bei Chemnitz drei handgetriebene Spinning Jennies installiert wurden. Die Spinning Jenny, auf der mehrere Garne gleichzeitig gesponnen werden konnten, war 1764 von dem Engländer James Hargreaves erfunden worden. Die erste mechanische Spinnerei Sachsens entstand 1798 in Chemnitz. Sie wurde von den beiden Kaufleuten Wöhler und Lange gegründet. Wenig später gründete der aus dem Rheinland stammende Kaufmann Carl Friedrich Bernhard in Hartau bei Chemnitz die Bernhardsche Spinnerei. Sie entwickelte sich dank des aus England angeworbenen Spinnmeisters Evan Evans rasch zu einer der bedeutendsten Deutschlands. Neben Evans haben auch noch andere Fachleute aus England den Aufbau der Baumwollspinnerei in Sachsen maßgebend beeinflusst. Im Schatten der Kontinentalsperre konnten sich die Baumwollspinnereien zunächst gut entwickeln, gerieten aber nach deren Aufhebung in einen harten Konkurrenzkampf mit den nun wieder verfügbaren englischen Garnen. Bei den Wirkern und Webern von Chemnitz fanden die neuen Spinnereien ihr erstes Absatzgebiet. Auch die mechanische Wollspinnerei fasste 1799 in Sachsen mit einer Fabrikgründung des Grafen von Einsiedel in Wolkenburg schon sehr früh Fuß. Zum Ausgangspunkt der mechanischen We-

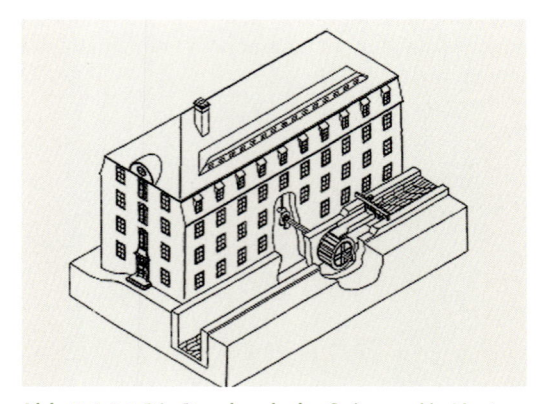

Abb. 7.6.1.1 Die Bernhardsche Spinnerei in Hartau bei Chemnitz mit dem Mühlkanal und dem ungefähr in der Mitte des Gebäudes angeordnetem Wasserrad, mit dem die Maschinen der Spinnerei angetrieben wurden.

berei in Sachsen wurde Zschopau, wo Johann Jakob Bodemer 1818 die durch einen Göpel angetriebene erste Webmaschine für Baumwollwaren in Betrieb nahm. Schon 1815 hatte Gössel eine Webmaschine in Plauen installiert, sie wurde aber durch einen Brand zerstört. Die Mechanisierungswelle in der Baumwollweberei begann in Sachsen um 1840 und setzte auf breiter Basis ab etwa 1860 ein. Der Übergang auf Maschinen in der Wollweberei erhielt durch Louis Schönherr, der 1852 die industrielle Fertigung von Tuchwebmaschinen in Chemnitz aufnahm, einen starken Auftrieb.

Die Mechanisierung setzte um 1860 auch in der Herstellung von Maschenwaren ein. Die Handfertigung gewirkter und gestrickter Materialien hatte um 1700 mit der Einwanderung hugenottischer Handwerker eine starke Förderung erfahren. Die ersten Hinweise auf Strumpfwirker in Chemnitz findet man 1671. Sachsen wurde zu einer Hochburg der Strumpfproduktion. Die Mechanisierung der Fertigung von Maschenwaren begann mit Rundwirkmaschinen.

Die sächsische Bleicherei hatte in Chemnitz ihren Ausgangspunkt, wo 1357 die dortigen Bleicher ein landesherrliches Privileg erhielten. Auch die sächsische Färberei scheint in Chemnitz eine frühe Blüte erreicht zu haben.

Die führende Rolle der sächsischen Spinnereiindustrie ging in der zweiten Hälfte des 19. Jahrhunderts nach und nach verloren. 1846 liefen 63,3% der Spindeln aller im Zollverein zusammengeschlossenen Länder in Sachsen. Fünfzehn Jahre später waren es nur noch 31,7%.

Die umfangreiche Textilfertigung in Sachsen und deren frühe Mechanisierung zog bald den Textilmaschinenbau nach sich. Es waren teilweise zunächst Reparaturwerkstätten, die an Textilbetriebe angegliedert waren, aus denen sich in Sachsen der Textilmaschinenbau entwickelte. Dies gilt auch für Carl Gottlieb Irmscher, einen früheren Mitarbeiter einer Spinnerei, der oft als der Begründer des Textilmaschinenbaus in Sachsen gesehen wird. Auch er gründete eine eigene Werkstatt und begann mit der Reparatur und später auch mit der Herstellung von Spinnmaschinen. Ihm folgten in Chemnitz einige bedeutende Pioniere des Textilmaschinenbaus, so 1826 Carl Gottlieb Haubold und 1837 Richard Hartmann mit dem Bau von Spinnmaschinen, 1851 Gottlieb Hielscher mit der Fabrikation von Wirkmaschinen, 1852 Louis Schönherr mit dem Bau von Webmaschinen und 1860 Albert Voigt mit der Produktion von Stickmaschinen. Durch sie wurde Chemnitz in der zweiten Hälfte des 19. Jahrhunderts zum Zentrum des deutschen Maschinenbaus, wobei die Herstellung von Textilmaschinen eine bedeutende Rolle spielte.

Auch das textile Ausbildungswesen, dessen Anfänge bis in das Jahr 1830 zurück reichen, hat seine Wurzeln in Chemnitz. Damals entstanden durch Privatinitiativen der Webmeister Mathes und Stahringer, die Abend- und Sonntagsschulen für die Weiterbildung von Webern einrichteten, die ersten Unterrichtsstätten. Dem stand die Chemnitzer Weberinnung nicht nach. Sie schuf ebenfalls eine gleichartige Ausbildungsstätte. Der Unterricht fand damals noch an Handwebstühlen statt.

Die eigentliche Webschule öffnete am 11.05.1857 in Chemnitz ihre Pforten in gemieteten Räumen. Ein eigenes Gebäude entstand 1864. Inzwischen war die mechanische Weberei schon weit eingeführt worden, so dass ein besonders hoher Bedarf an einer guten Ausbildung entstanden war. Daneben besaß Chemnitz ab 1867 noch eine Abendschule für angehende Weber. Sie wurde 1873 in die inzwischen zur Höheren Webschule gewordene Lehranstalt integriert.

Schon vor der Webschule war am 02.05.1836 in Chemnitz die Königliche Gewerbeschule eröffnet worden. Mit ihr wurde der Grundstein für die Ingenieurausbildung in Chemnitz gelegt. Die Königliche Gewerbeschule gilt allgemein als die Vorläuferin der späteren Technischen Hochschule und heutigen Technischen Universität Chemnitz.

In Sachsen hatte sich eine umfangreiche Maschenwarenproduktion entwickelt. Deshalb war es nahe liegend, in Chemnitz 1882 eine Wirkschule zu gründen. Sie wurde 1923 mit der schon 1869 in Limbach gegründeten Wirkschule vereinigt. Eine Königliche Färbereischule wurde 1881 in Chemnitz gegründet.

Die Höhere Webschule bot einen einjährigen Tageskurs und einen zweijährigen Abendkurs für Webereifachleute an. Für Kaufleute, die sich technisches Wissen erwerben wollten, gab es einen einjährigen Tageskurs. Außerdem wurde eine Vorschule in Form eines einjährigen Abendkurses betrieben. Eine Abteilung für Musterzeichner wurde 1908 an die Webschule angegliedert.

An dieser Schule in Chemnitz wurde 1912 eine Abteilung für die Ausbildung von Webschullehrern eingerichtet. In einer Ministeriums-Anweisung vom 25.02.1919 wurde verfügt, dass in den sächsischen Webschulen bevorzugt Absolventen dieser Schule als Lehrer einzusetzen seien.

Ein bedeutendes Datum war der 09.11.1917. An diesem Tag öffnete das Öffentliche Prüfamt, das ein Teil der Höheren Webschule wurde, seine Pforten. Laut einer Verfügung des Wirtschaftsministeriums wurde am 31.08.1921 aus der Höheren Webschule die "Sächsische Höhere Fachschule für Textil-Industrie zu Chemnitz".

Wie in einigen anderen deutschen Städten mit so genannten Höheren Fachschulen für das Textilwesen wurde auch die Chemnitzer Schule nach einem Erlass der damaligen Reichsregierung von 1939 zu einer Textilingenieurschule umgewandelt.

Nach der Beseitigung der Schäden, die durch den Zweiten Weltkrieg verursacht worden waren, nahm die Textilingenieurschule Chemnitz 1947 den Lehrbetrieb wieder auf. Sie hieß zunächst "Vereinigte Lehranstalten Chemnitz und Limbach", wurde dann 1951 in "Fachschule für Textil- und Bekleidungsindustrie" und 1954 in "Ingenieurschule für Textilindustrie" und danach in "Ingenieurschule für Maschinenbau und Textiltechnik" umbenannt. Unter diesem Namen erfolgte 1968 die Eingliederung in die damalige Technische Universität Karl-Marx-Stadt. Der Fachbereich für Wirkerei und Strickerei wurde abgetrennt und in die Textilingenieurschule Reichenbach eingebracht.

Neben der Höheren Webschule hat die 1836 gegründete, oben schon erwähnte Königliche Gewerbeschule zu Chemnitz das technische Ausbildungswesen dieser Stadt besonders beeinflusst. 1862 wurde aus der Königlichen Gewerbeschule die Königliche Höhere Gewerbeschule. Dank des hohen Niveaus der Ausbildung in Chemnitz wurde laut Erlass des Königlichen Ministeriums des Inneren am 05.05.1900 die Bezeichnung Gewerbeakademie für die Höhere Gewerbeschule eingeführt. Die Gewerbeakademie wurde 1929 zur Staatlichen Akademie für Technik.

Daraus entstand 1953 die Hochschule für Maschinenbau sowie Textil- und Papiertechnologie. Sie erhielt 1957 das Promotionsrecht und 1963 den Status der Technischen Hochschule. Im Jahr 1986 wurde sie zur Technischen Universität. An der Hochschule bestand das Institut für Textilmaschinenkonstruktion und Technologie der Faserstoffe.

Eine Neuorganisation dieser Hochschule erfolgte nach dem Zusammenschluss der beiden deutschen Staaten in den Jahren 1991 bis 1993. Das klassische Textilwesen spielt im Lehrangebot der Technischen Universität Chemnitz heute keine Rolle mehr. Dagegen wendet sich das Interesse den technischen Textilien zu, so an der Professur für Strukturleichtbau und Kunststoffverarbeitung innerhalb der Fakultät für Maschinenbau.

Auch die früher in die Hochschule integrierten Forschungseinrichtungen erhielten bei der Neuorganisation einen geänderten Status. Es entstand das Institut für allgemeinen Maschinenbau und Kunststofftechnik mit dem Arbeitsbereich Textilmaschinen sowie das Sächsische Forschungsinstitut für das Textilwesen. Letzteres befasst sich in besonderem Maße mit Textilien für den technischen Einsatz.

Literatur:
- An., 75 Jahre Sächsische Höhere Fachschule für Textil-Industrie Chemnitz, 1857-1932, Chemnitz, 1933
- Autoren-Kollektiv, Königliche Gewerbeschule Chemnitz 1836 – Technische Hochschule Karl-Marx-Stadt 1986: Zur Geschichte der Ingenieurausbildung in einer traditionsreichen Stadt des Maschinenbaus und der revolutionären Arbeiterbewegung, Leipzig, 1986
- Beschnitt, E., Der Textilmaschinenbau in Sachsen 1760 bis 2005, Weilrod, 2005
- Forberger, R., Die industrielle Revolution in Sachsen 1800-1861, Leipzig u. Stuttgart, 1999
- Hautmann, H., Beiträge zur Geschichte der deutschen textilchemischen Ausbildung, Diss. Dresden, 2004
- Hirsch, A., Trummer, A. u. Weidlich, D., Zur Geschichte der Technischen Universität Chemnitz in Neugebauer, R., Chemnitzer Tradition und Perspektiven, Zwickau, 2000
- Käppler, H., 100 Jahre Ingenieurschule für Textilindustrie Karl-Marx-Stadt, 1857-1957, Dresden, 1957
- Meerwein, G., Die Entwicklung der Chemnitzer bzw. Sächsischen Baumwollspinnerei von 1789-1879, Berlin, 1914

Quelle Abbildung:
- 7.6.1.1 Oehlke, A., Die Bernhardsche Spinnerei in Hartau bei Chemnitz, Industriearchäologie 22(1998), S. 2-8

7.6.2 Dresden

Dresden hat keine besondere textile Tradition und Dresden hatte auch, soweit feststellbar, keine Webschule oder Textilingenieurschule, aber Dresden war trotzdem eine wichtige Textilausbildungsstätte, was besonders für die dortige Technische Hochschule gilt.

Der Grundstock für die technische Ausbildung wurde in Dresden am 01.05.1828 mit der Eröffnung der "Königlich technischen Bildungsanstalt" gelegt. Das Ziel dieser Gründung war die Förderung der sächsischen Industrie und nicht zuletzt die Ausbildung von Maschinenbauern. Der Textilmaschinenbau war in dieser Zeit gerade dabei, in Sachsen fest Fuß zu fassen. Maschinenbau war damals im Wesentlichen der Bau von Maschinen für die Textilverarbeitung, besonders von Spinnmaschinen. Man begann in Dresden also sehr früh, diesem später für das Land sehr bedeutenden Industriezweig durch eine Ausbildung der Fachkräfte tatkräftig zu unterstützen.

Am 23.11.1851 erfolgte die Umbenennung der Schule in "Königliche Polytechnische Schule". Im gleichen Jahr wurde auch das Lehrangebot über den Maschinenbau hinaus erweitert. 1871 erfolgte die Anerkennung als Höhere Fachschule. Gegen den Widerstand der Universitäten entstand 1890 hieraus eine Technische Hochschule, die zehn Jahre später das Promotionsrecht erhielt.

Ab 1865 spielte die Textilfabrikation, besonders die Spinnerei und die Weberei, im Lehrplan der Dresdener Schule eine bedeutende Rolle. Schließlich war die Textilindustrie damals und auch in den nachfolgenden Jahrzehnten der Haupterwerbszweig der sächsischen Wirtschaft.

Der Textilchemie wandte man sich in Dresden ab 1895 zu. Unter der Leitung von Prof. Richard Möhlau entstand das "Laboratorium für Farbenchemie und Färbereitechnik", das 1925 in "Laboratorium für Farben- und Textilchemie" umbenannt wurde. 1957 entstanden hieraus zwei selbstständige Institute für Farben- bzw. Textilchemie.

Die Bedeutung des Textillandes Sachsen kam auch 1917 in der Gründung des Deutschen Forschungsinstitutes für Textilindustrie in Dresden zum Ausdruck. Die Institutsleiter nahmen auch eine Lehrtätigkeit an der Technischen Hochschule, an die das neue Institut angegliedert wurde, wahr. So entstanden 1925 der Lehrstuhl für Textil- und Papiertechnik von Prof. Dr. Edwin Meister und der Lehrstuhl für Textil- und Papiertechnologie von Prof. Dr. Alois Herzog. Dessen Lehrstuhl-Nachfolger wurde 1939 sein Schüler Prof. Dr. Paul-August Koch, der spätere Leiter der Textilingenieurschule Krefeld.

Kriegsbedingt musste am 20.04.1945 der Lehr- und Forschungsbetrieb an der Technischen Hochschule Dresden eingestellt werden. Die Wiedereröffnung erfolgte am 18.09.1946. Zum Ordinarius und Direktor des Institutes für Textil- und Papiertechnik wurde Prof. Dr.-Ing. Walter Frenzel berufen. 1953 wurden hieraus zwei selbstständige Institute für Textil- bzw. Papiertechnik. Frenzels Nachfolger als Leiter des Institutes für Textiltechnik wurde 1957 Prof. Dr.-Ing. Wolfgang Bobeth, der schon ab 1952 als Dozent für Textile Rohstoffe in Dresden tätig war.

Am 05.10.1961 erhielt die Technische Hochschule den Status einer Technischen Universität. An der Hochschule gab es in den Nachkriegsjahren in der Fakultät für Technologie die Fachrichtung Textiltechnik, in der Fakultät für Maschinenwesen die Fachrichtung Textilmaschinenkonstruktion und in der Fakultät für Ingenieurökonomie die Fachrichtung Ökonomie der Textilindustrie.

Die Institute der Technischen Universität Dresden wurden 1968 aufgelöst. An deren Stelle wurden einzelne Arbeitsgebiete der Universität gebildet. Bei dieser Umorganisation entstand der Bereich Textiltechnik, der von Prof. Dr.-Ing. Wolfgang Bobeth bis 1971 geleitet wurde. Sein Nachfolger wurde Prof. Dr.-Ing. Harald Perner. 1975 erfolgte die Umbenennung dieses Bereiches von Textiltechnik in Textiltechnologie und 1977 spaltete sich hieraus der neue Bereich Textil- und Bekleidungstechnik unter der Leitung von Prof. Dr.-Ing. Roland Nestler ab. Diese Umorganisation erfasste auch den textilchemischen Bereich, bei dem nun vermehrt die Polymerchemie in den Vordergrund trat.

Nach der Wiedervereinigung der beiden deutschen Staaten erfolgte im Dezember 1990 die Neugründung des Institutes für Textil- und Bekleidungstechnik. Das Institut erhielt einen wissenschaftlichen Beirat, der sich vorwiegend aus Industrievertretern zusammensetzte. Die Institutsleitung übernahm Prof. Dr.-Ing. Peter Offermann, der ab 1970, zunächst als Honorardozent und ab 03.10.1990 als Professor für Textiltechnik an der Technischen Universität Dresden tätig war. Nach seiner Pensionierung wurde Prof. Dr.-Ing. Chokri Cherif 2005 sein Nachfolger. Die Professur für Konfektionstechnik hatte 1993 Prof. Dr.-Ing. Hartmut Rödel übernommen.

Abb. 7.6.2.1 Alois Herzog

Die Textilwissenschaft an der Universität Dresden wurde durch einige herausragende Persönlichkeiten besonders geprägt. Einer der Lehrstuhlinhaber in Dresden war der bereits erwähnte Prof. Dr.-Ing. Alois Herzog (1872-1956), der als "Vater der Textilmikroskopie" eine besondere Berühmtheit erlangte.

Ein weiterer sehr bekannter Dresdner Lehrer auf dem Textilgebiet war Prof. Dr. Ing. Walter Frenzel (1884-1970), der aus Chemnitz kam, wo er ab 1932 Leiter der dortigen Textilingenieurschule war. Mit seinem Namen ist eines der bekanntesten frühen Geräte für die Textilprüfung, nämlich die Frenzel-Hahn-Universal-Garnprüfmaschine, die 1933 auf den Markt gebracht wurde, untrennbar verknüpft. Frenzel war der Konstrukteur dieses Prüfgerätes, von Guido Hahn wurde sie in Grüna/Sachsen hergestellt und vertrieben.

Abb. 7.6.2.2 Walter Frenzel

Da Frenzel in der Zeit des Nationalsozialismus als "politisch unzuverlässig" galt, wurde er als Leiter der Chemnitzer Textilingenieurschule entlassen und in eine untergeordnete Position an die Textilfachschule Sorau versetzt. Frenzel wurde 1946 in Dresden Dozent und Leiter des dortigen Forschungsinstitutes. Die Technische Universität Dresden hat seine Verdienste durch die Benennung einer Textilmaschinenhalle als Walter Frenzel-Bau besonders gewürdigt.

Unter den für das Textilgebiet bedeutenden Dresdener Professoren ist auch Roland Scholl (1865-1945) zu nennen. Er lehrte fast dreißig Jahre in Dresden und war Direktor des Laboratoriums für organische und organisch-technische Chemie. Bekannt wurde Scholl durch einige bedeutende Erfindungen auf dem Gebiet der Küpenfarbstoffe.

Die textile Ausbildung ist in Dresden nicht ganz ausgestorben. Neben der privaten staatlich anerkannten Fachhochschule Dresden, die den Studiengang Textildesign anbietet, gibt es die Modefachschule Dresden der Akademie für berufliche Bildung. In der letztgenannten Lehranstalt bietet sich die Möglichkeit der Ausbildung zu bekleidungstechnischen Assistenten.

Literatur:
- Berger, W. u. Adler, H.J., Der Wissenschaftsbereich Hochpolymere und Textilchemie im 150. Jahr des Bestehens der Technischen Universität Dresden, Textiltechnik 28(1978), S. 605-607
- Offermann, P., 70jähriges Jubiläum des Institutes für Textil- und Bekleidungstechnik der Technischen Universität Dresden, Dresden, 1996
- Sonnemann, R., Geschichte der Technischen Universität Dresden 1828-1988, Berlin, 1988

Quelle Abbildungen:
- 7.6.2.1 Koch, P.A. u. Satlow, G., Großes Textil-Lexikon, Stuttgart, 1966, Band I, S. 596
- 7.6.2.2 Sonnemann, R., Geschichte der Technischen Universität Dresden: 1828-1988, Berlin, 1988, S. 225

7.6.3 Reichenbach

Das Textilgewerbe von Reichenbach im sächsischen Vogtland ist eng mit der Entwicklung der vogtländischen Textilindustrie verknüpft. Die ersten Berichte über ein Wollgewerbe im Vogtland findet man im 15. Jahrhundert. Da die Böden der dortigen Region für den Ackerbau zu karg waren, wurde viel Schafzucht betrieben, was die Verarbeitung der Wolle und besonders die Tuchmacherei nach sich zog. Schon früh siedelten sich die Tuchmacher in Reichenbach an, sie erhielten dort 1464 Zunftrecht. Und auch die Tuchmacherei begleitende Berufe wie die Tuchscherer mit einer Zunftordnung aus 1671 und die Färber mit einer Zunftordnung aus 1691 findet man in Reichenbach. Ab dem 17. Jahrhundert gab es auch die so genannten Zeugmacher, die sich von den Tuchmachern abgesondert hatten und leichtere Wollgewebe herstellten.

Gegen Ende des 18. Jahrhunderts kam in Reichenbach die Verarbeitung der Baumwolle stark auf, wodurch das herkömmliche Tuchgewerbe in Bedrängnis geriet. Im Vogtland hat die Baumwolle eine lange Tradition, denn in Plauen findet man sie schon Mitte des 16. Jahrhunderts.

Auch für das Reichenbacher Textilgewerbe gab es im neunzehnten Jahrhundert mit der Industrialisierung einen drastischen Umbruch. Die erste mechanische Spinnerei wurde in Reichenbach 1811 eingerichtet, womit dort die Maschinenfertigung begann.

Dass Reichenbach schon früh eine Webschule erhielt, ist der Privatinitiative eines engagierten Pädagogen zu verdanken. Dies war Carl Bruno Weinhold, der 1848 seiner seit 1830 bestehenden Sonntagsschule eine Abteilung für Weberei angliederte. Der erste Unterricht erfolgte an einem Handwebstuhl und an einem Jacquard-Webstuhl. Schon 1860 wurde erstmals ein mechanischer Webstuhl, der von einer Reichenbacher Firma gemietet wurde, installiert, obgleich die Mechanisierung der Weberei in der Reichenbacher Textilindustrie erst fünf Jahre später einsetzte.

Die Sonntagsschule war 1878 zur Fortbildungsschule umgewandelt worden. Aus diesem Verband trat die Webschule 1881 aus. Sie wurde eine selbstständige städtische Einrichtung. 1901 wurde sie zur Höheren Webschule erhoben. An diese wurde 1911 ein Warenprüfungsamt und 1913 eine Spinnschule angegliedert. Die Reichenbacher Schule wurde 1920 zur "Höheren Textilfachschule", in der 1937 auch die Färbereiausbildung aufgenommen wurde.

Wie mehrere andere Höhere Lehranstalten für das Textilgewerbe in Deutschland wurde die Schule in Reichenbach nach einem Erlass aus dem Jahr 1939 zur Textilingenieurschule. In einem Verzeichnis der Ingenieurschulen aus dem Jahr 1941 wird sie als Lehranstalt für die Kleiderstoffweberei geführt.

Im Gegensatz zu vielen anderen gleichartigen Schulen in Deutschland hat die Reichenbacher Schule den Krieg unzerstört überstanden. Sie konnte 1946 als "Ingenieurschule für Textilindustrie" und später als "Ingenieurschule für Textiltechnik" den Lehrbetrieb wieder aufnehmen. 1951 wurde die Textilfachschule in Greiz aufgelöst und an die Reichenbacher Schule verlagert. Im Hinblick auf die Plauener Textilindustrie wurde 1955 eine Abteilung für Stickerei und 1968 eine Abteilung für Bobinetweberei aufgenommen. Die Strickerei und Wirkerei kam 1968 hinzu, nachdem die frühere Chemnitzer Textilingenieurschule geschlossen und ein Teil ihrer Aktivitäten nach Reichenbach verlagert worden war.

Nach der Wiedervereinigung der beiden deutschen Staaten wurde der Lehrbetrieb in Reichenbach zunächst weitergeführt. Eine Neuordnung wurde nach dem 1993 erlassenen Sächsischen Hochschulgesetz nötig. Es erfolgte eine Zusam-

Abb. 7.6.3.1 Früheres Waisenhaus am Reichenbacher Kirchplatz. Hier begann 1848 der Unterricht der Reichenbacher Webschule.

menlegung mit Zwickau zur Westsächsischen Hochschule. Der Fachbereich Textilingenieurwesen wurde 1994 in Reichenbach eröffnet. Ab dem Studienjahr 1995/96 ist es der Fachbereich Textil- und Ledertechnik.

Literatur:
- Anders, F. et al., 150 Jahre Textiltechnik-Studium in Reichenbach/Vogtland, Reichenbach, 1998
- Gerbert, S., Die Sächsische Höhere Textilfachschule, Industriekultur 16(2010), H. 4, S. 38-39
- Peters, K.E., Die deutschen Textilfachschulen, ihre geschichtliche Entwicklung und wirtschaftliche Bedeutung, Melliand Textilberichte 32(1951), S. 614-616
- Pönicke, M.H., Die Geschichte der Tuchmacherei und verwandter Gewerbe in Reichenbach i.V. vom 17. bis Anfang 19. Jahrhundert, Plauen, 1929

Quelle Abbildung:
- 7.6.3.1 Anders, F. et al., 150 Jahre Textiltechnik-Studium in Reichenbach/Vogtland: 1848-1998, Reichenbach, 1998, S. 9

7.6.4 Limbach

Limbach, eine Stadt im sächsischen Landkreis Zwickau mit traditionsreicher Textilindustrie, hat vor allem als Zentrum der Maschenwarenindustrie eine besondere Bedeutung erlangt. Nach einem Zusammenschluss mit Oberfrohna im Jahr 1950 heißt die Stadt heute Limbach-Oberfrohna.

Als Begründer der Limbacher Maschenwarenindustrie gilt Johann Esche, der Sohn eines Schwarzfärbers aus Limbach. Er soll 1735 als Erster in Deutschland einen Handkulierstuhl gebaut haben. Seine Wirkvorrichtung fand eine rasche Ausbreitung und begründete die Herstellung von Maschenwaren in Limbach, die dort zu einem wichtigen Erwerbszweig wurde. Zunächst wurden Strümpfe hergestellt. Bald weitete sich die Produktion auf Trikotagen für Unterwäsche und später auch auf Maschenwaren für Oberbekleidung aus.

Neben der Fertigung von Maschenwaren entstand in Limbach nach der Mitte des 19. Jahrhunderts auch eine Maschinenindustrie, die sich besonders mit der Herstellung von Kettenwirkmaschinen und Nähmaschinen befasste. Limbach war auch die Geburtsstätte der Nähwirktechnik, da deren Erfinder Heinrich Mauersberger (1909-1982) hier seine ersten Versuche machte und der Name der Stadt abgekürzt auch in die Verfahrensbezeichnung Malimo eingegangen ist.

Erfreulicherweise ist die Herstellung von Maschenwaren in Limbach noch nicht ganz ausgestorben. Diese Produkte werden dort noch hergestellt und auch auf dem Gebiet der Fertigung von Textilmaschinen ist noch ein Betrieb erhalten geblieben. Er stellt Spezialnähmaschinen her.

Dass in einer Stadt mit einer florierenden Maschenwarenindustrie auch ein großes Interesse an einer guten Fachausbildung besteht, ist nahe liegend. So gab es schon 1857 erste Aktivitäten zur Gründung einer Wirkschule durch den Limbacher Gewerbeverein. Da keine geeigneten Räumlichkeiten gefunden werden konnten, mussten die entsprechenden Planungen zunächst zurückgestellt werden. Mit dem Bau eines Schulhauses wurde dann 1868 begonnen.

Die feierliche Eröffnung der Wirkschule Limbach wurde am 06.04.1869 vollzogen. Zum ersten Schulleiter wurde Gustav Willkomm (1839-1910) berufen. Er hat nicht nur die Entwicklung der Limbacher Schule nachhaltig geprägt, sondern wurde auch zum führenden Fachmann auf dem Gebiet der Maschenwarenherstellung in Deutschland. Er wird als Begründer der wissenschaftlichen Grundlagen der Wirkerei und Strickerei gesehen.

Über viele Jahre stand die Limbacher Schule in Konkurrenz zu der 1882 in Chemnitz gegründeten Wirkschule. Schon wenige Jahre nach deren Gründung entstanden die ersten Gerüchte über die Zusammenlegung der beiden Schulen. 1923 wurden die Gerüchte dann zur Realität, die Limbacher Schule wurde in die gleichartige Lehranstalt in Chemnitz integriert. In Limbach verblieben nur noch eine Lehrkraft und ein nebenamtlicher Lehrer.

Die Chemnitzer Schule wurde im Krieg stark beschädigt, die Limbacher Schule war dagegen unbeschädigt geblieben. Dadurch ergab sich eine kurze Blüte für den Limbacher Teil der Wirkschule. Dort erfolgte am 01.10.1945 die Wiederaufnahme des Schulbetriebs in der "Technikerschule für Wirkerei und Strickerei, Limbach".

Das Fachschulwesen wurde in der ehemaligen DDR den Kommunen und Ländern entzogen, dessen Verwaltung wurde in eine Zentralstelle eingebracht. Dies führte zur Konzentration des Unterrichtswesens in der Maschenwarenherstellung in Chemnitz und 1951 zur Auflösung der Limbacher Schule. Von 1971 bis zur Wiedervereinigung der beiden deutschen Staaten existierte in Limbach noch eine Außenstelle der Ingenieurschule Reichenbach.

Literatur:
- Eberth, I., 130 Jahre Wirkschule Limbach, 1869-1999, Festschrift zum Gründungsjubiläum, Limbach, 1999

7.6.5 Plauen

Plauen in West-Sachsen ist der Mittelpunkt der vogtländischen Spitzen- und Gardinenfertigung. In Plauen hatte sich Mitte des 15. Jahrhunderts das Tuchmachergewerbe etabliert. Gegen Ende des 16. Jahrhunderts setzte ein Rückgang dieses Gewerbes ein. Wahrscheinlich initiiert durch Zuwanderer aus den Niederlanden setzte ein Trend zur Herstellung leichterer Wollgewebe ein. Es entstanden die Zeugmacher und Wollenweber, die größtenteils später Baumwollweber wurden.

In der zweiten Hälfte des 16. Jahrhunderts kam die Baumwolle nach Plauen. Damit begann die Zeit der Herstellung von feinen Baumwollgeweben in größerem Umfang. Diese oft als Schlöre oder Schleier bezeichneten Gewebe fanden besonders für Kopf- und Halstücher Einsatz. Die erste Ordnung für diese Fertigung erließ der Rat der Stadt am 22.12.1600, sie wurde als Plauener Schleierordnung bekannt.

Der Kattundruck kam 1754 nach Plauen. Hierzu war der Nürnberger Unternehmer Johann August Neumeister von mehreren Baumwollhändlern angeworben worden. Vorher mussten die Baumwollgewebe, die ab ca. 1700 vermehrt in Manufakturen hergestellt wurden, zum Bedrucken nach Nürnberg oder Augsburg gesandt werden.

Die in Plauen betriebene Handweberei erhielt schon 1815 eine erste Konkurrenz, als der Unternehmer Ernst Wilhelm Conrad Gössel versuchte, die ersten mechanischen Webstühle Sachsens in Plauen aufzustellen. Auf ihnen wurde vermutlich nicht produziert. So weit bekannt, wurde der Betrieb von Gössel durch einen Brand zerstört. Erst ab 1863 erfolgte in Plauen die Einführung der Webmaschinen auf breiterer Basis. Etwa ein Jahrzehnt später wurde die Gardinenweberei, die zu einem wichtigen Gewerbezweig wurde, aufgenommen.

Die Stickerei begann um 1810 in dieser Stadt. Als deren Initiator gilt der Kaufmann Carl Gottlob Krause. Auch beim Sticken hielt die Maschine Einzug. Die ersten Maschinen, die von Albert Voigt aus St. Gallen geholt worden waren und die zunächst noch von Hand betrieben wurden, nahmen 1858 bei der Firma Schnorr & Steinhäuser die Produktion auf.

Als Begründer der Plauener Spitzenindustrie gilt der Kaufmann Theodor Bickel. Einer von ihm geführten Arbeitsgemeinschaft gelang es erstmals 1880, maschinengestickte Spitzen herzustellen, die sich schnell am Markt etablieren konnten. Es entstand die Fertigung der zunächst Sächsische Spitze genannten Produkte, die bald als Plauener Spitze weltweit bekannt wurden. Sie bildeten die Basis der bekannten Stickspitze. Die Ätzspitze wurde in Plauen 1883 eingeführt, sie benötigte aber ungefähr fünf Jahre, um sich durchzusetzen. Die starke Expansion der Spitzenherstellung zog auch den Maschinenbau für Stickmaschinen nach sich.

Die Stadt Plauen ist untrennbar mit der Herstellung der Plauener Spitze verbunden. Dies gilt auch in neuester Zeit noch. Ein weiteres Geschäftsfeld auf dem Textilgebiet ist im heutigen Plauen die Gardinenherstellung.

Für eine florierende Industrie, besonders auf dem Gebiet der Spitzenherstellung, ist ein gutes Ausbildungswesen von großer Bedeutung. Schon 1832 entstand in Plauen eine städtische Gewerbeschule. Diese bot auch Kurse in Textilkunde und Technologie der mechanischen Weberei an.

Die bedeutendste Plauener Schule wurde die spätere Staatliche Kunst- und Fachschule für Textilindustrie. Ihre Gründung erfolgte 1877 durch den Stadtrat von Plauen. Sie führte zunächst die Bezeichnung "Kunstgewerbliche Fachzeichenschule". Ein eigenes Schulgebäude erhielt sie 1891 und wurde nun "Königliche Industrieschule" genannt. Dabei erfolgte die Übernahme der Trägerschaft der Schule in die Verwaltung des Staates.

Eine weitere Schule wurde 1899 unter der Bezeichnung "Vogtländische Stickereifachschule" eröffnet. Sie erhielt 1921 die Bezeichnung "Vogtländische Spitzen- und Stickereifachschule".

Abb. 7.6.5.1 Die Königliche Industrieschule in Plauen.

Die Trägerschaft der Schule oblag dem Vogtländisch-Erzgebirgischen Industrieverein, die Oberaufsicht hatte das sächsische Wirtschaftsministerium.

Abb. 7.6.5.2 Die Spitzen- und Stickereifachschule in Plauen.

Eine Fachgewerbeschule für Musterzeichner wurde 1921 errichtet. Sie wurde im Gebäude der Spitzen- und Stickereifachschule untergebracht.

Die "Königliche Industrieschule" wurde 1903 in "Königliche Kunstschule für Textilindustrie" umgewandelt. Zweigabteilungen der Schule entstanden in Falkenstein, Auerbach, Oelsnitz i.V. und Eibenstock. Es war die einzige Kunstschule für Textilindustrie in Deutschland.

Der erste Direktor dieser Schule war Richard Hoffmann. Er starb 1904. Sein Nachfolger wurde Albert Forkel, der zuvor schon Lehrer an der Kunstschule war. Ihm war besonders daran gelegen, Industrieanforderungen mit künstlerischen Belangen in Einklang zu bringen. Forkel starb 1922. Sein Nachfolger wurde Karl Hanusch. Das von Forkel eingeleitete Zusammenwirken von Künstlern und Technikern behielt er bei.

Das Bauhausgedankengut machte sich auch in der Plauener Schule bemerkbar. Schon Forkel hatte Kontakte zum Bauhaus gepflegt. Dadurch geriet die Schule in der Zeit der nationalsozialistischen Herrschaft in Bedrängnis. Hanusch und weitere Lehrkräfte wurden 1933 beurlaubt. Nur knapp entging die Schule ihrer Auflösung. Neuer Direktor wurde 1934 nach einer Übergangszeit Georg Schauer. In dieser Zeit kamen die Vogtländische Spitzen- und Stickereifachschule sowie die städtische Fachgewerbeschule für Musterzeichner unter das Dach der Staatlichen Kunstschule für Textilindustrie.

Das Ende der Staatlichen Kunst- und Fachschule für Textilindustrie kam 1944. Mit der totalen Mobilmachung erfolgte eine Dienstverpflichtung aller Studenten sowie eines großen Teiles des Lehrkörpers in die vogtländische Rüstungsindustrie. Bei einem Bombenangriff kam es 1945 zu einer Totalzerstörung des Gebäudes.

Ein Neubeginn dieser Schule wurde vom DDR-Regime blockiert. Die Begründung hierfür war, dass die Staatliche Kunst- und Fachschule für Textilindustrie als faschistisch-tendenziös zu betrachten sei. Vielleicht wollten die kommunistischen Machthaber auch eine Schule dieser Art im Gebiet der Grenze zur Bundesrepublik Deutschland vermeiden.

Alerdings bestand nach dem Zweiten Weltkrieg einige Jahre die Staatliche Meisterschule für Textilindustrie Plauen/Abteilung Berufsfachschule und Modeschule. Aus dieser ging 1951 eine Textilingenieurschule für Damenoberbekleidung, Spitzen, Stickerei und Bobinetweberei hervor. Die Schule bestand aber nur wenige Jahre. Ihre Aktivitäten wurden von der "Fachschule für Bekleidung Berlin", in der Ingenieure für Bekleidungstechnik ausgebildet wurden, übernommen.

Literatur:

- Eichler, H., Einige interessante Daten aus der Geschichte der vogtländischen Textilindustrie, Textiltechnik 37(1987), S. 87-88
- Flämig, R., Staatliche Kunst- und Fachschule für Textilindustrie 1877-1945 Plauen/Vogtland, Plauen, 1996
- Holtappels, M. u. Parent, T., Am Ende einer Zeit – Die Textilstädte Crimmitschau, Plauen und Forst, Essen, 1997
- Informationen aus dem Stadtarchiv Plauen
- Schuster, H., Plauen als Standort der Textilindustrie, Plauen, 1937

Quelle Abbildungen:

- 7.6.5.1 Flämig, R., Staatliche Kunst- und Fachschule für Textilindustrie 1877/1945, Plauen, 1996, Abb. 14, S. 17
- 7.6.5.2 Flämig, R., Staatliche Kunst- und Fachschule für Textilindustrie 1877/1945, Plauen, 1996, Abb. 15, S. 17

7.6.6 Annaberg-Buchholz

Die Stadt Annaberg-Buchholz im sächsischen Erzgebirge ist 1949 durch den Zusammenschluss der beiden früher selbstständigen Städte Annaberg und Buchholz entstanden. Annaberg und Buchholz haben eine lange textile Tradition aufzuweisen. Schon in der zweiten Hälfte des sechzehnten Jahrhunderts lassen sich in

Annaberg das Klöppeln und die Herstellung von Borten nachweisen.

Annaberg war eine bedeutende Bergbaustadt mit einem beachtlichen Wohlstand. Dort bestand Interesse an aufwändiger Kleidung, die mit Borten, Bändern und Schnüren verziert war. Somit ist es nicht erstaunlich, dass sich die Herstellung von Posamenten, worunter die Artikel für Kleiderverzierungen zu verstehen sind, in Annaberg ansiedelte. Auch in Buchholz entstand diese Fertigung. Sie soll 1598 dort eingeführt worden sein. Je nach Mode erlebte dieses Gewerbe Höhen und Tiefen.

Auch das erzgebirgische Klöppeln könnte seinen Ursprung in Annaberg haben. Dort soll dieses Gewerbe 1561 von Barbara Uttmann eingeführt worden sein. Obgleich dies historisch nicht belegbar ist, scheint aber Annaberg der Ort in Sachsen zu sein, wo zuerst Klöppelspitzen hergestellt wurden. Von hier aus verbreitete sich das Klöppeln über das gesamte Erzgebirge. Im Laufe der Jahre trat Annaberg als Zentrum dieses Gewerbes etwas in den Hintergrund, dafür entwickelte sich dort die Herstellung von Posamenten.

Für ein Gewerbe, das einem großen Teil der Bevölkerung von Annaberg und Buchholz den Lebensunterhalt sicherte, bestand der verständliche Wunsch nach einer soliden Ausbildung der Fachkräfte dieses Gewerbes. So wurde 1859 in Buchholz die Posamentierlehrlingsschule, später als Posamentierschule bezeichnet, gegründet.

Auch die Annaberger Posamentierer erkannten die Notwendigkeit einer Fachausbildung und eröffneten 1888 eine gleichartige Ausbildungsstätte. Sie wurde 1892 als Lehranstalt für erzgebirgische Posamentenindustrie weitergeführt.

Die beiden Schulen in Buchholz und Annaberg bestanden viele Jahre mit ähnlichen Lehrzielen nebeneinander. Erst 1904 kam es zu deren Vereinigung, was vielleicht durch Raumsorgen in beiden Städten ausgelöst wurde. So wurden schon im Jahr der Vereinigung Pläne für einen Neubau für die nun vereinigte Schule erstellt. Der erste Spatenstich hierfür erfolgte am 10.06.1907. Am 04.01.1909 konnte das neue Fachschul-Gebäude seiner Bestimmung übergeben werden.

Nach dem Ersten Weltkrieg trat für die Schule eine kritische Phase ein, da die benötigten finanziellen Mittel nicht ausreichten und die Unternehmen der Stadt und des Umlandes sich nicht als zahlungsfreudig für den Unterhalt der Schule erwiesen. Mit einer Neuregelung für die

Abb. 7.6.6.1 Ansichtskarte aus der Zeit um 1912, die an den Deutschen Posamentier-Verbandstag in Annaberg erinnert. Links unten das Posamentierinnungshaus, rechts das Gebäude der Posamentierfachschule.

7.6.6.2 Gebäude der Posamentierfachschule Annaberg.

finanzielle Ausstattung wurde am 06.01.1926 der Fortbestand zunächst sichergestellt. Nach dem Erlass des Sächsischen Berufsschulgesetzes im Jahr 1921 gab es jedoch immer wieder Bestrebungen, die Posamentenfachschule mit anderen Bildungseinrichtungen zusammenzulegen. 1935 folgte dann die Integration der Fachschule in den Berufsschulverband Obererzgebirge.

Mit der Verstaatlichung aller Betriebe der Posamentenindustrie im Jahr 1972 und deren Eingliederung in einen Volkseigenen Betrieb ergab sich eine neue Situation. Die Berufsschule konnte ihrem Bildungsauftrag nur in geringem Maße gerecht werden und die meist kleinen Betriebe der Posamentenindustrie hatten die Ausbildung des Berufsnachwuchses vernachlässigt. Deshalb wurde von dem nun gegründeten Volkseigenen Betrieb eine Lehrwerkstatt eingerichtet, die am 31.08.1976 ihrer Bestimmung übergeben werden konnte. Sie wurde zu einer Betriebsfachschule weiterentwickelt. Nach dem Ende der DDR wurde das Berufliche Schulzentrum für Wirtschaft, Ernährung und Hauswirtschaft gegründet, wo die Berufs- und die Berufsfachschule auch die Auszubildenden der nach der Wende stark geschrumpften Posamentenindustrie betreut.

Literatur:
- An., 100 Jahre Annaberg-Buchholzer Posamentenfachschule, Annaberg-Buchholz, 2009

Quelle Abbildungen:
- 7.6.6.1 An., 100 Jahre Annaberg-Buchholzer An., 100 Jahre Annaberg-Buchholzer Posamentenfachschule, Annaberg-Buchholz, 2009, S. 25
- 7.6.6.2 Posamentenfachschule, Annaberg-Buchholz, 2009, S.19

7.6.7 Schneeberg

Schneeberg im sächsischen Erzgebirgskreis war eine Bergbaustadt, wo in früheren Jahrhunderten besonders Silber und Zinn, später auch Wismut und Kobalt, abgebaut wurden. Schon zu Beginn des 17. Jahrhunderts etablierte sich dort mit Leinenwebern und Tuchmachern, später auch Posamentierern, ein Textilgewerbe. Das Spitzenklöppeln, das oft die einzige Verdienstmöglichkeit war, wenn der Bergbau stagnierte, kam vermutlich durch Barbara Uttmann ab 1562 in das Erzgebirge und auch nach Schneeberg.

Als private Einrichtung des Gewerbevereins wurde in Schneeberg 1828 eine Sonntagsschule ins Leben gerufen. Hieraus entstand später eine Fortbildungsschule mit einer Zeichenklasse. Auf Drängen des Textilgewerbes gründete der sächsische Staat am 09.01.1881 in Schneeberg die "Königliche Gewerbezeichenschule". Sie bildete eine Art Ergänzung zu der weiter unten genannten Spitzenklöppelmusterschule, da in Schneeberg erkannt worden war, dass für eine Hebung des Niveaus der sächsischen Klöppelspitzen auch gut ausgebildete Dessinateure nötig waren. In der Gewerbezeichenschule wurden die Schüler wöchentlich 4 bis 5 Stunden unterrichtet. Die Schule musste zwei bis drei Jahre besucht werden. Die Gewerbezeichenschule wurde 1907 in "Königliche Zeichenschule für Textilindustrie und Gewerbe" umbenannt. Aus der ehemals königlichen Schule wurde 1918 die "Staatliche Zeichenschule für Textilindustrie und Gewerbe". Die Schule hatte drei Abteilungen, nämlich die Spitzenklöppelabteilung, die Zeichenabteilung und die gewerbliche Abteilung. Die Letztere wurde 1931 aufgelöst, die bis dahin existierende Städtische Spitzenklöppelschule wurde im gleichen Jahr in die Staatliche Spitzenklöppelmusterschule integriert. Die Schließung der Zeichenschule erfolgte 1939.

Als weitere Schule entstand 1878 in Schneeberg auf Initiative des Klöppelschulinspektors Julius Paufler die "Königliche Spitzenklöppelmusterschule". Paufler war damals für die Klöppelschulen des westlichen Erzgebirges verantwortlich. Ihm war bekannt, dass die deutschen Klöppelwaren auf dem Weltmarkt keinen guten Ruf genossen, sie galten zwar als billig, aber auch als schlecht. Paufler sah als Grund hierfür, dass immer die gleichen wenig anspruchsvollen Arbeiten angeboten wurden und dass diese kaum Kontakt zur jeweils gängigen Mode zeigten. Ein weiteres Manko war die Unbeweglichkeit der Kaufleute, in deren Händen der Vertrieb der geklöppelten Ware lag. Die Spitzenklöppelmusterschule in Schneeberg wurde als Fortbildungsschule für Frauen und Mädchen, die bereits eine der Klöppelschulen besucht hatten, konzipiert und geführt. Sie war die Ausbildungsanstalt für die Lehrerinnen an den kleineren sächsischen Klöppelschulen.

In der DDR-Zeit wurde die Spitzenklöppelmusterschule als Fachschule für angewandte Kunst weitergeführt. Die Herstellung von Klöppelspitzen wurde hier weiterhin gelehrt. Nach der Wiedervereinigung wurde diese Schule ein Teil der neu entstandenen Hochschule für Technik und Wirtschaft mit Sitz in Zwickau. In Schneeberg bildete sich der Fachbereich "Angewandte Kunst Schneeberg" dieser Hochschule.

Literatur:
- Unterlagen aus dem Stadtarchiv Schneeberg
- Pönisch, P., Geklöppelte Blüten in Schneeberger Spitze, Grüna, 2004
- Wendler, L., 500 Jahre Schneeberg, 1471-1971 – Aus der Geschichte einer erzgebirgischen Bergstadt, Hainichen, 1971

7.6.8 Zittau

Zittau bildete den Mittelpunkt der Oberlausitzer Textilindustrie. Die älteste belegbare Nachricht über eine dortige Textilfertigung datiert aus 1312. In diesem Jahr kam es in Zittau zur Gründung einer Zunft der Tuchmacher. Es war die erste Textilzunft der Oberlausitz. Zittau dominierte in dieser Region in der Tuchmacherei bis in die erste Hälfte des 15. Jahrhunderts. Danach übernahm Görlitz die führende Rolle auf diesem Gebiet.

Eine Zunftordnung für die Zittauer Leinenweber ist aus 1390 bekannt. Ab etwa 1600 wurde Zittau immer mehr zur führenden Stadt in der Leinengewebeherstellung in der Oberlausitz. Die Tuchmacherei trat gegenüber dem Leinengewerbe und später der Baumwollverarbeitung in den Hintergrund. Der Vertrieb der hergestellten Leinengewebe erfolgte, auch als Exportware, über Nürnberger Handelshäuser.

Die Zittauer Leinenweber erwiesen sich als besonders aggressiv. Öfter zogen sie über die Dörfer der Oberlausitz und zerstörten dort die Webstühle der Dorfweber, um sich deren lästige Konkurrenz vom Halse zu halten.

Der Rückgang des Leinengewerbes und das vermehrte Aufkommen der Baumwolle wurde in der Oberlausitzer Textilregion schon früh wahrgenommen. Schneller als in anderen Leinengebieten erfolgte hier die Umstellung auf Textilartikel aus Baumwolle.

Auch in Sachsen und besonders in der Oberlausitz gab es Versuche zur Gewinnung von Seide. Ein früher Urkundenbeleg hierfür ist aus Zittau aus dem Jahr 1736 bekannt.

Die ersten Versuche zur Mechanisierung der Gewebeherstellung erfolgten in Zittau 1830 mit der Einrichtung einer mechanischen Weberei, aber erst 1847 kam dort das mechanische Weben richtig in Gang. In Zittau entstand durch die

Firma E.F. Seidel 1881 die erste deutsche Ramiespinnerei, die 1889 ihren Betrieb aber wieder einstellen musste.

Große Bedeutung erlangte der Textilmaschinenbau in Zittau. Besonders wurden Veredlungsmaschinen gefertigt. Auch heute existieren dort noch Textilbetriebe in geringem Umfang und den Bau von Textilmaschinen gibt es ebenfalls noch.

Wie in anderen Zentren der Textilindustrie entstand auch in Zittau der Wunsch nach einer auf das Textilwesen ausgerichteten Lehranstalt. Diesem Wunsch wurde mit einer 1898 eröffneten Webschule Rechnung getragen. Die Umbenennung der Lehranstalt in Höhere Fachschule für Textilindustrie in Zittau erfolgte 1921, nachdem auch andere Textilzweige hinzugekommen waren. Fünf Jahre später kam es zu einer weiteren Umbenennung in Sächsische Höhere Fachschule für Textilindustrie.

Das Lehrprogramm der Schule war besonders auf die Baumwollspinnerei sowie auf die Baumwoll- und Leinenweberei ausgerichtet. Auch die Wäscherei fand im Lehrangebot Berücksichtigung. Durch die 1950 erfolgte Konzentration der Textilfachschulen in der ehemaligen DDR kam das Ende der Zittauer Schule. Das Lehrprogramm wurde von der Textilingenieurschule Chemnitz übernommen.

In Zittau gibt es zwar keine textile Fachschulausbildung mehr, aber in der Oberlausitz ist das textile Ausbildungswesen nicht ganz ausgestorben. Im Beruflichen Schulzentrum Löbau wird jungen Fachkräften das für ihre Berufsausübung nötige Fachwissen vermittelt und ihnen die Basis für eine weiterführende Ausbildung sowie für ein Studium auf dem Textilgebiet geboten.

Literatur:
- Nürnberger, F., Geschichte der Oberlausitzer Textilindustrie – von den Anfängen bis zur Gegenwart, Spitzkunnersdorf, 2007
- Taut, O., Die Entwicklung des Textilstandortes Südlausitz, Klepzigs Textil-Zeitschrift 41 (1938), S. 147-150
- Unterlagen aus dem Stadtarchiv Zittau

7.6.9 Großschönau

Großschönau ist eine Gemeinde im Landkreis Görlitz in der Oberlausitz. Die Textilherstellung hat in der Ortsgeschichte von Großschönau eine sehr große Bedeutung, was auch in der Bezeichnung Textildorf zum Ausdruck kommt.

Die Leinendamastweberei nach niederländischem Vorbild soll 1666 von den Brüdern Friedrich und Christoph Lange in Großschönau eingeführt worden sein. Dieses Datum ist zwar nicht ausreichend gesichert, kann aber als sehr wahrscheinlich angenommen werden. Im Gründungsmythos tauchen die beiden Brüder als Zugewanderte, die wegen ihres Glaubens aus Hennersdorf in Schlesien vertrieben worden seien, auf. Dies trifft kaum zu, denn sie waren Söhne des Großschönauer Gärtners Hans Lange, für dessen Herkunft aus Schlesien keine Dokumente existieren. Nicht auszuschließen ist aber, dass sich die beiden Brüder einige Zeit in den Niederlanden aufgehalten haben.

Da sich mit der Damastweberei ein gewinnbringendes Geschäft abzeichnete, folgten bald andere Leinenweber aus Großschönau dem Beispiel der Gebrüder Lange und stellten ihre Produktion auf die Herstellung von Damasten um. Die Leinendamaste aus Großschönau nahmen einen raschen Aufschwung. Schon 1684 wird über deren Export in die Niederlande und nach England berichtet.

Die erste Damastweberordnung wurde 1727 erlassen, sie erhielt 1743 und 1795 Neuauflagen und Verbesserungen. Über sie wachte der Zittauer Magistrat, der seit 1587 die Ortsherrschaft über Großschönau ausübte. Mit diesem hatten die Damastweber von Großschönau ziemliche Probleme. So kam es 1723 wegen der vom Zittauer Magistrat geforderten Abgaben und besonders wegen der Maßnahmen zum Schutz des Know-how zu einem Aufstand. Er wurde mit Hilfe des Militärs, das der sächsische Kurfürst geschickt hatte, niedergeschlagen. Rund fünfzig Rädelsführer erlitten harte Haftstrafen.

Wegen der Exklusivität ihrer Produkte und wegen deren großer Beliebtheit erfreuten sich aber die Großschönauer der besonderen Gunst des sächsischen Königs. Die Landesherren versuchten auch, die Kenntnisse und Fertigkeiten der Großschönauer Damastweber im Lande zu halten und Auswanderungen zu verhindern, was aber nicht gelang. So flohen mehrere Großschönauer nach dem Aufstand von 1723 in das benachbarte Böhmen. Zu einer zweiten großen Auswanderungswelle kam es zwischen 1740 und 1745 nach einer Anwerbung auf Veranlassung des preußischen Königs Friedrich d. Große. Die Damastweber wurden, als die Preußen vorübergehend die Lausitz besetzt hatten, in Schlesien angesiedelt. Eine dritte Auswanderungswelle begann 1756 mit Beginn des Siebenjährigen Krieges und zog sich bis ca. 1800 hin. So kam durch Fachleute aus Großschönau die Damastweberei in andere Leinenregionen Deutschlands.

Mit dem Aufkommen des Jacquardwebstuhles ergab sich für die Damastweber von Großschönau eine neue Herausforderung. Der erste Webstuhl dieser Art wurde dort 1834 von Johann Gottfried Schiffner aufgestellt. Die neue Technik verdrängte den herkömmlichen Zugwebstuhl, der schon zu Beginn des 20. Jahrhunderts als erhaltenswertes Kulturgut galt.

Die früheren Damastweber wandten sich nach der Einführung der Jacquardtechnik mehr und mehr der Frottierweberei zu, deren Beginn mit dem Jahr 1856 angegeben und als deren Pionier Carl Heinrich Schiffner genannt wird. Es war auch der Beginn dieser Webtechnik in Deutschland.

Natürlich ging auch die Mechanisierung des Webens an Großschönau nicht vorbei. Der erste mechanische Webstuhl wurde dort 1884 installiert. Mit dem verstärkten Aufkommen der Frottierweberei ging die Damastweberei in Großschönau zurück. Heute erinnert das Deutsche Damast- und Frottiermuseum an die dortige traditionsreiche Textilfertigung.

Bei dieser überragenden Bedeutung des Textilgewerbes in Großschönau ist es nicht verwunderlich, dass dort der Wunsch nach einer soliden Fachausbildung bestand. Die erste Initiative zur Gründung einer Webschule in Großschönau gab es Ende 1864. Die Schule konnte am 01.05.1866

Abb. 7.6.9.1 Webschule Großschönau in den 1920er Jahren.

eröffnet werden. Die zunächst in gemieteten Räumen untergebrachte Oberlausitzer Webschule erfreute sich einer stetig wachsenden Schülerzahl, so dass 1872 ein eigenes Gebäude bezogen werden musste. Die Oberaufsicht über die Großschönauer Webschule hatte die Königlich Sächsische Staatsregierung, die auch finanzielle Beihilfe leistete. Neben der Webereitechnik und dem Fachzeichnen wurde auch kaufmännischer Unterricht erteilt.

Der eigentliche Träger der Schule blieb der Oberlausitzer Webschulverein. Wegen der während

Abb. 7.6.9.2 Motive aus der Webschule Großschönau auf einer Ansichtskarte aus den 1920er Jahren.

des Ersten Weltkriegs sehr knapp gewordenen finanziellen Mittel vereinigte sich die Oberlausitzer Webschule 1916 mit der Großschönauer Handels- und Gewerbeschule. Das Ende der Oberlausitzer Webschule in Großschönau kam 1931 in der Weltwirtschaftskrise. Sie musste ihre Pforten schließen. Der Lehrkörper wechselte an die Webschule in Seifhennersdorf.

Ein kurzes Aufblühen der früheren Oberlausitzer Webschule gab es in Großschönau in den Jahren des Zweiten Weltkriegs. Sie wurde in dieser Zeit Berufsschule. In den 1950er Jahren entstanden in den volkseigenen Betrieben der ehemaligen DDR technische Betriebsschulen, was zum Ende der Großschönauer Berufsschule führte.

Die lange und beachtenswerte Tradition der Textilfertigung in Großschönau wird nicht nur von dem dortigen Deutschen Damast- und Frottiermuseum gewahrt. Es hat sich auch ein Verein Oberlausitzer Webschule e.V. gebildet. Das frühere Webschulgebäude existiert noch und erfreut sich einer vielfältigen Nutzung. Besonders Jugendliche haben sich für den Erhalt dieses Gebäudes eingesetzt.

Literatur:
- Broschüre "Die Oberlausitzer Webschule" des Vereins Oberlausitzer Webschule
- Nürnberger, F., Geschichte der Oberlausitzer Textilindustrie – von den Anfängen bis zur Gegenwart, Spitzkunnersdorf, 2007
- Raetzer, M., Damast aus Großschönau: Die Produktionsstätte und die dort gewebten Kunstwerke vom 17. bis zum 19. Jahrhundert, Hamburg, 2003

Quelle Abbildungen:
- 7.6.9.1 Verein Oberlausitzer Webschule e.V.
- 7.6.9.2 Verein Oberlausitzer Webschule e.V.

7.6.10 Seifhennersdorf

Seifhennersdorf im Landkreis Görlitz war früher eines der Zentren der Oberlausitzer Textilindustrie. In dem ursprünglich reinen Bauerndorf, das 1974 zur Stadt wurde, fasste die Weberei schon sehr früh Fuß. Einen ersten Hinweis auf die Leinenweberei in Seifhennersdorf findet man 1565. Das Dorf kam 1584 zu Zittau und damit auch unter den Einfluss der dortigen Zünfte, von denen die Weberei auf den Dörfern sehr argwöhnisch beobachtet wurde. Dies führte beispielsweise 1627 zur Zerstörung von Webstühlen in Seifhennersdorf durch Zittauer Zünfte. Neben der Hausweberei entstanden in Seifhennersdorf auch Färbereien und Bleichen. Zur Spezialität der Seifhennersdorfer wurden Wachstücher. Diese Fertigung kann 1761 erstmals nachgewiesen werden. Gegen 1800 kam in Seifhennersdorf die Baumwollverarbeitung auf.

Erste Versuche zur Einführung der mechanischen Weberei durch die Brüder Carl und Ernst Berndt im Jahr 1842 blieben ohne Erfolg. Aus England importierte Webmaschinen, die ersten in der Oberlausitz, wurden von aufgebrachten Webern zerstört und das Fabrikgebäude in Brand gesetzt. Die Brüder Berndt verließen daraufhin Seifhennersdorf und gingen nach Deuben bei Dresden. Danach trat eine Verzögerung der Industrialisierung der Seifhennersdorfer Textilfertigung ein. Ab 1872 arbeiteten aber dann auch in Seifhennersdorf Webmaschinen. Neben der Textilherstellung hatte sich in dem Ort auch eine Konfektionsindustrie etabliert.

Die Bedeutung der Textilindustrie von Seifhennersdorf kam in der 1881 erfolgten Gründung einer Webschule zum Ausdruck. Der Mangel an gut ausgebildeten Fachkräften veranlasste einige weit blickende Unternehmer, diese Schule ins Leben zu rufen und einen Webschulverein zu gründen. Ein eigenes Schulgebäude konnte 1906 bezogen werden. Neben dem Tagesunterricht war es nun möglich geworden, auch Abendkurse einzurichten. Im gleichen Jahr wurde der Webschule eine kaufmännische Fortbildungsschule, die später zur Handelsschule wurde, mit einer zweijährigen Ausbildungszeit angegliedert.

Für die wachsende Schülerzahl wurde der Neubau aber bald zu klein, so dass schon 1911 ein Anbau erfolgen musste. In dem genannten Jahr wurde auch die Ausbildung im Schnittzeichnen und Zuschneiden eingeführt.

Die ursprüngliche Webschule erhielt 1924 die Bezeichnung "Fachschule für Textilindustrie". Sie wurde der Aufsicht des sächsischen Wirtschaftsministeriums unterstellt. Ein neues Schulgebäude wurde 1928 erstellt, die Fachschule für Textilindustrie blieb aber mit ihren Hauptabteilungen in dem bisherigen Gebäude.

Während des Zweiten Weltkriegs wurde die Webschule in der Zeit von 1943 bis Kriegsende als Lazarett der Waffen-SS genutzt. Der Webschulunterricht musste in dieser Zeit in ein anderes Schulgebäude ausweichen. Auch nach der Beendigung des Zweiten Weltkriegs stand die Webschule nicht für textile Unterrichtsaktivitäten zur Verfügung, da das Gebäude bis 1947 die Gemeindeverwaltung Seifhennersdorf aufnehmen musste. Im Rathaus befand sich in dieser Zeit die Sowjetische Kommandantur.

In der DDR-Zeit wurden auch in Seifhennersdorf Betriebsberufsschulen für die textile Ausbildung eingerichtet. Besonders erfolgreichen Absolventen dieser Schulen wurde die Möglichkeit eines Studiums an einer Textilingenieurschule geboten. Mit der Wiedervereinigung und dem extremen Rückgang der Textilindustrie in den neuen Bundesländern endeten auch die Aktivitäten der Betriebsberufsschulen.

Literatur:

- Kunze, H. Festschrift zur Weihe des neuen Schulgebäudes am 25. Februar 1928, Seifhennersdorf, 1928
- Nürnberger, F., Geschichte der Oberlausitzer Textilindustrie – von den Anfängen bis zur Gegenwart, Spitzkunnersdorf, 2007
- Unterlagen aus dem Stadtarchiv Seifhennersdorf

7.6.11 Zschopau

Zschopau im Erzgebirgskreis in Südsachsen hatte früher eine bedeutende Textilindustrie aufzuweisen. Hier findet man schon 1510 Belege für eine Tuchmacherzunft. In einem Dokument aus 1529 werden Strumpfwirker, Leineweber und Zeugmacher genannt. Das Textilgewerbe wurde im 19. Jahrhundert in besonderem Maße durch die Unternehmerfamilie Bodemer geprägt. Johann Jakob Bodemer wurde dadurch bekannt, dass er 1818 einen der ersten mechanischen Webstühle in Deutschland aufzustellen versuchte. Hierbei stieß er auf einen heftigen Widerstand der Leinenweber von Zschopau. Die Zerstörung der Maschine konnte nur durch einen Militäreinsatz verhindert werden. Ein Jahr später erfolgte dann die Gründung einer mechanischen Spinnerei durch Bodemer. Weitere Spinnereien folgten in den 1820er Jahren sowie in der Zeit bis zur Jahrhundertmitte. Neben der mechanischen Garnherstellung und der Erzeugung von Webwaren war auch der Kattundruck ein wichtiger Zweig der Zschopauer Textilindustrie.

Wie in anderen Zentren der Textilindustrie bestand auch in Zschopau der Wunsch nach einer soliden Fachausbildung. So entstand 1867 auf Initiative des Zschopauer Gewerbevereins eine Webschule, die auf einer schon 1833 gegründeten Sonntagsschule aufbaute. Diese war 1876 zur Fortbildungsschule umgewandelt worden. Die neue Webschule, deren Leitung der Gewerbeverein weiterhin wahrnahm, blieb in enger Verbindung mit der Fortbildungsschule. Ein normaler Tagesunterricht wurde nicht erteilt, dieser erfolgte in den Abendstunden und an Sonntagen. Durch die Einführung von Zeichenunterricht wurde die Webschule 1877 zur Web- und Zeichenschule. Sie ging 1881 in die Trägerschaft der Weberinnung über.

Die Webschule fand immer weniger Schüler, so dass sie 1911 geschlossen werden musste. Die Fachzeichenschule wurde in eine Fachgewerbeschule umgewandelt und unter dieser Bezeichnung weitergeführt.

Literatur:
- Brenner, H., Geschichte der Stadt Zschopau, Leipzig, 1989
- Unterlagen aus dem Stadtarchiv Zschopau

7.6.12 Hainichen

Hainichen im weiteren Umland von Chemnitz zählt zu den früheren Textilstädten. Das Bild der Stadt wurde von Tuchmachern und Leinenwebern geprägt. Besonders die Herstellung von Leinengeweben entwickelte sich im Chemnitzer Umland im 15. Jahrhundert zu einem bedeutenden Gewerbe. In Hainichen werden Leinenweber 1456 erstmals urkundlich erwähnt.

Auch die Tuchmacher findet man in Hainichen schon sehr früh. Für sie liegt aus dem Jahr 1481 schon eine Innungsurkunde vor.

In der Zeit der Industrialisierung wurde Hainichen zur Fabrikstadt mit einer umfangreichen Wolle-, Baumwolle- und Leinenindustrie. Durch ihre Flanellstoffe wurde die Stadt besonders bekannt.

Wie in vielen anderen Zentren der Textilindustrie existierte auch in Hainichen eine Webschule, die am 22.03.1853 eröffnet wurde. Die Initiative zur Gründung dieser Schule war von der Weberinnung ausgegangen. Das Lehrprogramm konzentrierte sich zunächst auf die theoretische und praktische Ausbildung von Weber- und Tuchmacherlehrlingen. 1884 wurde die Lehranstalt dann zu einer Textilfachschule unter der Verwaltung der Stadt Hainichen ausgebaut. Sie führte ab 1925 die Bezeichnung "Fachschule für Textilindustrie Hainichen". Gelehrt wurden vor allem Fächer der Webereitechnik unter Einbeziehung der Handweberei, daneben aber Farblehre, Appretur und Technologie der Streichgarnspinnerei. Am 27.04.1938 erfolgte eine Vereinigung der städtischen Handelsschule mit der Webschule. Die erstere wurde 1943 wieder ausgegliedert und in die entsprechende Schule in Frankenberg integriert.

Das Ende der Textilfachschule in Hainichen ist nicht mehr exakt feststellbar. Es dürfte 1950 gewesen sein. Noch 1949 war die frühere Webschule in "Technikerschule für Textilindustrie Hainichen" umbenannt worden. Vermutlich war auch die Hainicher Schule ein Opfer der zentralen Organisation des Fachschulwesens in der ehemaligen DDR, die zu einer Konzentration des textilen Ausbildungswesens an den Standorten Chemnitz, Reichenbach und Forst führte.

Literatur:
- An., 800 Jahre Hainichen – Kleine Stadtchronik – 1185-1985, Hainichen, 1985

7.6.13 Frankenberg

Frankenberg im Umland von Chemnitz zählt zu den bedeutenden sächsischen Textilstädten. Im 15. Jahrhundert entwickelte sich um die Stadt Chemnitz herum ein bedeutendes Leinengebiet, zu dem auch Frankenberg zählte. In dieser Zeit lässt sich dort die Leinenweberei, aus der später die Baumwollweberei hervorging, bereits nachweisen. Daneben existierte auch die Tuchmacherei. Im Zeitalter der Industrialisierung entstand in Frankenberg eine umfangreiche Textilindustrie. An die frühere Bedeutung der Stadt auf diesem Gebiet erinnert dort noch heute ein Webmeisterhaus.

In Frankenberg entstand eine der ältesten Webschulen Deutschlands. Diese Lehranstalt wurde am 25.08.1832 gegründet. Ihre Initiatoren waren der damalige Bürgermeister Pötzler sowie die beiden Webmeister Jonatan Eckardt und Carl Friedrich Schmidt. Die Webschule bestand bis 1913. Danach wurde als Nachfolgeeinrichtung eine Webfachgruppe in die städtische Gewerbeschule eingegliedert.

Literatur:
- Unterlagen aus dem Stadtarchiv Frankenberg

7.6.14 Lengefeld

Lengefeld im mittleren Erzgebirge im Bezirk Chemnitz wird häufig als Bergbaustadt gesehen. Aber für die Stadt hatte auch die Leinenweberei eine erhebliche Bedeutung. So wurden in einer Erhebung des Jahres 1877 dort über 700 Leineweber gezählt. Diese hatten sich damals aber zu einem großen Teil bereits der Baumwollweberei zugewandt. Wie an anderen Orten führte auch in Lengefeld die Einführung der mechanischen Gewebeherstellung zu einem deutlichen Rückgang des handwerklichen Webens.

Bei der großen Bedeutung der Weberei für Lengefeld ist es nicht überraschend, dass dort 1881 eine Webschule entstand. Ihr Ziel war, die berufliche Ausbildung des Webernachwuchses zu fördern. Das Lehrprogramm, das in den Räumen des Rathauses wahrgenommen wurde, sah neben einem theoretischen Webunterricht das Fachrechnen und Fachzeichnen vor. Die jungen Weber wurden über eine Zeit von drei Jahren nebenberuflich in vier bis sechs Wochenstunden unterrichtet.

Wie lange diese Webschule in Lengefeld existierte, konnte nicht ausreichend geklärt werden. Ihre Existenz ist aber zu Beginn des 20. Jahrhunderts noch belegbar.

Interessant ist, dass in Lengefeld auch eine Klöppelschule existierte, die aber in neuerer Zeit völlig in Vergessenheit geraten war. Erst 1997 fand man bei der Öffnung der Kirchturmkugel ein Dokument aus dem Jahr 1834, das von dem Kaufmann Gottlob Friedrich Demler verfasst worden war und das über diese Klöppelschule berichtete.

Die Lengefelder Klöppelschule war 1825 durch den dort ansässigen Rittergutsbesitzer August Hänel gegründet und mit den nötigen Gerätschaften ausgestattet worden. In dieser Schule war eine Klöppellehrerin tätig, die ebenfalls von Hänel besoldet wurde.

Weshalb dieser Klöppelschule nur eine beschränkte Lebenszeit beschieden war, ist nicht ausreichend geklärt. Einer der möglichen Gründe könnte die starke Zunahme der Weberei in der ersten Hälfte des neunzehnten Jahrhunderts sein, so dass auch Hilfskräfte bei den Webmeistern Beschäftigung finden konnten und an der Herstellung von Klöppelspitzen kein Interesse mehr bestand.

Literatur:
- Rother, R., Zwischen Föhastrom und Heinzewald – Kulturgeschichtliche Streifzüge durch die Vergan-

genheit der Stadt Lengefeld im Erzgebirge, Lengefeld, 1935

- Unterlagen aus dem Stadtarchiv Lengefeld

7.6.15 Mittweida

Mittweida, eine Stadt im Landkreis Mittelsachsen, hat eine beachtenswerte textile Tradition aufzuweisen. Schon im Mittelalter gab es dort die Tuchmacherei und die Leinenweberei. Mit der Gründung einer mechanischen Spinnerei im Jahr 1816 begann der Aufstieg Mittweidas zu einer der bedeutendsten Textilstädte Sachsens.

In diesem Zentrum der Textilindustrie war der Wunsch nach einer guten Ausbildung der dort tätigen Fachkräfte nahe liegend. Die Aktivitäten hierfür begannen schon 1837 mit der Gründung einer Webschule und 1845 einer Gewerbezeichenschule. Einen wichtigen Impuls erhielten diese Aktivitäten 1891 mit der Gründung einer Fachzeichenschule. Die Trägerschaft für diese zunächst als Privatschule ins Leben gerufene Schule wurde noch im Gründungsjahr vom Gewerbeverein Mittweida übernommen und der Oberaufsicht des sächsischen Innenministeriums unterstellt. 1906 wurde die Fachzeichenschule aufgelöst und als Nachfolgeeinrichtung wenige Wochen später die "Gewerbliche Fortbildungsschule" gegründet.

Schon 1837 war in Mittweida eine kleine Webschule zur Weiterbildung von Lehrlingen und Gesellen unter der Trägerschaft der Weberinnung gegründet worden. Der Schulleiter war der jeweilige Innungsobermeister. Ab 1875 wurde die Schule von einem Weblehrer geleitet. Die Ausbildung wurde für Weber, die zu Meistern werden wollten, wahrgenommen. Daneben nahmen aber auch Kaufleute aus den Textilunternehmen am Unterricht teil. 1921 wurde die Webschule an die Gewerbliche Fortbildungsschule angegliedert.

Zur Förderung dieser Schule entstand 1922 der Gewerbe- und Webschulverein, der danach die Entwicklung der Gewerbe- und Fachschule für Textilindustrie genannten Bildungseinrichtung maßgebend beeinflusste.

Das Ende der Textilfachschule Mittweida konnte nicht genau festgestellt werden. Dokumentarisch belegt ist sie noch für das Jahr 1930. Der weitere Verlauf ist allerdings unklar. Sie dürfte spätestens in der Zeit um 1950 durch die Bestrebungen der DDR-Regierung zur Konzentration des Fachschulwesens aufgelöst worden sein.

In Mittweida war schon 1865 das so genannte Uhlandsche Technikum, eine Maschinenbauschule, gegründet worden. Aus ihr gingen Maschinenbauingenieure hervor. Die Elektrotechnik und damit die Ausbildung von Elektroingenieuren kamen 1890 in das Lehrprogramm. Den Status einer Ingenieurhochschule erhielt die Mittweidaer Schule 1969. Obgleich Mittweida als Zentrum der Textilindustrie betrachtet werden kann, scheint der Textilmaschinenbau in dieser Lehranstalt kaum Bedeutung gehabt zu haben.

Literatur:

- Domschke, J.P. et al., Vom Technikum zur Hochschule – 125 Jahre technische Bildung in Mittweida, Mittweida, 1992
- Unterlagen aus dem Stadtarchiv Mittweida

7.6.16 Oederan

Die ehemalige Bergbaustadt Oederan in Mittelsachsen hatte bereits im späten Mittelalter ein bedeutendes Textilgewerbe mit Tuchmachern und Leinewebern aufzuweisen. Bis in die

Zeit der Industrialisierung waren diese beiden handwerklichen Fertigungen nach dem Rückgang des Bergbaus die Haupterwerbsquellen der Stadt. Oederan verdankt dem Textilgewerbe seine wirtschaftliche Blütezeit.

In der Zeit der Industrialisierung entstand 1811 die erste Spinnerei mit wassergetriebenen Mules in Wegefarth bei Oederan. Im der Zeit der nationalsozialistischen Regierung wurde in Oederan auch der Seidenbau betrieben. In neuerer Zeit ist Oederan durch das 2006 erstmals veranstaltete Weberforum für Handweberei bekannt geworden. Im Rathaus von Oederan befindet sich ein Museum für Weberei.

In dieser von dem Textilgewerbe und der Textilindustrie stark dominierten Stadt bestand schon früh der Wunsch nach einer Ausbildungsstätte für die benötigten Fachkräfte. So entstand in Oederan schon 1854 eine Webschule. Sie war gemeinsam von den Innungen der Tuchmacher und Leineweber errichtet worden und hatte ihren ersten Standort im Webermeisterhaus. Die Lehrlinge beider Innungen waren verpflichtet, die Schule zwei Jahre lang zu besuchen. Der Nachweis der bestandenen Prüfung war eine Voraussetzung für die ordnungsgemäße Beendigung der Lehrzeit.

Abb. 7.6.16.1 Zeugnis der Webschule Oederan aus dem Jahr 1876.

Wie lange die Webschule von Oederan existiert hat, konnte nicht geklärt werden. Die vorhandenen Unterlagen stammen ausnahmslos aus dem 19. Jahrhundert, so dass angenommen werden muss, dass diese Lehranstalt schon zu Beginn des 20. Jahrhunderts nicht mehr bestanden hat. In einem Verzeichnis der Fachschulen aus dem Jahr 1915 ist für Oederan nur eine Handelsschule, aber keine Webschule erwähnt.

Literatur:
- An., Unsere Fachschulen, Stuttgart, 1915
- Ulbricht, W., Beiträge zur Geschichte der Stadt Oederan 1190-2007, Band 4, Oederan, 2009
- Unterlagen aus dem Stadtarchiv Oederan

Quelle Abbildung:
- 7.6.16.1 Stadtarchiv Oederan

7.6.17 Crimmitschau

Zu den frühen Textilzentren Sachsens zählt auch die Stadt Crimmitschau. Die ersten Spuren der dortigen Textilfertigung findet man 1429 in Form der Innungsartikel der Crimmitschauer Tuchmacher. Das Wollgewerbe dominierte das Textilwesen der Stadt. Hier wurde noch vor dem Aufkommen der Maschinen die Herstellung von Streichgarnen auf Spinnrädern eingeführt, womit die Möglichkeit der Verarbeitung billigerer Wollen gegeben war. Bekannt wurde Crimmitschau durch die so genannten Halbtuche aus Wolle und Baumwolle.

Die erste mechanische Spinnerei entstand in Crimmitschau zu Beginn des 19. Jahrhunderts, die erste Dampfmaschine wurde 1824 installiert. Der Fabrikant Bergner versuchte 1848, die ersten mechanischen Webstühle in Crimmitschau aufzustellen, scheiterte aber am Widerstand der Weber. Erst ein Jahrzehnt später kamen dann Web-

HANDWERKLICHE WEBSCHULEN

Abb. 7.6.17.1 Oehlersche Fabrik, gegründet 1748 von David Friedrich Oehler in Crimmitschau, eines der bedeutendsten Unternehmen der Stadt. Lithographie aus der Zeit um 1860.

maschinen in die dortige Textilindustrie. Um die Wende zum 20. Jahrhundert arbeitete dort kein Handwebstuhl mehr.

Wegen der hohen Zahl von Textilfabriken wurde Crimmitschau oft als kleines Manchester bezeichnet. Die Stadt hat auch als Zentrum der frühen Arbeiterbewegung eine Bedeutung erlangt. Schon ab 1871 gab es in Crimmitschau mehrere kleine Streiks, die meistens nur einzelne Firmen betrafen. Besonders bekannt wurde die Stadt aber durch einen der größten Textilarbeiterstreiks. Dieser begann am 22.08.1903 und hatte die Einführung des Zehnstundentages sowie eine zehnprozentige Lohnerhöhung zum Ziel. Der Streik dauerte bis zum 18.01.1904, ohne dass das Streikziel erreicht worden war.

Das Wort "Crimmitschau" verkörpert in der Arbeiterbewegung ein Symbol und einen Mythos. Andere große Streiks blieben in dessen Schatten. An die große Textiltradition von Crimmitschau erinnert heute das dortige Westsächsische Textilmuseum, das in der 1859 von Friedrich Pfau als Handweberei gegründeten Firma eingerichtet wurde. Aus dieser hatte sich im Laufe der Zeit eine Tuchfabrik entwickelt.

In dieser Stadt mit einer bedeutenden Textilfertigung bestand der verständliche Wunsch nach einer soliden Berufsausbildung des Handwerkernachwuchses. So wurde 1854 durch den Crimmitschauer Gewerbeverein eine so genannte Musterschule gegründet, deren Aufgabe es war, Weberlehrlinge in das Wesen der Musterweberei einzuführen. Diese als Sonntagsschule betriebene Lehranstalt musste aber 1862 wieder geschlossen werden.

Schon ein Jahr später wurde ein neuer Anlauf unternommen, als ein Verein mit dem Namen "Webmeisterschule" ins Leben gerufen wurde. Unter dem gleichen Namen wurde eine Lehranstalt gegründet. 1867 ging sie in die Trägerschaft des Crimmitschauer Fabrikantenvereins über.

Der Lehrstoff, der in der Anfangszeit auf das Musterzeichnen und Musterausnehmen konzentriert war, erfuhr von Jahr zu Jahr eine Erweiterung. Die ersten Webmaschinen wurden 1873 installiert. Fachrechnen und Buchführung kamen 1876 in den Lehrplan.

Abb. 7.6.17.2 Modell der Spinnerin vom Marktbrunnen in Crimmitschau aus der Zeit um 1920. Die Urform der Spinnerin des Brunnenstandbildes, die bei der Bevölkerung Crimmitschavia hieß, wurde 1876 feierlich enthüllt. Sie war das Symbol für die aufblühende Industrie von Crimmitschau.

Die Schule musste mehrere Umzüge hinter sich bringen, da sich schon nach kurzer Zeit die angemieteten Räume immer wieder als zu klein erwiesen. Erst 1889 konnte ein eigenes Gebäude bezogen werden.

Eine Appreturschule wurde 1886 eröffnet, sie wurde an die Webschule angegliedert und führte zu der neuen Bezeichnung "Web- und Appreturschule". Eine Abteilung für Tuchstopferinnen wurde 1909 gegründet und der Schule angegliedert. Der Färbereiunterricht wurde 1925, der Spinnereiunterricht 1926 eingeführt.

Die Schule wurde weiterhin als Abend- und Sonntagsschule mit 6-10 Unterrichtsstunden pro Woche geführt. Für den Fachbereiche Weberei und Färberei dauerte die Ausbildung drei Jahre, für die Fachbereiche Appretur und Stopferei je ein Jahr. Der Unterricht an Sonntagen musste 1920 in Folge einer Anweisung des sächsischen Wirtschaftsministeriums eingestellt werden, so dass die Schule nur noch als Abendschule weitergeführt werden konnte.

Der Crimmitschauer Textilarbeiterstreik von 1903/04 blieb auch auf die dortige Textilfachschule nicht ohne negative Auswirkungen. Aus einem Bericht des Direktors der Schule geht hervor, dass "die Disziplin nur durch strenge Handhabung der Schulordnung aufrechterhalten werden konnte". Die Zahl der Schüler sank in dieser Zeit und danach, da manche potenziellen Interessenten auswärts Arbeit gefunden hatten oder in andere Berufe übergewechselt waren.

Wie lange die Crimmitschauer Textilfachschule existierte, konnte leider nicht ermittelt werden. Noch in den mittleren 1920er Jahren findet man in den Akten des Crimmitschauer Stadtarchivs vereinzelte Hinweise auf diese Lehranstalt. In dieser Zeit muss sie also noch bestanden haben. Über den weiteren Verlauf ist aber nichts bekannt.

Literatur:
- Buttler, A., Die Textilindustrie in Crimmitschau und die soziale Lage ihrer Arbeiter, Diss. Jena, 1920
- Holtappels, M. u. Parent, T., Am Ende einer Zeit – Die Textilstädte Crimmitschau, Plauen und Forst, 1997
- Lassotta, A., Röver, H., Schultes, A. u. Steinborn, V., Streik Crimmitschau 1903 – Bocholt 1913, Essen, 1993
- Ober, P. u. Bergler, A., Textilarbeiter um 1900 – Arbeit, Alltag, Streik, Crimmitschau, 2003
- Unterlagen aus dem Stadtarchiv Crimmitschau

Abbildungen:
- 7.6.17.1 Lassotta, A., Röver, H., Schultes, A. u. Steinborn, V., Streik Crimmitschau 1903 – Bocholt 1913, Essen, 1993, S. 128
- 7.6.17.2 Lassotta, A., Röver, H., Schultes, A. u. Steinborn, V., Streik Crimmitschau 1903 – Bocholt 1913, Essen, 1993, S. 130

7.6.18 Glauchau

Glauchau im Landkreis Zwickau wurde besonders in der Zeit der Industrialisierung zu einem bedeutenden Textilstandort. Schon um 1400 findet man dort die erste Erwähnung von Tuchmachern. Das Gewerbe könnte durch Zuwanderer in die Stadt gebracht worden sein. Später lassen sich in Glauchau Zünfte von Tuchmachern nachweisen. Sie verarbeiteten die Wolle der heimischen Schäfereien und fertigten zunächst besondern für den heimischen Markt.

Eine größere Bedeutung als die Tuchmacher hatten die Leinenweber für die gewerbliche Entwicklung von Glauchau. Deren Innung ist in Glauchau erstmals für 1528 belegt.

Zu Beginn des 17. Jahrhunderts entstand mit der so genannten Wollzeugmanufaktur neben der Tuchmacherei und neben der Leinenweberei ein neuer Gewerbezweig, der von eingewanderten Fachleuten aus den Niederlanden eingeführt wurde. Sie brachten die Erfahrung in der Herstellung leichterer Wollgewebe aus Kammgarnen mit. Besonders Leinenweber nahmen die neue Fabrikation auf.

Um 1750 kam in Glauchau die vorher schon existierende Kattunweberei, also die Herstellung von Baumwollgeweben, sehr stark auf. Um 1800 gingen die Glauchauer Weber mehr und mehr zur Buntweberei, die später eine Spezialität von Glauchau wurde, über.

Der Nachteil von Glauchau war in den früheren Jahrhunderten, dass die großen Handelsstraßen an der Stadt vorbei führten. Dies änderte sich in den 1850er Jahren mit dem Anschluss an die Eisenbahn, womit eine wichtige Voraussetzung für eine Industrialisierung geschaffen worden war.

Der erste Jacquardwebstuhl kam 1838 durch Johann Werner nach Glauchau, ab 1849 findet man dort schon Webstühle dieser Art in größerer Zahl. Die ersten mechanischen Webstühle wurden 1864 bei der Firma Seydel u. Söhne in Glauchau aufgestellt. Den Hauptzweig der Textilindustrie bildete die Weberei in dieser Stadt, daneben entwickelte sich auch die Textilveredlung. Die Spinnerei war von geringerer Bedeutung.

Das in Glauchau stark vertretene Textilgewerbe ließ dort schon früh den Wunsch nach einer guten Fachausbildung aufkommen. Die Initiative hierfür ergriff der Kaufmann Carl Eurich, dem es gelang, die Glauchauer Webwarenhersteller für die Gründung einer Schule zu interessieren. So entstand 1849 aus einer Sonntagsschule eine erste Webschule in Glauchau mit zuerst 12 Schülern.

In Glauchau existierte ein Arbeiterverein, der vorwiegend aus Webergesellen bestand. Er wurde nach den Unruhen von 1848 aufgelöst. Ein neuer Verein wurde danach mit der Bezeichnung "Erholung" gegründet. Dieser gründete 1850 die Vereinigte Weberschule. Hier wurde besonders Unterricht im Musterberechnen, Musterzeichnen und Singen erteilt. Die praktische Unterweisung erfolgte an zwei Handwebstühlen. Nur Webergesellen hatten Zugang zu dieser Schule. Die pädagogische Bedeutung dieser Lehranstalt wird aber als gering eingeschätzt, trotzdem soll ein reger Zugang stattgefunden haben. Die Bevölkerung sah den Verein der Webergesellen wohl in erster Linie als einen Vergnügungsverein.

Beide Schulen waren zunächst private Einrichtungen und wurden auf Vereinsbasis geführt. 1860 erfolgte deren Vereinigung zur Höheren Webschule zu Glauchau. Nun engagierten sich neben der Weberinnung und der Industrie auch die Stadt und der Staat bei der Finanzierung der Schule. In der ursprünglich nur für die Meisterausbildung vorgesehenen Schule, die 1904 in die Trägerschaft der Stadt überging, entstanden später auch Lehrlingsklassen.

Da neben den Webern auch Färber und Appreteure ihre Ausbildung in der Glauchauer Schule erhielten, wurde diese 1927 zur "Fachschule für Textilindustrie". Nachdem am 13.04.1945 Glauchau von amerikanischen Truppen besetzt worden war, erfolgte eine Schließung der Schule. Nach dem Übergang auf die sowjetische Besatzungsmacht wurde die Schule am 01.10.1945 wieder geöffnet. Ihr Ende kam 1950 mit der Neuordnung des Fachschulwesens in der früheren DDR. Alle Textillehrwerkstätten gingen in die Trägerschaft der volkseigenen Betriebe über.

Literatur:
- Demmering, G., Die Glauchau-Meeraner Textil-Industrie, Diss. Würzburg, 1928
- Müller, H.O., 1860-1910 König-Friedrich-August-Schule, Abt. Höhere Webschule zu Glauchau, Glauchau, 1910
- Unterlagen aus dem Archiv des Landkreises Zwickau

7.6.19 Meerane

Meerane im Landkreis Zwickau hatte früher eine bedeutende Textilindustrie aufzuweisen. Es war einer der Hauptorte im westsächsischen Webereidistrikt. Die Spinnerei hatte hier eine untergeordnete Bedeutung. Die Textilindustrie in Meerane basierte auf dem alten Handwerk der Tuchmacher und besonders der Leineweber. Gegen Ende des 17. Jahrhunderts kam, vermutlich durch Zuwanderer aus den Niederlanden, die Herstellung von wollenen Kammgarngeweben dazu. Sie fand besonders bei den Leinewebern, die sich nun dieser Fertigung zuwandten, Anklang. Den ersten Baumwollweber findet man 1778 in Meerane. Die mechanische Weberei kam hier etwas langsamer als in anderen Regionen in Gang. Deren Beginn vollzog sich Anfang der 1860er Jahre.

Die große Bedeutung der Weberei in dieser Stadt äußerte sich 1852 in der Gründung einer Webschule. Es handelte sich in der Anfangszeit um eine Sonntagsschule, die den in der Weberei tätigen jungen Leuten eine fachgewerbliche Ausbildung bot. Die Schule wurde als Privatanstalt geführt, erfreute sich aber der Förderung durch den sächsischen Staat. Wie in vielen anderen Schulen auch, erfolgte die Ausbildung zunächst in der Handweberei.

Anfang der 1870er Jahre verbreiterte sich die Basis für die finanzielle Unterstützung der Schule durch die Einbeziehung der am Ort ansässigen und auch auswärtiger Industrie. Diese neuen Haushaltsmittel ermöglichten 1874 die Errichtung eines eigenen Gebäudes. Die Schule wurde nun auch als Berufsschule anerkannt, dies bedeutet, dass der Besuch der Schule der staatlichen Fortbildungsschulpflicht genügte und Absolventen der Webschule von dieser Schulpflicht befreit wurden. In dieser Zeit war auch bereits die mechanische Weberei in den Ausbildungsplan aufgenommen worden. Ein weiterer Neubau der Schule erfolgte 1892.

Die Meeraner Webschule blieb bis zur Wiedervereinigung der beiden deutschen Staaten eine Berufsschule für Lehrlinge der Textilindustrie. Danach wurde sie das "Berufliche Schulzentrum für Wirtschaft und Sozialwesen" und bot nun auch die Möglichkeit des Ablegens des Fachabiturs.

Literatur:
- Demmering, G., Die Glauchau-Meeraner Textil-Industrie, Diss. Würzburg, 1928
- Unterlagen aus dem Heimatmuseum Meerane

7.6.20 Hohenstein-Ernstthal

Hohenstein-Ernstthal im Landkreis Zwickau ist durch den 1898 vollzogenen Zusammenschluss der Städte Hohenstein und Ernstthal entstanden. In der früheren Bergbaustadt Hohenstein sind 1517 erstmals Leinenweber nachweisbar. Das Textilgewerbe der Stadt erfuhr Anfang des 18. Jahrhunderts mit den Strumpfwirkern eine Ausweitung. Die Textilindustrie nahm im letzten Drittel des 19. Jahrhunderts in Hohenstein einen starken Aufschwung. Durch die Wirkerei entstanden auch Maschinenfabriken. So etablierten sich um 1880 Wirknadelfabriken sowie Unternehmen des Wirkmaschinenbaus.

Wie in anderen Zentren der sächsischen Textilindustrie bestand auch in Hohenstein, ebenso wie in Ernstthal, der Wunsch nach einer soliden Ausbildung und Weiterbildung der Fachkräfte. So gab es 1888 in Hohenstein schon eine gewerbliche Fortbildungsschule, in der auch Webunterricht erteilt wurde und Webstühle aufgestellt waren. Eine entsprechende schulische Einrichtung dürfte es auch in Ernstthal gegeben haben, denn nach dem 1898 erfolgten Zusammenschluss der beiden Städte wird auch von einer Vereinigung der beiden Webschulen berichtet. Die Trägerschaft dieser neuen Schule ging vom Gewerbeverein auf die Stadt über. Zu den bis dahin für den Unterricht lediglich installierten Handwebstühlen kamen nun auch Webmaschinen.

Die rückläufige Zahl der Weberei-Schüler und das starke Aufkommen der Wirkwarenindustrie in Hohenstein-Ernstthal machte eine Ausbildungsmöglichkeit für Lehrlinge aus dem Wirkereibereich erforderlich. Dies führte 1907 zur Einführung einer Wirkereifachklasse und ein Jahr später zur Einrichtung einer Lehrwerkstätte mit Wirkereimaschinen.

Bis 1912 war die textile Fachausbildung Teil der Gewerblichen Fortbildungsschule. Danach erfolgte eine Trennung dieser Lehranstalt in eine Handelsschule, eine Gewerbeschule und eine Web- und Wirkschule. Eigene Räume erhielt die letztgenannte Schule erst 1919. In der Zwischenzeit hatte sie auch einen beachtenswerten Aufschwung genommen. Allerdings konnte erst 1920, nach der Einstellung eines geprüften Weblehrers, der Tagesunterricht eingeführt werden. Zu diesem Weblehrer kam drei Jahre später auch ein hauptamtlicher Wirklehrer. Aber Abendkurse zur Weiterbildung der Weber und Wirker wurden weiterhin angeboten.

Am 01.01.1925 erhielt die Schule die Bezeichnung "Fachschule für Textilindustrie Hohenstein-Ernstthal". Wie lange diese Lehranstalt bestand, konnte nicht exakt festgestellt werden. Im Stadtarchiv von Hohenstein-Ernstthal existieren für 1949 noch Unterlagen, zu dieser Zeit muss die Schule also noch existiert haben. Als nahe liegend darf vermutet werden, dass auch für die Schule von Hohenstein-Ernstthal in der Zeit um 1950 das Ende eintrat. In dieser Zeit vollzog die damalige DDR-Regierung eine Neuordnung des Fachschulwesens mit einer Konzentration der textilen Fachschulen in Chemnitz, Forst und Reichenbach. Diese Neuordnung hatte die Schließung einer Reihe von sächsischen Textilfachschulen zur Folge, was vermutlich auch für die Fachschule für Textilindustrie von Hohenstein-Ernstthal gilt.

Literatur:
- Hallmann, W., Hohenstein-Ernstthal, Sachsen, in alter Zeit, Horb, 1991
- Unterlagen aus dem Stadtarchiv Hohenst.-Ernstthal

7.6.21 Mülsen

Die Gemeinde Mülsen im Kreis Zwickau ist durch ihre ungewöhnliche Längsausdehnung bekannt.

In Mülsen hatte sich in der Zeit der Handfertigung ein umfangreiches Webereigewerbe herausgebildet. Nach der Einführung der mechanischen Weberei entstand hier eine bedeutende Textilindustrie.

Wie in vielen anderen Zentren, bestand auch in Mülsen der Wunsch nach einer Stätte guter Berufsausbildung. Auch hier war es eine Privatinitiative, die 1869 zur Gründung einer Webschule führte. Besonders machte sich hierbei Jonathan Günther (1847-1924), ein damals zweiundzwan-

Abb. 7.6.21.1 Webschule von Mülsen aus der Zeit um 1930.

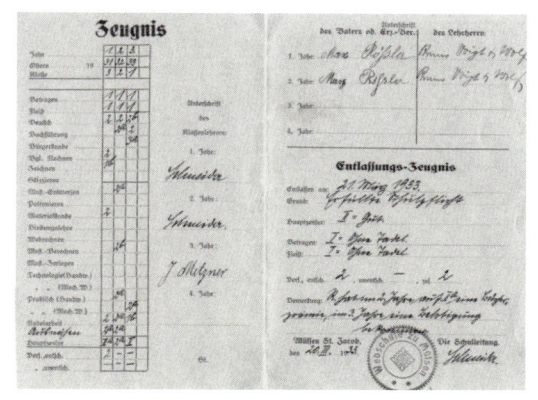

Abb. 7.6.21.2 Zeugnis der Webschule Mülsen aus dem Jahr 1934.

zigjähriger Weber verdient. Günther betätigte sich auch als Lehrer an dieser Schule. Zu einer öffentlichen Einrichtung wurde die Mülsener Webschule am 19.11.1871. Mit Dr. Auster war es auch in Mülsen ein Pfarrer, der sich um die Entstehung dieser Bildungseinrichtung sehr bemüht hat.

Dank des guten Geschäftsganges der Weberei in den 1870er Jahren, konnte die Webschule 1874 ein eigenes Gebäude beziehen. Aber auch dieses wurde bald zu eng, so dass 1889 ein weiteres neues Gebäude entstand. Neben der Handweberei wurde auch die mechanische Weberei in das Lehrprogramm aufgenommen.

Die Mülsener Webschule bestand als Teil der Verbandsberufsschule bis zum Jahr 1949. Danach ging die Ausbildung des Berufsnachwuchses auf einzelne Betriebe über. So entstand 1952 in Mülsen St. Micheln ein Lehrkombinat.

Heute bemüht sich der Heimatverein Mülsen St. Jacob in vorbildlicher Weise um die Wahrung der Webereitradition des Mülsengrundes und auch um das Andenken an die ehemalige Webschule.

Literatur:
- Junge, E., Die Webschule in Mülsen St. Jacob, Glückauf 110(1999), Heft 11, S. 256-257
- Sachse, O.M., Zur Entstehung der Webschule, Wirtschaftlicher Wegweiser für den gesamten Mülsengrund, März 1931
- Unterlagen vom Heimatverein Mülsen St. Jacob

Quelle Abbildungen:
- 7.6.21.1 Heimatverein Mülsen St. Jacob
- 7.6.21.2 Heimatverein Mülsen St. Jacob

7.6.22 Werdau

Werdau im Landkreis Zwickau hatte früher eine umfangreiche Textilindustrie aufzuweisen. Die Lage an der früheren Handelsstraße Reichenbach-Leipzig war für die wirtschaftliche Entwicklung der Stadt von großer Bedeutung. Bereits im 14. Jahrhundert bildete sich Werdau zu einem Zentrum der Tuchmacherei heraus. Die erste Innungsordnung dieser Berufsgruppe ist aus 1591 bekannt. Ende des 17. Jahrhunderts kamen zu den Tuchmachern die Zeug- und Leinenweber, die 1712 eine Zunftordnung erhielten.

Mit der Industrialisierung entstand im 19. Jahrhundert eine bedeutende Textilindustrie. Die erste mechanische Spinnerei, die noch mit einem Göpelantrieb arbeitete, entstand 1807. Die erste Dampfmaschine kam 1835 nach Werdau, die mechanische Weberei wurde ab 1857 eingeführt.

Wie in anderen Textilzentren bestand auch in Werdau der Wunsch nach einer soliden Fachausbildung. So war dort bereits 1837 eine Gewerbeschule entstanden, die zunächst als Sonntagsschule betrieben wurde. An dieser unterrichteten auch Tuchmachermeister. 1865 wurde daraus eine Webschule, in der ebenfalls nur sonntags unterrichtet wurde. Den Weber- und Tuchmacherlehrlingen wurde der Besuch dieser Schule im letzten Lehrjahr als Pflicht auferlegt. Daneben besuchten auch Gesellen und junge Meister die Lehranstalt.

Der Übergang auf eine Abendschule erfolgte 1868 und 1874 wurde dank der Initiative von Werdauer Unternehmern daraus eine Tagesschule. Ab dieser Zeit wurde sie als Web- und Fabrikantenschule bezeichnet. Sie erhielt 1883 den Status der "Höheren Webschule". Ein eigenes Schulgebäude wurde 1901 errichtet und ein Jahr später seiner Bestimmung übergeben. Die Schule ging 1909 in die Trägerschaft der Stadt Werdau über.

Der Rückgang der Weberei und die zunehmende Bedeutung der Spinnerei in Werdau erforderte eine Änderung des Lehrprogramms. Aus der "Web- und Fabrikantenschule" wurde deshalb 1913 die "Städtische Spinn- und Webschule". Eine Initiative aus dem Jahr 1924 zu einer Umwandlung der Schulbezeichnung in "Fachschule für Textilindustrie" hatte allerdings keinen Erfolg.

7.6.22.2 Gustav Hermann Oelsner

Eine bedeutende Persönlichkeit war Gustav Hermann Oelsner (1845-1912) für die Werdauer Textilschule. Der gebürtige Hohensteiner war schon im Alter von 16 Jahren Lehrer an der Hohensteiner Webschule. Nach einer Reihe verschiedener Tätigkeiten kam er 1869 an die Werdauer Webschule. Durch seine Publikationen hat Oelsner, der eigentlich Tuchmachermeister war und der 1911 zum Professor ernannt wurde, das textile Fachschulwesen in Deutschland nachhaltig beeinflusst.

Nach dem Zweiten Weltkrieg wurde die Spinn- und Webschule 1946 aufgelöst. Es entstand eine Berufsschule, in die auch die ehemalige Handelsschule einbezogen wurde.

Literatur:

- Fritzsche, R., Werdau und seine Industrie, Werdau, 1936
- Kreßner, O., Aus der Geschichte einer Werdauer Bildungseinrichtung, Werdauer Stadtanzeiger 4(1997), H. 29, S. 14-15
- Unterlagen aus dem Stadtarchiv Werdau

Quelle Abbildungen:

- 7.6.22.1 Fritzsche, R., Werdau und seine Industrie, Werdau, 1936, S. 130
- 7.6.22.2 Fritzsche, R., Werdau und seine Industrie, Werdau, 1936, S. 120

Abb. 7.6.22.1 Webschule von Werdau in den 1930er Jahren

7.6.23 Lichtenstein

Die Stadt Lichtenstein im Landkreis Zwickau war früher durch ihre Textilindustrie sehr bekannt. Bis zum Aufkommen der Fabriken prägten die Zünfte das Wirtschaftsleben der Stadt. Eine Tuchmacherinnung ist aus 1587 belegt. Die Tuchmacher wurden später von der Weberzunft aufgenommen. Eine Zunft der Kleidermacher, die 1755 in Schneiderzunft umbenannt wurde, bestand seit 1613. An Mitgliedern sehr stark war die 1669 gegründete Weberzunft. Eine eigene gleichartige Zunft hatte Callnberg, das später in Lichtenstein eingemeindet wurde.

Zu Beginn des 19. Jahrhunderts entstanden in Lichtenstein kleine Spinnereien, die aber noch mit Handantrieb arbeiteten und nicht bestehen konnten. Die Handweberei konnte sich, besonders in Callnberg, bis zum Beginn des 20. Jahrhunderts halten, musste aber dann der maschinellen Gewebeherstellung weichen.

Um die Mitte des 19. Jahrhunderts kam vermehrt die Herstellung von Maschenwaren in Lichtenstein auf. Sie wurde ein bedeutender Gewerbezweig für die Stadt. Bis etwa 1880 arbeiteten die Hersteller von Maschenwaren auf Handkulierstühlen. Danach begann auch in diesem Gewerbe die Maschinenfertigung und der Übergang auf den Fabrikbetrieb.

Die Gründung einer Gewerbeschule, die besonders von der Weberzunft mit ihren vielen Lehrlingen gefördert wurde, erfolgte 1858 in Lichtenstein. Die Schule bestand bis zur Einführung der Pflichtfortbildungsschule im Jahr 1873. Im gleichen Jahr entstand die eigentliche Textilfachschule als Web- und Wirkschule. Einer der Initiatoren dieser Schule war der damalige Oberpfarrer Hugo Naumann, der Vater des berühmten Politikers Friedrich Naumann. Träger der Schule war der Web- und Wirkschulverein. Zunächst musste die Lehranstalt im Dachgeschoss des Rathauses untergebracht werden. 1895 zog die Schule in ein neu errichtetes Gebäude. Einen weiteren Umzug gab es 1911 in ein Fachschulgebäude, in dem sich fünf Schulen für die berufliche Weiterbildung unter einem Dach befanden.

Das Ende der Web- und Wirkschule konnte nicht genau ermittelt werden. Es dürfte wohl in der Zeit um 1950 gewesen sein, als das gesamte Fachschulwesen in der ehemaligen DDR neu gestaltet wurde. In dieser Zeit entstand für angehende Textilfachleute eine Lehrwerkstatt für Weber in Hohenstein-Ernstthal und eine Lehrwerkstatt für Wirker in einer Strumpffabrik in Oberlungwitz.

Literatur:
- Baumann, M. Festschrift zur Feier des 25jährigen Bestehens der Web- und Wirkschule zu Lichtenstein, Lichtenstein, 1898
- Dittmann, W., Zur Geschichte der Städtischen Gewerbeschule und Fachschule für Textilindustrie von 1858 bis 1938, Lichtenstein-Callnberger Anzeiger vom 11.03.1938
- Lippmann, B., Geschichte der Stadt Lichtenstein/Sachsen, Lichtenstein, 1966
- Unterlagen aus dem Museum der Stadt Lichtenstein

7.6.24 Waldenburg

Die Stadt Waldenburg im Landkreis Zwickau zählt zu den Textilzentren dieser Region. In Waldenburg etablierte sich im 18. Jahrhundert eine Strumpf- und Webwarenherstellung.

Wie in anderen Textilzentren entstand auch in Waldenburg eine Webschule, die am 31.01.1871 gegründet wurde. In Räumen der Waldenburger Bürgerschule unterrichteten drei Webereifachleute in Webereitechnik und Fachrechnen. Ein Jahr später wurde auch Fachzeichnen als Unterrichtsfach eingeführt. 1874 erhielt die

Lehranstalt die Bezeichnung "Web- und Fortbildungsschule". Neben der Weberei wurde in dieser Schule ab 1882 auch die Posamentiererei gelehrt. Nach Umzügen in verschiedene Unterrichtsräume erhielt die Waldenburger Web- und Fortbildungsschule 1885 ein eigens Schulgebäude.

Schon 1898 lief der Unterricht in Webereitechnik aus. Mit der Änderung des Schulnamens in "Gewerbliche Fach- und Fortbildungsschule" wurde dieser Änderung Rechnung getragen. Die Wirkerei kam dafür stärker in den Vordergrund. Deshalb erfolgte 1920 eine weitere Namensänderung in "Wirk-, Posamentier- und Gewerbeschule". Durch die Angliederung einer Handelsschule wurde sie 1929 zur "Textilfach-, Gewerbe- und öffentlichen Handelsschule".

Das Ende dieser Lehreinrichtung ist nicht ausreichend bekannt, sie dürfte in der Zeit um 1950 geschlossen worden sein.

Literatur:
- Unterlagen aus dem Museum Waldenburg

7.6.25 Rochlitz

Rochlitz im Landkreis Mittelsachsen hat eine lange Textiltradition aufzuweisen, denn schon 1380 wurde dort ein Bleichprivileg erteilt. Mitte des achtzehnten Jahrhunderts entstand auch eine Tuchfertigung in Rochlitz. Als ein bedeutender Textilbetrieb hatte sich in der Zeit der Industrialisierung die Weberei Winkler & Sohn angesiedelt.

Laut Literaturangaben soll es in Rochlitz eine Webschule gegeben haben, über die aber keine näheren Informationen ermittelt werden konnten. Es erscheint nicht ausgeschlossen, dass bei diesen Literaturangaben eine Verwechslung mit der gleichnamigen Stadt in Böhmen, dem heutigen Rokytnice nad Jizerou, erfolgte. Dort gab es noch in der Zeit des Zweiten Weltkriegs eine Staatliche Textilschule, die zuvor Staatsfachschule für Weberei hieß.

7.6.26 Sächsische Klöppelschulen

Die Verdienstmöglichkeiten in der sächsischen Bergbauregion hatten im 15. Jahrhundert viele Menschen angezogen. Als gegen Ende des 16. Jahrhunderts der Bergbau deutlich zurück ging, mussten sich die dort angesiedelten Menschen bemühen, andere Erwerbsquellen für ihren Lebensunterhalt zu erschließen. Hierfür boten sich textile Handarbeitstätigkeiten, die vor allem von Frauen ausgeführt wurden, an.

Eine solche Erwerbsquelle war das Klöppeln. Es soll 1561 von Barbara Uttmann (1514-1575) nach Annaberg gebracht worden sein. Sie gilt als die Pionierin der Klöppelspitzen im Erzgebirge. Eine gewisse Rolle scheint hierbei auch eine aus Glaubensgründen aus Brabant nach Annaberg zugewanderte Frau zu spielen. Es ist fraglich, ob Barbara Uttmann überhaupt das Klöppeln beherrschte, wahrscheinlich arbeitete sie als Verlegerin für Klöppelspitzen und sorgte auf diese Weise für zahlreiche Frauen in der Gegend um Annaberg für eine Beschäftigung. Wenn sich auch bei der Geschichte um Barbara Uttmann historische Fakten und Legenden etwas vermischen, so ist sie doch als besondere Förderin dieses Gewerbes nicht umstritten. Und Annaberg dürfte auch der Ort im Erzgebirge sein, wo zuerst Klöppelspitzen hergestellt wurden. Als Würdigung ihrer Verdienste wurde 1886 auf dem Marktplatz von Annberg ein Denkmal für Barbara Uttmann errichtet. Es war das erste Standbild einer Frau aus dem Bürgertum in Deutschland.

Von Annaberg aus nahm das Klöppeln seinen Weg in das gesamte Erzgebirge und auch darüber hinaus. Gegen Ende des 18. Jahrhunderts entstand für dieses Gewerbe eine unerfreuliche Situation. Das damalige Verlagssystem brach zusammen und die relativ groben Klöppelarbeiten mit oft seit Jahrhunderten nicht veränderten Mustern fanden keinen ausreichenden Absatz. Der Bedarf an guten und kreativen Klöpplerinnen wurde immer deutlicher. Dies war die Zeit der Entstehung der Klöppelschulen.

Die erste dieser Schulen öffnete 1810 in Schneeberg ihre Pforten. Unterrichtet wurden vorwiegend Kinder im Volksschulalter. Über die Gründer dieser Schule gibt es unterschiedliche Aussagen. So soll es sich hier um die erste staatliche Schule gehandelt haben, anderen Quellen zufolge trat die sächsische Regierung erst 1818 erstmals als Initiatorin einer Klöppelschule in Erscheinung. Auch Schneeberger Kaufleute, die mit Spitzen handelten, werden als Gründer der Schule genannt. Von ihnen kann angenommen werden, dass sie an einer sicheren Produktionsgrundlage interessiert waren.

Insgesamt entstanden in Sachsen 37 Klöppelschulen, die ältesten hiervon 1814 in Neustädtel, 1816 in Oberwiesenthal, 1817 in Pöhla und 1818 in Rittersgrün. Noch 1911 wurden Klöppelschulen in Bernsbach, Oberaffalter und Obererlnitz gegründet. Die Gründungsinitiative für diese Schulen ging in den meisten Fällen von den kommunalen Verwaltungsorganen aus, in einigen wenigen Fällen auch von Vereinen oder am Ort ansässigen Unternehmern.

Die Schneeberger Schule wurde 1878 zur "Königlichen Spitzenklöppelmusterschule", wo Lehrerinnen für die anderen sächsischen Klöppelschulen ausgebildet wurden. Neben der Ausbildung von Lehrkräften erwartete man von der Schneeberger Schule auch, dass dort neue Muster entwickelt wurden.

Die sächsischen Klöppelschulen standen rund neun Stunden am Tag offen, die Lehrkräfte mussten darauf achten, dass sich keine schulpflichtigen Mädchen während der Zeit des regulären Schulunterrichts in der Klöppelschule aufhielten. Die Schülerinnen erhielten für die von ihnen gefertigten Arbeiten eine Entlohnung aus dem Verkauf der Klöppelspitzen. Der Unterricht in den Klöppelschulen wirkte sich langfristig positiv auf das sächsische Klöppelgewerbe aus, denn die Klöppelspitze aus dem Erzgebirge erreichte einen hohen Bekanntheitsgrad.

Eine Existenzbedrohung für die Klöppelschulen bestand 1906, als die sächsische Regierung diese Ausbildungseinrichtungen in Gemeindeanstalten umwandelte. Staatsbeihilfen für bestimmte Schulen wurden allerdings noch weiter gewährt. Aber das Klöppeln hatte für Sachsen Anfang des zwanzigsten Jahrhunderts bereits seine wirtschaftliche Bedeutung eingebüßt. Das Klöppeln konzentrierte sich in dieser Zeit in der Region um Schwarzenberg. Annaberg-Buchholz, der Ausgangsort, hatte sich inzwischen zu einem Zentrum der Posamentenindustrie entwickelt.

In Schneeberg erfolgte 1881 auch die Gründung der für die Entwicklung von Klöppelspitzen sehr wichtigen "Königlichen Zeichenschule für Textilindustrie und Gewerbe". Die Spitzenklöppelmusterschule und die Zeichenschule befanden sich im gleichen Gebäude und hatten teilweise sogar eine gemeinsame Schulleitung.

Im Spitzenklöppeln vollzog sich im zwanzigsten Jahrhundert ein Wandel. Einst war es ein Gewerbezweig, heute hat das Klöppeln die Bedeutung eines Kunsthandwerks und einer interessanten Freizeitbeschäftigung.

Literatur:
- Bormann, K., Klöppelschulen und Gewerbeförderung im Königreich Sachsen in Dresdner Beiträge zur Berufspägogik, Band 3, S. 62-73, Dresden, 1993
- Pönisch, P., Geklöppelte Blüten in Schneeberger Spitze, Grüna, 2004

7.7 Textilfachschulen im Land Brandenburg

7.7.1 Cottbus

Die ersten Spuren des Cottbuser Tuchgewerbes findet man bereits im 12. Jahrhundert. Vermutlich siedelten sich in dieser Zeit flämische Tuchmacher in Cottbus an und begründeten dort diesen Gewerbezweig. Weitere Fachleute aus Flandern kamen in der Zeit um 1560 nach Cottbus. Für die Entwicklung der Tuchherstellung in dieser Stadt war auch das 1405 von Johann III. von Cottbus den dortigen Gewandmachern erteilte Privileg von Bedeutung.

Nach Jahrhunderten erfolgreicher handwerklicher Fertigung setzte in Cottbus im 19. Jahrhundert die Industrialisierung ein. Sie führte zu einem starken Umbruch in dem dortigen Tuchgewerbe. Erste Hinweise auf die mechanische Garnherstellung lassen sich schon 1804 finden, der erste mechanische Webstuhl kam 1842 nach Cottbus. Die Mechanisierung in der Tuchveredlung begann um 1820 mit der Installation von Rau- und Schermaschinen.

Der mit der Industrialisierung aufgetretene Bedarf an gut ausgebildeten Fachleuten führte 1883 zur Einrichtung einer Webschule. Die Initiative hierzu ging von dem 1876 gegründeten Fabrikantenverein aus, der diese Schule mit eigenen Mitteln schuf. Die Schule verfügte über vier Handwebstühle sowie über zwei Webmaschinen und einige Zusatzgeräte. Der Unterricht wurde in Tages- und Abendkursen erteilt.

Vier Jahre nach der Gründung der Schule beteiligte sich dann auch die Stadt Cottbus an den Kosten für den Schulbetrieb. Die Lehranstalt wurde 1895 in eine Öffentliche Höhere Fachschule für Textilindustrie umbenannt. Drei Jahre später wurde ein neues Schulgebäude seiner Bestimmung übergeben. Gelehrt wurde in den Abteilungen Weberei, Färberei und Appretur. Außerdem gab es in dieser Einrichtung eine Stopfschule. Ab 1900 kamen eine Abteilung für Dessinateure und ab 1913 eine Spinnereiabtei-

Abb. 7.7.1.1 Die Preußische Höhere Fachschule für Textilindustrie Cottbus mit ihren Fabrikanlagen im Jahr 1933.

lung hinzu. Die letztere war besonders auf die Streichgarnspinnerei ausgerichtet.

In Preußen wurden die Höheren Fachschulen 1936 in Ingenieurschulen umbenannt, was auch die Cottbuser Schule betraf. 1939 wurde nach einem Erlass der Reichsregierung dieser Schritt für alle entsprechenden Schulen Deutschlands vollzogen. Zusammen mit einer Reihe ähnlicher Schulen wurde auch die Cottbuser Höhere Fachschule für Textilindustrie zu einer Textilingenieurschule. In einem Verzeichnis der Ingenieurschulen aus dem Jahr 1941 wird sie als eine Lehranstalt für Wollverarbeitung mit den Fachrichtungen Wollspinnerei, Tuchmacherei, Färberei und Druckerei aufgeführt.

Zu Beginn des Jahres 1947 wurde der Lehrbetrieb an der Cottbuser Textilingenieurschule wieder aufgenommen. Das Textilingenieurstudium umfasste die Fachrichtungen Tuchmacherei und Färberei. Außerdem wurden Chemotechnikerinnen und Chemotechniker an der Cottbuser Schule ausgebildet.

Aber schon wenige Jahre nach der Wiederaufnahme des Lehrbetriebs kam das Aus für die Cottbuser Textilingenieurschule. Sie wurde in die gleichartige Lehranstalt in Forst integriert, die nun als Ingenieurschule für Textiltechnik die Aktivitäten der Cottbuser Schule weiterführte.

Literatur:
- Klingsöhr, H., Aus der Vergangenheit in die Zukunft in An., Fünfzig Jahre Preußische Höhere Fachschule für Textilindustrie Cottbus:1883-1933, Cottbus, 1933
- Liersch, D. u. H., Die Webschule, Lausitzer Rundschau, Ausgaben vom 13.12. u. 19.12.1990
- Peters, K.E., Die deutschen Textilfachschulen, ihre geschichtliche Entwicklung und wirtschaftliche Bedeutung, Melliand Textilberichte 32(1951), S. 614-616
- Schmidt, F., Die Entwicklung der Cottbuser Tuchindustrie, Cottbus, 1928

Quelle Abbildung:
- 7.7.1.1 An., Fünfzig Jahre Preußische Höhere Fachschule für Textilindustrie Cottbus:1883-1933, Cottbus, 1933, S. 6

7.7.2 Forst

In Forst in der Niederlausitz hatte sich im Laufe der Jahrhunderte ein bedeutendes Zentrum der Tuchfertigung herausgebildet. Der erste urkundliche Beleg hierfür stammt aus 1418, als die Forster Tuchmacher ein Privileg der Stadtherren erhielten. Neben der Tuchmacherei haben sich im 16. Jahrhundert auch andere an der Tuchherstellung beteiligten Handwerke wie Walker und Tuchscherer in Forst etabliert. Das Manufakturwesen kam im 18. Jahrhundert auf. Das wichtigste Produkt der Forster Tuchindustrie waren bis in die 1830er Jahre einfarbige Gewebe aus reiner

Abb. 7.7.2.1 Tuchmacherbrunnen im Forster Stadtteil Berge mit Szenen aus der Handweberzeit. Der Weber hält einen Korb mit Spulen in der Hand. Unten am Brunnen sind Szenen aus der Tuchfertigung dargestellt.

Wolle. Danach kamen so genannte Dreivierteltuche auf. Hierbei handelte es sich um Mischgewebe von Wolle mit Baumwolle oder Flachs. Um 1840 wurde die Herstellung gemusterter Gewebe, so genannter Buckskins, eingeführt. Diese wurden zunächst auf Handwebstühlen, später auf Webmaschinen produziert.

Für Forst wurden Buckskins zu einem bedeutenden Produkt. Unter dieser Bezeichnung wird eine größere Gruppe von Woll- oder Halbwollgeweben in Köperbindung zusammengefasst. Für diese Gewebe wurden vorwiegend Streichgarne eingesetzt. Die Gewebe waren gewalkt und ein- oder beidseitig geraut. Das Haupteinsatzgebiet der Buckskins waren Anzug- und Hosenstoffe.

Die erste mechanische Wollspinnerei wurde 1821 in Forst errichtet. Die erste Dampfmaschine ging 1844 in Betrieb. In den 1840er Jahren kam auch die mechanische Weberei auf. Schon vor der Mechanisierung der Weberei hatten Maschinen in Forst in der Wollausrüstung Fuß gefasst. So kam die erste Schermaschine 1829 in die Stadt.

Ein wichtiges Jahr für die Forster Industrie war 1872 mit einem Bahnanschluss an die Strecke Cottbus-Sorau. 1893 wurde die Forster Stadtbahn, die für den Kohletransport sehr bedeutend war, eröffnet. Sie war als Schwarze Jule bekannt und existierte bis 1965.

Im Zweiten Weltkrieg erlitt die Forster Textilindustrie zahlreiche Zerstörungen. Außerdem wurden nach Kriegsende viele Betriebe beschlagnahmt. Es folgten Enteignungen und die Entstehung von Großunternehmen. Nach der Wiedervereinigung der beiden deutschen Staaten mussten zahlreiche Fabriken geschlossen werden, so dass heute nur noch kleine Reste der einst bedeutenden Forster Textilindustrie vorhanden sind.

Wie in anderen Zentren der Textilindustrie bestand auch in Forst der Wunsch nach einer Ausbildungsstätte für die von den dortigen Betrieben benötigten Fachkräfte. So entstand 1885 auf Betreiben des Forster Fabrikantenvereins die Privatschule des Webereilehrers Theodor Weiche. Sie war vorwiegend eine Sonntags- und Abendschule. 1890 wurde sie als "Werkmeisterschule für Weber" von der Stadt Forst übernommen. Ein Neubau wurde 1891 bezogen. Nachdem die Forster Schule 1895 zur Königlichen Webeschule geworden war, wurde sie nach der Angliederung einer Färbereiausbildung zur "Preußischen Fachschule für Textilindustrie". Eine Dessinaturabteilung wurde 1900 in dieser Schule eingerichtet. 1912 entstand ein Shedbau für eine Spinnerei.

Ein an die Schule angegliedertes Warenprüfungsamtes wurde 1913 eröffnet. Nach starken Beschädigungen während des Zweiten Weltkriegs konnte 1947 der Lehrbetrieb in der Forster Textilfachschule wieder aufgenommen werden. Sie wurde 1948 zur Textilingenieurschule, in die 1951 die Cottbuser Textilingenieurschule eingegliedert wurde. Nach der Wiedervereinigung der beiden deutschen Staaten wurde die Forster Textilingenieurschule 1991 geschlossen.

Literatur:
- Holtappels, M. u. Parent, T., Am Ende einer Zeit – Die Textilstädte Crimmitschau, Plauen und Forst, Essen, 1997
- Ihlo, R., Ingenieurschule für Textiltechnik Forst/Lausitz, Forst, 1984
- Krönert, G. u. Leibger, H., Tuchstädte der Niederlausitz gestern und heute, Cottbus, 1995
- Quandt, G., Die Niederlausitzer Schafwollindustrie in ihrer Entwicklung zum Großbetrieb und zur modernen Technik, Leipzig, 1895

Quelle Abbildung:
- 7.7.2.1 Holtappels, M. u. Parent, T., Am Ende einer Zeit – Die Textilstädte Crimmitschau, Plauen und Forst, Essen, 1997, S. 21

7.7.3 Spremberg

Spremberg im Landkreis Spree-Neiße hatte früher ein bedeutendes Textilgewerbe aufzuweisen. Schon im Mittelalter wurde die wirtschaftliche Entwicklung dieser Stadt in der Niederlausitz von der Tuchmacherei geprägt. Diese könnte von niederländischen Zuwanderern gegründet worden sein.

Die Industrialisierung der Textilfertigung setzte ab Mitte des 19. Jahrhunderts ein. In Spremberg erfolgte vorwiegend die Herstellung der so genannten Buckskins. Die Textilindustrie der Stadt war auch bekannt dafür, dass den dort hergestellten Wollgarnen häufig Reißwolle oder Baumwolle zugemischt wurde. Im Zweiten Weltkrieg erlitten die Spremberger Tuchfabriken starke Zerstörungen.

Das prosperierende Textilgewerbe von Spremberg spiegelt sich auch in der Gründung einer Fachschule für die Aus- und Weiterbildung der Fachkräfte wider. Sie entstand 1869 auf Initiative des Spremberger Tuchmachergewerbes. Die Schule wurde zunächst nur von einem Lehrer, dem Weblehrer Krause, betreut. Von Anfang an war das Lehrprogramm nicht nur auf die Weberei beschränkt, sondern Unterricht wurde auch auf den Gebieten der Spinnerei, der Dessinatur und der Textilveredlung erteilt.

Die Spremberger Schule erhielt 1880 ein eigenes Schulgebäude, 1901 wurde sie "Preußische Fachschule für Textilindustrie". In den Folgejahren erfolgte die Ausstattung mit einem modernen Maschinenpark.

Ihre Blütezeit hatte die Spremberger Textilfachschule in den frühen 1920er Jahren mit einer hohen Anzahl von Schülern. Mit dem Beginn der nationalsozialistischen Herrschaft setzte ein Rückgang ein, die Textilindustrie geriet in dieser Zeit in den Schatten der Rüstungsindustrie. So musste die Spremberger Textilfachschule 1943 geschlossen werden.

Literatur:
- Baum. A., Zur Geschichte der Textilindustrie in Spremberg in An., 700 Jahre Stadt Spremberg – Festschrift aus der Geschichte der Stadt Spremberg, Spremberg, 2000
- Krönert, G. u. Leibger, H., Tuchstädte der Niederlausitz gestern und heute, Cottbus, 1995
- Unterlagen aus dem Stadtarchiv Spremberg

7.7.4 Potsdam-Nowawes

Auf Veranlassung von Friedrich dem Großen wurden ab 1751 in der Umgebung von Potsdam Emigranten aus Böhmen, bei denen es sich um Weber handelte, angesiedelt. Es entstand die so genannte Weberkolonie Nowawes. Der Ortsname ist eine tschechische Form des Nachbardorfes Neuendorf.

Nowawes wurde durch die äußerst problematische wirtschaftliche Situation der dort angesiedelten Weber bekannt. Diese oft als Nowaweser Weberelend bezeichnete schwierige Lage besserte sich erst, als auf Initiative von Karl August Ferdinand Wichgraf 1855 nach flandrischem Vorbild eine Weberei-Musterwerkstatt eingerichtet wurde, die den dortigen Webern ein ausreichendes Einkommen ermöglichte. Der Charakter eines Weberdorfes ging in den Folgejahren mehr und mehr verloren, nachdem 1863 mit dem Bau einer Baumwollspinnerei auch in Nowawes die Industrialisierung des Dorfes begonnen hatte.

Eine Vereinigung der Orte Neuendorf und Nowawes erfolgte 1907 unter dem Namen Nowawes. Zur Stadt wurde Nowawes 1924 erhoben, sie nahm 1938 den Namen Babelsberg an und wurde unter diesem Namen 1939 in Potsdam eingemeindet.

In der Literatur wird teilweise auf eine Webschule in Potsdam oder Nowawes hingewiesen. Hierbei handelt es sich offensichtlich um eine Verwechslung mit der oben erwähnten, 1855 eingerichteten Weberei-Musterwerkstatt.

Literatur:
- Schmelz, U., 250 Jahre Weberkolonie Nowawes/Babelsberg, Potsdam, 2000

7.8 Textilfachschulen im Land Berlin

7.8.1 Berlin

Die deutsche Hauptstadt hatte in früheren Jahrhunderten eine bedeutende Textilfertigung aufzuweisen. Förderer des Textilgewerbes waren die brandenburgischen Kurfürsten und preußischen Könige. So versuchte Kurfürst Friedrich Wilhelm I. mit Hilfe von zugewanderten Hugenotten ein Seidengewerbe in Berlin aufzubauen. In seiner Regierungszeit entstand 1713 das Lagerhaus, das sich zur größten Textilmanufaktur Deutschlands entwickelte. Es unterhielt eine Weberei, eine Färberei und eine Appretur. Auch gesponnen wurde dort. Ein besonderer Förderer des Berliner Textilgewerbes wurde Friedrich d. Große mit einer liberalen Wirtschaftspolitik. Er bemühte sich erfolgreich um die Zuwanderung von Textilhandwerkern.

In den 1750er Jahren etablierte sich der Textildruck in Berlin, der in den Folgejahren zu einem bedeutenden Zweig der dortigen Textilindustrie wurde. Um 1840 galt die Berliner Druckereiindustrie als die größte Deutschlands. In dieser Zeit erfolgte eine Mechanisierungswelle im Berliner Textildruck. Auch sozialgeschichtlich ist dieser Gewerbezweig von Bedeutung, denn in Berlin kam es 1844 zu einem weit über die Grenzen der Stadt hinaus bekannten Aufstand der Kattundrucker. Neben dem Textildruck war im 19. Jahrhundert auch die Färberei in Berlin ein bedeutendes Textilgewerbe. Zum bekanntesten Berliner Färber wurde Julius Spindler, der die Chemische Reinigung in Deutschland einführte.

In der Zeit der Industriellen Revolution wurde schon in den 1780er Jahren, allerdings mit wenig Erfolg, versucht, die mechanische Spinnerei in Berlin zu etablieren. Die preußische Regierung förderte die Ansiedlung der Maschinenfertigung, wofür ab 1790 auch Subventionen angeboten wurden. Wegen der Beschränkungen durch das englische Maschinenausfuhrverbot wurde auch versucht, Spinnmaschinen in Berlin zu bauen. Ein Versuch des Berliner Druckereibesitzers Abeking, schon 1817 den mechanischen Webstuhl einzuführen, scheitere am Widerstand der Handweber.

Ab ungefähr der Mitte des neunzehnten Jahrhunderts erfolgte ein deutlicher Rückgang der Textilindustrie in Berlin. Viele Unternehmen wanderten in das Umland aus. Eine Ausnahme bildete lediglich die Bekleidungsindustrie, deren Zentrum über eine lange Zeit Berlin war. Die Stadt gilt auch als Ausgangspunkt der deutschen Bekleidungsindustrie, die dort 1837 entstand und die nach der Einführung der Nähmaschine eine starke Expansion erfuhr. Hergestellt wurde zunächst Damenbekleidung. Dieser Industriezweig blieb bis zum Ende des Zweiten Weltkriegs in Berlin konzentriert, er stellte den größten Teil dieser Bekleidungsart in Deutschland her. Einen erheblichen Einbruch erlitt die Berliner Bekleidungsindustrie jedoch in der Zeit der nationalsozialistischen Herrschaft, da die meisten Unternehmer Juden waren, die von den damaligen Machthabern verfolgt und zwangsenteignet wurden. In der zweiten Hälfte des zwanzigsten Jahrhunderts hatte Berlin als Textilstandort nur noch eine geringe Bedeutung.

Um den Bedarf an gut ausgebildeten Fachkräften zu decken, wurde 1874 in Berlin die "Fachschule für Dekomponieren, Komponieren und Musterzeichnen" eröffnet. Die Initiative hierzu ging von den Berliner Textilinnungen aus. 1879 erfolgte in dieser Schule die Einrichtung spezieller Webereiklassen. 1886 erhielt die Schule die Bezeichnung "Städtische Webschule". Der Rückgang der Weberei und die Zunahme der Konfektion im Berliner Textilgewerbe führte 1903 zur

Aufnahme der Konfektion in das Lehrprogramm der zur "Städtischen Höheren Webeschule" gewordenen Lehranstalt. Konsequent war dann die 1912 erfolgte Umbenennung in "Höhere Fachschule für Textil- und Bekleidungsindustrie". Die zunehmende Bedeutung von Berlin als Modezentrum zeigt sich in einer 1932 erfolgten weiteren Umbenennung in "Textil- und Modeschule der Stadt Berlin – Höhere Fachschule".

In der DDR-Zeit wurden die klassischen Textilfächer weitgehend aufgegeben, es erfolgte eine Konzentration auf die Bekleidungstechnik. Die in dieser Zeit entstandene Ingenieurschule für Bekleidungstechnik wurde 1989 aufgelöst und als Sektion Bekleidungstechnik/Konfektion in die Ingenieurhochschule Berlin integriert.

Literatur:

- An., Festschrift 1999 fhtw Berlin, Berlin, 1999
- Baar, L., Die Berliner Industrie in der industriellen Revolution, Berlin, 1966
- Herzfeld, E., Preußische Manufakturen, Berlin, 1994
- Westphal, U., Berliner Konfektion und Mode – Die Zerstörung einer Tradition, 1836-1939, Berlin, 1992

7.9 Textilfachschulen in Nordrhein-Westfalen

7.9.1 Aachen

Aachen hat eine sehr lange Tradition in der Textilfertigung und besonders in der Wollverarbeitung aufzuweisen. Den ersten Hinweis auf die Herstellung von Tuchen in Aachen findet man bereits im Jahr 812, die ersten Hinweise auf den Tuchhandel um die Wende zum zweiten Jahrtausend. Etwa 1150 schlossen sich Walker, Wäscher, Spinner, Wollkämmer und Tuchmacher zur Wollenambacht zusammen. Die Färber bildeten außerhalb dieser eine eigene Zunft und traten der Wollenambacht erst um 1720 bei. Im Zuge der Reformation kamen flämische Tuchmacher nach Aachen und nach der Aufhebung des Toleranzediktes von Nantes auch hugenottische Färber, die beide das Tuchgewerbe von Aachen maßgebend beeinflussten. Das strenge Qualitätsbewusstsein der in der Wollenambacht zusammengeschlossenen Zünfte begründete den Weltruf der Tuche aus Aachen.

Bedeutend für den Aufstieg der Aachener Tuchherstellung war nach einer langen Phase der Stagnation der Spinnmaschinenbau von Cockerill in Verviers. Vorwiegend mit Maschinen dieser Firma, die 1825 auch eine Maschinenfabrik in Aachen errichtete, begann in den 1820er Jahren die mechanische Textilfertigung in Aachen. Parallel zur fortschreitenden Mechanisierung der Textilindustrie entwickelte sich dort ab etwa Mitte des neunzehnten Jahrhunderts der Textilmaschinenbau. Außerdem war Aachen ein Zentrum der Herstellung von Nähnadeln.

Wie in anderen Zentren der Textilindustrie wurde auch in Aachen die Notwendigkeit einer gründlichen Ausbildung der Fach- und Führungskräfte für diesen Industriezweig erkannt. So gründete sich durch die Initiative von Fabrikanten aus dem Raum Aachen am 21.12.1882 der "Webschulverein für den Regierungsbezirk Aachen", der dann über viele Jahre der Träger der Textilfachschule in Aachen blieb. Der Lehrbetrieb an der neuen Schule wurde 1883 aufgenommen. Ab 1887 engagierte sich der Staat mit zwei Dritteln an den Unterhaltskosten der Schule. Damit erfolgte auch deren Kontrolle durch die preußische Regierung. Neben dem Staat war auch die Stadt Aachen am Etat der Schule beteiligt. 1891 erhielt sie ein eigenes Gebäude, was besonders für die Unterbringung von Maschinen von Bedeutung war. Aus der alten Webschule wurde 1897 die Preußische Höhere Fachschule für Textilindustrie. Ein Neubau erfolgte 1907. Zum fünfundzwanzigjährigen Jubiläum im Jahr 1908 umfasste die Schule alle Zweige der Wollspinnerei und Tuchfabrikation.

Laut einem Fachschulverzeichnis aus dem Jahr 1915 soll es in Aachen auch eine Internationale Höhere Webschule gegeben haben. Sie befasste sich mit der Herstellung neuer Muster für die Herren- und Damenbekleidung. Unterrichtet wurde in Tages- und Sonntagskursen. Über diese Lehranstalt gibt es keine weiteren Informationen.

Auch das textile Prüfwesen fasste in Aachen früh Fuß, denn 1888 entstand dort das "Öffentliche Warenprüfungsamt". Die für die Seide schon mehr als hundert Jahre früher entstandenen Seidentrocknungsanstalten, die sich zunächst um die Handelgewichtsbestimmung der Seide kümmerten und später ihr Arbeitsgebiet auf andere Qualitätsprüfungen ausweiteten, waren der Anstoß für die Wollindustrie, ähnliche Prüfanstalten einzurichten. Für Wolle entstand die erste entsprechende Einrichtung 1851 in Reims. In Aachen wurde die erste deutsche Prüfanstalt für Wolle errichtet.

Einen erheblichen Einschnitt bildete der Erste Weltkrieg, der dazu führte, dass der Lehrbetrieb an der Aachener Schule nahezu zum Erliegen kam. Nach dem Wiederbeginn wurde dann, wie auch in anderen Textilfachschulen, versucht, den Etat der Schule durch kleinere Aufträge aus der Aachener Textilindustrie etwas aufzubessern und hierzu die Maschinen der Schule mit Studenten zu betreiben. Dies wurde nicht von allen Textilindustriellen in Aachen sehr positiv gesehen, zumal hiermit auch eine gewisse Konkurrenz entstanden war.

Ab 1930 ging die Textilausbildung in Aachen über die Höhere Textilfachschule hinaus. In enger Zusammenarbeit mit dieser wurde an der Abteilung für Chemie der Fakultät für Stoffwirtschaft an der Aachener Technischen Hochschule die Fachrichtung Textilchemie mit eigenem Studien- und Prüfungsplan etabliert. Die erste Promotion in dieser neuen Fachrichtung erfolgte 1934.

Die Rheinisch-Westfälische Technische Hochschule Aachen wurde auch auf andere Weise in die textile Ausbildung einbezogen, denn am 01.10.1934 entstand dort das Institut für Textiltechnik und später ein Lehrstuhl für Textiltechnik an dieser Hochschule. Es war das erste von drei Instituten, durch die Aachen zu einem Zentrum der Textilforschung wurde.

Speziell für die Belange der Wollindustrie entstand das Wollforschungsinstitut. Die Deutsche Wollvereinigung beschloss zunächst die Gründung einer Forschungsgemeinschaft Wolle und als deren Folge die Errichtung des Deutschen Wollforschungsinstitutes, dessen Gründungsversammlung am 01.04.1952 in Düsseldorf stattfand. Auch das Deutsche Wollforschungsinstitut, das auch unter der Kurzbezeichnung DWI bekannt ist, wurde an die Rheinisch-Westfälische Technische Hochschule Aachen angegliedert. International wurde dieses Institut durch eine 1963 geglückte Insulin-Synthese besonders bekannt.

Die jüngste der drei Aachener Forschungseinrichtungen ist das Teppichforschungsinstitut, das 1964 gegründet wurde und das heute die Bezeichnung Institut für Bodensysteme an der RWTH Aachen trägt.

In Preußen wurden die Höheren Fachschulen 1936 zu Ingenieurschulen erhoben, was auch die

Aachener Schule betraf. Ein Erlass der Reichsregierung aus dem Jahr 1939 folgte dem preußischen Vorbild. So wurde die Umwandlung der ab 1933 Höhere Fachschule für Textilindustrie genannten Lehranstalt in eine Textilingenieurschule Aachen vollzogen. Ein Verzeichnis der Ingenieurschulen aus dem Jahr 1941 führt die Aachener Schule als staatlich anerkannte Fachschule für die Wollverarbeitung mit den Fachrichtungen Tuchmacherei, Färberei und Druckerei.

Abb. 7.9.1.1 Luftaufnahme der Textilingenieurschule Aachen aus dem Jahr 1952 nach dem Wiederaufbau der im Krieg zerstörten Schule.

Die Einführung der Fachhochschulen in Nordrhein-Westfalen bedeutete 1971 das Ende der Aachener Textilingenieurschule. Wie die entsprechenden Schulen in Krefeld, Mönchengladbach und Wuppertal wurde auch die Aachener Schule in die neu gegründete Fachhochschule Niederrhein einbezogen.

Oft sind es besonders herausragende Persönlichkeiten, die den Ruf einer Stadt als Standort und Zentrum des textilen Ausbildungswesens und der Textil-Forschung prägen. Für Aachen sind dies Prof. Dr.-Ing. Walter Wegener (1901-1991) auf dem Gebiet der Textiltechnik und Prof. Dr. Helmut Zahn (1916-2004) auf dem Gebiet der Wollforschung. Zahn wurde besonders durch eine Insulin-Synthese bekannt. Außerdem muss auch Dr. Günther Satlow (1914-1979) genannt werden. Seine Initiative führte zur Gründung des Aachener Teppichforschungsinstitutes. Diese Persönlichkeiten seien stellvertretend für viele, die sich um die Textilausbildung und Textilforschung in Aachen verdient gemacht haben, hier erwähnt.

Literatur:

- An., Jubiläumsschrift zum 75jährigen Bestehen der Textilingenieurschule Aachen, Aachen, 1958
- An., Unsere Fachschulen, Stuttgart, 1915
- Peters, K.E., Die deutschen Textilfachschulen, ihre geschichtliche Entwicklung und wirtschaftliche Bedeutung, Melliand Textilberichte 32(1951), S. 614-616
- Rouette, H.K., Aachener Textil-Geschichte(n) im 19. und 20. Jahrhundert, Aachen, 1992

Quelle Abbildung:

- Abb. 7.9.1.1 Rouette, H.K., Aachener Textil-Geschichte(n), Aachen, 1992, S. 206

7.9.2 Krefeld

Krefeld hat als Stadt der Seide eine besondere Berühmtheit erlangt. Neben Lyon war Krefeld über lange Zeit das bedeutendste Zentrum der Seidenverarbeitung in Europa.

Die textile Tradition begann in Krefeld im Mittelalter mit dem Anbau von Flachs in der Umgebung, woraus ein Leinengewerbe entstand. Dieses war die Basis für die spätere Entwicklung Krefelds zu einem Zentrum der Seidenverarbeitung. Entscheidend für die Entstehung des Seidengewerbes waren die seit Ende des 17. Jahrhunderts in das damals noch unter der Herrschaft der toleranten Oranier stehende Krefeld gekommenen Glaubensflüchtlinge, unter denen die Mennoniten von besonderer Bedeutung waren. Zu diesen zählte auch die Familie von der Leyen, die am Aufbau des Krefelder Seidengewerbes in ganz besonderem Maße beteiligt war. Der Stammvater dieser einflussreichen Familie war der 1638 aus dem bergischen Städtchen Radevormwald vertriebene Posamentenweber Adolf von der Leyen. Er fand in Krefeld eine neue Heimat. Seine Söhne Wilhelm und Friedrich von der Leyen betätigten sich noch in dem traditionellen Krefelder Gewerbe als Leinenkaufleute. Den Aufbau des Seidengewerbes in Krefeld vollzogen Wilhelms Söhne Johann, Peter, Heinrich und Friedrich von der Leyen. Auch die erste, 1724 in Krefeld gegründete Färberei geht auf zwei der Brüder, nämlich auf Johann und Friedrich von der Leyen, zurück. Als günstig für den Aufstieg des Seidengewerbes in Krefeld wirkte sich der Rückgang des entsprechenden Gewerbes in den Niederlanden sowie die Stagnation im Leinengewerbe aus. Durch die letztere bot sich die Möglichkeit der Übernahme billiger Arbeitskräfte. Für Krefeld war auch die Einführung der Samtherstellung, die dort im 17. Jahrhundert begann, ein wichtiger wirtschaftlicher Faktor.

Nachdem zunächst die Kaufleute und Verleger aus dem Seidengewerbe in Krefeld eigene Färbereien unterhielten, vollzog sich bis zur Mitte des 19. Jahrhunderts ein starker Trend zur Lohnfärberei. Die erste Firma dieser Art entstand 1811 mit einer Gründung der Brüder Heinrich und Gerhard von Beckerath. Zuvor hatten die Krefelder Verleger oft in Köln oder in den Niederlanden färben lassen.

Die von dem preußischen König Friedrich dem Großen stark geförderte Familie von der Leyen beherrschte über nahezu ein Jahrhundert das Seidengewerbe in Krefeld. Ihre höchste Blütezeit hatte sie in den 1780er Jahren, ab etwa 1815 erfolgte ihr Abstieg, der schließlich 1823 zur Auflösung des Familienunternehmens führte.

Ab dem Beginn des 19. Jahrhunderts war es in Krefeld zu einer größeren Zahl von Neugründungen durch im Seidengewerbe tätige Kaufleute gekommen. Die Fertigung erfolgte im Verlagswesen, wobei weitgehend selbständig arbeitende Webmeister im Auftrag der Verleger arbeiteten. Die Produktionsmittel waren im Besitz der

Abb. 7.9.2.1 Weberdenkmal in Krefeld, das an die dortige Webereitradition erinnert.

letzteren, die dadurch einen starken Einfluss auf die Handwerker ausübten.

Auch Krefeld blieb von sozialen Unruhen nicht verschont. In einem Aufruhr vom 20. März 1848, dem eine wirtschaftliche Depression vorausgegangen war, griffen die Weber die Häuser und Einrichtungen der Verleger an und verursachten dort erhebliche Schäden. Dem Aufruhr von 1848 waren Unruhen im Jahr 1828 vorausgegangen.

Der Übergang zur mechanischen Weberei und damit zur Fabrikfertigung setzte in Krefeld ab etwa 1860 ein. Andere bedeutende Städte der Seidenindustrie wie beispielsweise Zürich hatten in dieser Zeit bereits einen höheren Mechanisierungsgrad erreicht. Erst in den 1880er Jahren erfolgte in Krefeld die Einführung der Webmaschine auf breiter Basis.

In dieser Zeit findet man auch bereits die ersten Grundlagen für den später sehr bedeutenden Krefelder Textilmaschinenbau. So wurde beispielsweise 1862 durch den Schmied Johann Kleinewefers das gleichnamige Unternehmen und 1875 von Hermann Schroers die spätere Firma Zangs gegründet. Noch ältere Wurzeln haben die Firmen Gebr. Wansleben mit dem Gründungsjahr 1847 und die Färbereimaschinenfabrik Gerber, die 1842 von Tilmann Gerber gegründet wurde. Gerber hatte eine Reparaturwerkstatt für Maschinen ins Leben gerufen, die in den 1860er Jahren die Maschinenproduktion aufnahm. Die Gründung der Firma Volkmann folgte 1904. Relativ jung ist die sehr bekannte Maschinenfabrik Küsters, die 1949 von Eduard Küsters ins Leben gerufen wurde. Während in der Krefelder Seidenindustrie die Mennoniten den Ton angaben, betätigten sich die Katholiken im Textilmaschinenbau in Krefeld.

Auch Unternehmen der Chemischen Industrie, die Produkte für die Textilveredlung herstellten, entstanden in Krefeld. Als Beispiele seien die Firmengründungen von Edmund ter Meer im Jahr 1877 und von Julius Stockhausen im Jahr 1881 genannt.

Wie in anderen Textilzentren wurde auch in Krefeld schon früh die Notwendigkeit einer soliden Fachausbildung der Führungskräfte des dortigen Seidengewerbes erkannt. Nachdem in Deutschland in den 1820er und 1830er Jahren in verschiedenen Städten Gewerbeschulen gegründet worden waren, entstand 1849 auch in Krefeld unter der Bezeichnung Königliche Provincial-Gewerbeschule eine entsprechen-

Abb. 7.9.2.2 Krefelder Webschule im Jahr 1883.

de Lehranstalt. Zunächst bestand der Plan, das textile Ausbildungsgebiet in diese Schule einzubeziehen, aber die Krefelder Handelskammer hielt es für zweckmäßig, eine eigene Webeschule zu errichten. So entstand 1855 die Crefelder Höhere Webschule, die zunächst in Verbindung mit der schon existierenden Gewerbeschule geführt wurde.

In der Anfangsphase der Schule wurde nur theoretischer Unterricht erteilt, aber schon nach einigen Monaten wurden auch praktische Unterweisungen eingeführt. Bald wurde auch der Unterricht im Musterzeichnen aufgenommen. Auch die mechanische Weberei sowie die Chemie kamen bald in den Lehrplan.

1878 erfolgte eine Erweiterung der Webschule zur Königlichen Webe-, Färberei- und Appreturschule. Mit Emil Robert Lembcke wurde ein früherer Lehrer an der Webschule Chemnitz Direktor. Die Schule erhielt 1883 einen Neubau für den Lehrbetrieb. Obgleich die Lehranstalt auf freiem Feld gebaut worden war, wurde versäumt, Anbaufläche zu erwerben, so dass schon 1895 eine räumliche Trennung in eine Web- und eine Färbe- und Appreturschule erfolgen musste. Die letztere erhielt nun einen Neubau und wurde die Königlich Preußische Färberei- und Appreturschule zu Crefeld. Laut einer 1909 vom Königlichen Landesgewerbeamt herausgegebenen Schrift mit dem Titel "Gewerbliche Fachschulen in Preußen" befasste sich die Webschule in erster Linie mit der Seiden- und Samtindustrie, während die Färbereischule in ihrem Lehrplan die gesamte Textilindustrie berücksichtigte. Die starke Ausrichtung der Webschule auf ein zwar für Krefeld wichtiges, aber doch sehr beschränktes Segment der Textilfertigung äußerte sich in geringen Anmeldezahlen. Eine Ausweitung auf andere Zweige der Textilfertigung war deshalb unumgänglich.

Der erste Leiter der Färbereischule war Prof. Dr. Heinrich Lange, der als Sohn eines Färbereibesitzers das Färben von der Pike auf gelernt hatte und der in der damaligen Fachwelt einen sehr guten Ruf genoss. Die Trennung der beiden Schulen bestand bis 1935.

Die Notwendigkeit einer öffentlichen Prüfstelle für das Seidengewerbe wurde auch in Krefeld schon früh erkannt. So entstand 1842 eine Seidentrocknungsanstalt nach dem Vorbild einer schon seit längerer Zeit in Turin existierenden ähnlichen Einrichtung. Ein Jahr später nahm die Krefelder Prüfanstalt den Betrieb auf. Aus ihr ist das spätere Textilprüfamt, das 1925 an das Forschungsinstitut angegliedert wurde, hervorgegangen. 1944 wurde dieses Prüfamt zur "Öffentlichen Prüfstelle für die Spinnstoffwirtschaft Krefeld e.V.".

Die beiden Krefelder Schulen erfuhren nach der Wende vom neunzehnten zum zwanzigsten Jahrhundert eine Reihe von Erweiterungen im Lehrangebot. In der Webschule entstand 1901 eine Abteilung für Wäsche- und Krawatten-Konfektion. 1923 wurde in der Färbereischule eine für eine Textilfachschule etwas ungewöhnliche Abteilung für Farben und Lacke eingerichtet.

In Krefeld wurde 1932 die Höhere Preußische Fachschule für Textile Flächenkunst gegründet. Sie wurde von Johannes Itten (1888-1967), einem Mitbegründer des Bauhauses, geleitet und 1937 der Webschule angegliedert. Diese Verbindung mit der Textilkunst ist als eine Besonderheit der Krefelder Schule zu betrachten. Itten, der auch Dozent im Färbereibereich der Textilfachschule war, musste 1938 in die Schweiz immigrieren. Sein Nachfolger wurde Georg Muche, ebenfalls ein Bauhaus-Schüler. Er schien, anders als Itten, nicht im Visier der Nationalsozialisten gewesen zu sein. Ihm ist es gelungen, die Bauhaus-Idee in Krefeld über die Zeit des Nationalsozialismus zu retten.

Die Trennung der beiden Krefelder Textilfachschulen endete 1935. Vor allem die Industrie hatte zuvor das Kompetenzgerangel der beiden Schulen heftig kritisiert. Prof. Max Lehmann, der Leiter der Webschule, schied 1934 nicht ganz freiwillig aus dem Dienst aus. Dr. Wilhelm Keiper wurde Schulleiter der nun vereinigten Lehranstalt, Dr. Walter Wagner wurde sein Stellvertreter. Keiper erkrankte 1937 und starb, Wagner wurde Nachfolger. Er hatte während der nationalsozialistischen Herrschaft Probleme wegen einer

Abb. 7.9.2.4 Prof. Dr. Heinrich Lange, Direktor der Färbereischule Krefeld von 1883–1920.

Logenzugehörigkeit, wurde aber 1939 rehabilitiert. 1938 erhielt die Krefelder Schule eine Abteilung für Druckerei. 1940 erfolgte die Gründung einer Fachschule für chemische Fasererzeugung in Kombination mit der genannten Schule.

Wie andere höhere Lehranstalten für das Textilwesen in Preußen wurde 1936 auch die Krefelder Schule durch einen Ministerlass zu einer Textilingenieurschule mit dem Spezialgebiet Seiden- und Kunstseidenverarbeitung und den

Abb. 7.9.2.3 Das Lehrerkollegium der Färberei- und Appreturschule Krefeld im Jahr 1933.

Fachrichtungen Seidenweberei, Färberei, Druckerei und Ausrüstung. 1943 erlitt die Schule schwere Kriegszerstörungen. Laut einem Erlass vom 15.11.1944 sollte die Krefelder Schule wegen dieser Kriegsschäden mit der Textilingenieurschule in Chemnitz zusammengelegt werden. Dazu kam es aber wegen des heftigen Protestes der Schulleitung und der Studierenden nicht mehr.

Nach dem Einmarsch der amerikanischen Armee am 03.03.1945 blieb die Krefelder Textilingenieurschule zunächst geschlossen. Erst im April 1946 konnte der Lehrbetrieb wieder aufgenommen werden.

Schulleiter wurde Walter Morawek, da Wagner nach dem Entnazifizierungsverfahren nicht in sein bisheriges Amt zurückkehren durfte. 1953 übernahm Wagner wieder die Schulleitung. Morawek ging in Industrie zurück.

In der frühen Nachkriegszeit erfuhr die Krefelder Schule mit der Angliederung einer Lehrwäscherei, die nach ihrer Gründung im Jahr 1933 in dem nun polnisch gewordenen Sorau beheimatet war, eine Erweiterung ihres Ausbildungsprogramms. Die Fachgebiete Wäscherei und Chemische Reinigung schlugen sich auch im Lehrplan der Schule nieder. Diese für Krefeld neuen Fachgebiete führten 1949 zur Gründung der Wäschereiforschung Krefeld, die heute unter der Bezeichnung "wfk – Cleaning Technology Institute e.V." firmiert.

Als im Jahr 1971 das Textilingenieurschulwesen in Nordrhein-Westfalen reformiert und die Fachhochschulen eingeführt wurden, entstand die Fachhochschule Niederrhein mit den Standorten Mönchengladbach und Krefeld. Die Krefelder Textilingenieurschule wurde in diese Fachhochschule integriert. In Krefeld wurde diese Entwicklung nicht positiv gesehen, da einige traditionsreiche Lehrgebiete nach Mönchengladbach übersiedeln mussten. Aus der Fachhochschule Niederrhein entstand 2001 die Hochschule Niederrhein/ Niederrhein University of Applied Sciences.

Der hohe Bekanntheitsgrad von Krefeld in der textilen Fachwelt wurde nicht nur von seiner Lehranstalt, sondern auch von der dortigen Forschungsanstalt, die 1922 entstand, begründet. Aus ihr ist 1978 das Deutsche Textilforschungszentrum Nord-West (DTNW) entstanden. Als weitere Forschungseinrichtung hat die oben schon genannte Wäschereiforschung in Krefeld ihren Sitz.

In der Krefelder Textilwelt hat noch eine andere Institution einen hohen Bekanntheitsgrad erreicht, nämlich das dortige Textilmuseum. Es entstand 1880 zum fünfundzwanzigjährigen Jubiläum der Webschule. Aus diesem Anlass kaufte die königliche Staatsregierung eine Gewebesammlung des Mannheimer Bildhauers und Textilsammlers Jakob Krauth. Sie wurde der Grundbestand des Textilmuseums. Dieser zunächst als Königliche Gewebesammlung bezeichnete Museumsbestand wurde 1883 der damaligen Königlichen Webe-, Färberei- und Appreturschule zu Crefeld angegliedert. Das später "Gewebesammlung der Stadt Krefeld" genannte Museum wurde 1981 zum "Deutschen Textilmuseum". Es zählt weltweit zu den bedeutendsten Museen auf dem Textilgebiet und hat sich vor allem durch Restaurierungsarbeiten einen Namen gemacht.

Die Entwicklung einer Schule wird durch engagierte Lehrer-Persönlichkeiten besonders geprägt. Auch in Krefeld waren es viele, die sich um die dortige Textillehre und -forschung besonders verdient gemacht haben. Stellvertretend für sie seien zwei dieser herausragenden Persönlichkeiten genannt, nämlich der oben schon erwähnte Prof. Dr. Heinrich Lange (1883-1920) sowie Prof. Dr.-Ing. Paul-August Koch. Letzterer leitete die Krefelder Textilingenieurschule von 1956 bis 1970. Koch hatte schon als Dozent in Dresden gewirkt und kam nach einer Industrietätigkeit in der Schweiz nach Krefeld. Besonders die Faserstoffkunde wurde zu seinem speziellen Arbeitsgebiet, das in den Kochschen Faserstofftabellen seinen Niederschlag fand. Zusammen mit dem in Aachen tätigen Günther Satlow gab er 1965/66 das "Große Textil-Lexikon" heraus, das zu einem unentbehrlichen Nachschlagewerk für Textilfachleute wurde.

Abb. 7.9.2.5 Prof. Dr. Paul August Koch, Direktor der Textilingenieurschule Krefeld von 1956-1970.

Literatur:
- An., 75 Jahre Färbereischule Krefeld, Krefeld, 1967
- An., 1855-2005. Von der Höheren Webeschule zu Crefeld zur Hochschule Niederrhein, Krefeld, 2005
- Franzen, O., Die deutschen Textilfachschulen und ihre wirtschaftliche Bedeutung, Diss. Köln, 1925
- Franzen, O., 100 Jahre Textilingenieurschule Krefeld, Zeitschrift für die gesamte Textilindustrie 57(1955), S. 1470-1475
- Hauptmann, H., 100 Jahre Färbereischule Krefeld, textil praxis international 38(1983), S. 1138-1140
- Hauptmann, H., Beiträge zur Geschichte der deutschen textilchemischen Ausbildung, Diss. Dresden, 2004
- Kriedte, P., Eine Stadt am seidenen Faden, Göttingen, 1991
- Ostendorf, H., Aus der Region gewachsen – 40 Jahre Hochschule Niederrhein, Krefeld, 2011
- Rouette, H.K., Seide und Samt in der Textilstadt Krefeld, Frankfurt, 2004
- Windeck, K., Die "Öffentliche Prüfstelle für die Spinnstoffwirtschaft Krefeld e.V." als Nachfolgerin der "Oeffentlichen Seiden-Trocknungs-Anstalt zu Crefeld" - Ein Rückblick aus Anlass der Gründung der Seiden-Trocknungs-Anstalt vor 125 Jahren, Melliand Textilberichte 48(1967), S. 1351-1354

Quelle Abbildungen:
- 7.9.2.1 Rouette, H.K., Seide und Samt in der Textilstadt Krefeld, Frankfurt, 2004, S. 116
- 7.9.2.2 An., 50 Jahre Preußische Höhere Fachschule für Textilindustrie, Färberei- und Appreturschule Krefeld, 1883-1933
- 7.9.2.3 An., 1855-2005. Von der Höheren Webeschule zu Crefeld zur Hochschule Niederrhein, Krefeld, 2005, S. 47, Abb. 46
- 7.9.2.4 An., 75 Jahre Färbereischule Krefeld, Krefeld, 1967, S. 1
- 7.9.2.5 An., 75 Jahre Färbereischule Krefeld, Krefeld, 1967, S. 11

7.9.3 Mönchengladbach

Mönchengladbach ist eines der Zentren der deutschen Textilindustrie. Die Häufung von Textilfabriken in dieser Stadt und deren Umgebung hat Mönchengladbach die Bezeichnung "Rheinisches Manchester" eingetragen.

Die Textilindustrie dieser Region ist aus dem dort über viele Jahrhunderte existierenden Leinengewerbe, das Fasermaterial aus dem Anbau der Umgebung verarbeitete, hervorgegangen. Wann die Baumwolle, die den Aufstieg von Mönchengladbach zu einer Industriemetropole bewirkte, in diese Region kam, ist nicht mehr exakt feststellbar. Deren Verarbeitung erfolgte dort aber schon um die Mitte des achtzehnten Jahrhunderts, also vor der Einführung der maschinellen Garnherstellung. Die Baumwollverarbeitung dürfte aus den Niederlanden sowie aus dem Bergischen Land in den Mönchengladbacher Raum gekommen sein.

Zu Pionieren der Industrialisierung der Textilfertigung in Mönchengladbach sind der aus Elberfeld stammende Johann Peter Boelling und Adam Quirin Croon aus Hückelhoven geworden. In Rheydt, das heute ein Stadtteil von Mönchengladbach ist, kommt die Pionierrolle Johann Lenssen zu. In Kooperation mit Johann Gottfried Brügelmann, dem Begründer der maschinellen Garnherstellung und der Industrialisierung der Garnfertigung auf dem europäischen Festland, gründete Lenssen 1799 eine mechanische Baumwollspinnerei in Zoppenbroich bei Rheydt. In Mönchengladbach nahmen schon ein Jahr zuvor die ersten Spinnereifabriken den Betrieb auf. Allerdings setzte sich erst in der Zeit zwischen 1850 und 1860 das Fabriksystem in der Textilfertigung vollständig durch. In dieser Zeit erfolgte auch der Aufstieg von Mönchengladbach zum "Rheinischen Manchester" mit einer hohen Zahl von Baumwollspinnereien und -webereien.

Die Leinenverarbeitung geriet nach der Eingliederung der linksrheinischen Gebiete in das Land Preußen unter einen starken Konkurrenzdruck der billigeren Leinengewebe aus Schlesien. Sie blieb in Mönchengladbach trotz des rasanten Aufstiegs der Baumwolle in geringem Maße bestehen und wurde auch mechanisiert.

Um 1860 kam die mechanische Wollverarbeitung in Mönchengladbach in verstärktem Maße auf. Wolle war dort bereits in der Zeit der Handfertigung seit dem 16. Jahrhundert verarbeitet worden. Darüber hinaus etablierte sich in Rheydt die Seidenindustrie. Ein bedeutender wirtschaftlicher Faktor wurde für Mönchengladbach die Konfektionsindustrie, die ab 1871 aufkam.

Auch der Textilmaschinenbau etablierte sich in Mönchengladbach. Als dessen Begründer gilt Diedrich Uhlhorn, der 1810 eine Werkstatt zur Reparatur von Spinnereimaschinen und 1812 eine Fabrik zur Kratzenherstellung gründete. Später entstanden in Mönchengladbach Textilmaschinenfabriken von Weltgeltung.

Die textile Ausbildung hat auch im Mönchengladbacher Textilgebiet eine lange Tradition. Zwar entstand die eigentliche Textilfachschule wesentlich später als in anderen Städten, aber schon 1844 ergriff die Rheydter Fabrikantentochter Maria Lenssen (1836-1919) die Initiative auf dem Gebiet der Ausbildung. Sie gründete eine "Industrie- und Fortbildungsschule für Frauen und Mädchen", die als Privatschule geführt wurde. Durch Schenkung ging die Schule 1902 an den preußischen Staat über. Sie wurde in eine höhere Handelsschule und eine Bildungsanstalt für Gewerbelehrerinnen eingegliedert.

Die speziell auf Frauen ausgerichtete Schule von Maria Lenssen genügte nicht den Anforderungen der jungen Textilindustrie an eine solide Fachausbildung, die besonders für Männer als notwendig erkannt worden war. So wurde 1896 von der Stadt Rheydt die Errichtung einer Spinnschule beim Preußischen Minister für Handel und Gewerbe beantragt. Daraufhin erhielt die Handelskammer in Mönchengladbach den Auftrag, eine Zusammenarbeit zwischen den beiden Städten, in die auch mehrere Umlandgemeinden einbezogen wurden, herbeizuführen. Daraus resultierte der Beschluss, an der Grenze zwischen Mönchengladbach und Rheydt eine Lehranstalt für Spinnerei, Weberei, Färberei und Ausrüstung aufzubauen. Am 15.04.1901 konnte in einem Neubau die "Preußische Höhere Schule für Textilindustrie" mit dem Unterricht in den Fächern Spinnerei und Weberei eröffnet werden. Im gleichen Jahr wurde die 1851 gegründe-

Abb. 7.9.3.2 Preußische Höhere Fachschule für Textilindustrie in Mönchengladbach im Jahr 1910.

Abb. 7.9.3.1 Preußische Höhere Fachschule für Textilindustrie in Mönchengladbach im Jahr 1901.

te Höhere Webschule in Mülheim/Rhein (heute ein Stadtteil von Köln) geschlossen. Deren Aktivitäten wurden nach Mönchengladbach verlagert. Ein halbes Jahr später kamen noch die Abteilungen für Färberei und Appretur dazu. Eine Konfektionsabteilung wurde 1912 an die Schule angegliedert. Ein einsemestriger Kurs für Textilkaufleute wurde 1924 eingeführt.

Die Notwendigkeit neutraler Prüfungen an Textilien und deren Zwischenprodukten führte auch in Mönchengladbach zur Gründung einer "Öffentlichen Konditionieranstalt". Sie war an die Textilfachschule angegliedert und nahm 1910 den Betrieb auf.

Durch eine ministerielle Verfügung wurde die Mönchengladbacher Lehranstalt 1936 in eine Textilingenieurschule übergeführt. Im Gegensatz zu den anderen Schulen, die einen gleichartigen Rang erhalten hatten, konnte die Mönchengladbacher Ingenieurschule den Bereich der Bekleidungsfertigung und das Studium für Bekleidungsingenieure aufweisen.

Mit Prof. Dr.-Ing. Otto Mecheels (1894-1979), der zuvor in Reutlingen Textilchemie gelehrt hatte,

Abb. 7.9.3.3 Otto Mecheels mit Assistenten und Färbemeister Schmidt in M. Gladbach

war 1935 ein Chemiker Leiter der Mönchengladbacher Schule geworden. Dies war etwas ungewöhnlich, denn die Textilfachschulen waren vorwiegend von Technologen geleitet worden. Die Berufung eines Chemikers zum Direktor war vielleicht auch ein Zeichen der Ausrichtung der Schule. Von Anfang an hatte die Chemie im Lehrplan dieser Schule eine hohe Bedeutung. Dies zeigte sich auch in der 1937 erfolgten Einführung einer Abteilung für Chemische Reinigung.

Das Gebäude der Schule in Mönchengladbach wurde im Zweiten Weltkrieg größtenteils zerstört, so dass dort der Lehrbetrieb nicht mehr möglich war. Laut einer Anweisung des "Reichsministers für Wissenschaft, Erziehung und Volksbildung" vom 13.11.1944 sollte die Mönchengladbacher Textilingenieurschule nach Münchberg verlegt und mit der dortigen Textilfachschule zusammengelegt werden. Dass man in Münchberg hierüber keine Begeisterung empfand, geht aus einer Aktennotiz im Nachlass von Prof. Dr. Otto Mecheels hervor. Dort heißt es über seinen ersten Kontakt mit den zuständigen Personen der neuen Wirkungsstätte:"…..

Abb. 7.9.3.4 Gebäude der Fachhochschule Niederrhein in Mönchengladbach in neuerer Zeit.

wo ich sofort den Widerstand der gesamten Behörden und der Gauleitung in Bayreuth zu spüren bekam."

Entgegen der Anweisung des Schulleiters hatten sich einige Dozenten und Studenten bereits nach Münchberg auf den Weg gemacht, wo sie keine Bleibe finden konnten. Da eine Rückkehr nach Mönchengladbach nicht mehr möglich war, musste Mecheels eine Möglichkeit zur Unterbringung dieser Gruppe finden. Die einzige Möglichkeit hierfür bot sein Heimatort Bönnigheim/Neckar, wo mit vielen Einschränkungen weiter gearbeitet werden konnte. Diese kriegsbedingte Umsiedlung bildete den Grundstein für die Entstehung der Hohensteiner Institute.

In Mönchengladbach wurde nach Kriegsende mit dem Wintersemester 1946/47 der Lehrbetrieb wieder aufgenommen. Der Wiederaufbau war teilweise mit einem freiwilligen Arbeitseinsatz der Studierenden erfolgt.

Die Textilingenieurschule entwickelte sich in den Folgejahren weiter. 1963 erhielt sie die Bezeichnung Ingenieurschule für Textilwesen Mönchgladbach-Rheydt und 1965 Staatliche Ingenieurschule für Textilwesen. Als 1971 eine völlige Neuorganisation des Ingenieurstudiums erfolgte und die Fachhochschulen eingeführt wurden, betraf dies auch die Mönchengladbacher Schule. Die Stadt wurde neben Krefeld zum Standort der Fachhochschule Niederrhein.

Neben dem Studium an der Fachhochschule mit dem Berufsziel Diplom-Ingenieur wurde die Ausbildung von Technikern neu geregelt. An der Fachschule für Technik werden in Mönchengladbach in einem viersemestrigen Studium Techniker für den Bereich der Textil- und Bekleidungstechnik mit den Schwerpunkten Textilerzeugung und Textilveredlung ausgebildet.

Literatur:

- Eigenbertz, E., Festschrift Textil-Ingenieur-Schule M.Gladbach-Rheydt in M.Gladbach: 1901-1951, Mönchengladbach, 1951
- Haßler, F., Aus der Geschichte der Textil- und Bekleidungsindustrie im Mönchengladbach- Rheydter Industriegebiet, Melliand Textilberichte 37(1956), S. 1125-1130
- Ostendorf, H., Aus der Region gewachsen – 40 Jahre Hochschule Niederrhein, Krefeld, 2011
- Peters, K.E., Die deutschen Textilfachschulen, ihre geschichtliche Entwicklung und wirtschaftliche Bedeutung, Melliand Textilberichte 32(1951), S. 614-616
- Rouette, H.K., Textilbarone, Dülmen, 1996

Quelle Abbildungen:

- 7.9.3.1 Eigenbertz, E., Festschrift Textil-Ingenieur-Schule M.Gladbach-Rheydt in M.Gladbach: 1901-1951, Mönchengladbach, 1951
- 7.9.3.2 Hochschule Niederrhein Mönchengladbach
- 7.9.3.3 Hohenstein institute
- 7.9.3.4 Hochschule Niederrhein Mönchengladbach

7.9.4 Wuppertal

Die Stadt Wuppertal ist 1929 durch den Zusammenschluss der Städte Elberfeld und Barmen und einiger weiterer umliegender Orte entstanden. Beide Gründungsstädte haben eine lange textile Tradition aufzuweisen.

Grundstein für die textile Bedeutung der Orte im Tal der Wupper war die Bleicherei, deren erste Spuren bis in die Zeit um 1400 zurückgehen. Einen erheblichen Aufschwung erhielt dieses Gewerbe durch das als Garnnahrung bekannt gewordene, von den Grafen von Berg 1527 an die Bleicher im Tal der Wupper für das Bleichen von Flachsgarn vergebene Privileg. Dieses umfasste nicht nur das Bleichen der Garne, sondern eben-

Abb. 7.9.4.1 Bleicherei aus dem Wuppertal aus der Mitte des achtzehnten Jahrhunderts. Neben dem Gebäude ist ein offener Schuppen zum Abkochen des Garnes. In dem Gebäude ist der Beuchkessel untergebracht, an dem der Beucherknecht oder Bücker, eine der wichtigsten Personen bei der Bleiche, arbeitet. Vor dem Gebäude sind Gewebestücke zur Rasenbleiche ausgebreitet. Im Hintergrund sieht man ein Schöpfrad.

falls das Zwirnen. Auch das so genannte Lintwirken, worunter die Herstellung von Bändern und Posamenten zu verstehen ist, wurde schon früh für diese Region erwähnt, wie aus den Privileg-Akten des Jahres 1549 hervorgeht.

Der Schwerpunkt des Textilgewerbes war zunächst die Bleicherei im Tal der Wupper. Daneben wurden Bänder, zuerst einfache einfarbige, später dann auch mit farbigen Wollfäden gemusterte, hergestellt. Der eigentliche Wendepunkt des Wuppertaler Textilgewerbes vollzog sich um die Wende vom siebzehnten zum achtzehnten Jahrhundert. Zu dieser Zeit erfolgte die Einführung der Baumwolle und der Seide in die Textilfertigung im Tal der Wupper. Es ist auch die Zeit der Errichtung der ersten Färberei, die dort Anfang des achtzehnten Jahrhunderts erstmals belegbar ist. Daraus entstand in der Zeit nach 1750 die Türkischrotfärberei, die in dieser Region zu einer besonderen Bedeutung emporwuchs und für die sich die Wuppertaler Färber

Abb. 7.9.4.2 Färberei in Wuppertal aus Ende des 19. Jahrhunderts nach einem Aquarell von W. Petersen, der 1862 in Burg an der Wupper geboren wurde.

der Industriellen Revolution die Breitweberei für die Herstellung von Baumwoll- und Seidengeweben. Die maschinelle Fertigung von Textilien setzte schon gegen Ende des achtzehnten Jahrhunderts im Tal der Wupper ein. Die erste Fabrik neuzeitlicher Prägung war die Maschinenspinnerei von F.J. Bredt in Barmen, die 1797 die Produktion aufnahm. Im Tal der Wupper entstand ein frühes Industriezentrum, das in der ersten Hälfte des neunzehnten Jahrhunderts als führend in Deutschland galt. Mit der Industrialisierung wurde das Tal aber auch zu einem Beispiel für die sozialen Folgen dieser Umwälzung.

Doch nicht nur für die Textilindustrie, auch für die Farbstoffindustrie war das Tal der Wupper eine wichtige Geburtsstätte. In Barmen entstanden in den 1860er Jahren mehrere Farbenfabriken, unter denen sich auch die später weltberühmten Farbenfabriken Bayer befanden.

Außerdem wurde durch Wuppertal auch die Entwicklung der Chemiefaserindustrie maßgebend beeinflusst, denn die aufgeschlossenen Barmer Bandweber waren es, die sich für die auf chemischen Wege hergestellten Filamentgarne, die durch ihren besonderen Glanz auffielen, nachhaltig interessierten und sie für ihre Produkte einsetzten. Sie gaben damit den auf Cellulosenitrat-Basis hergestellten Filamentgarnen ihre ersten Einsatzgebiete. Dies führte schließlich dazu, dass auch zwei für die Entwicklung der Chemiefasern ganz besonders bedeutende Firmen nämlich die Vereinigten Glanzstoff-Fabriken und Bemberg hier ihren Sitz hatten.

eine Art Monopolstellung in Deutschland erarbeiten konnten. Diese sowie die Bandweberei begründeten in besonderer Weise den Ruf Wuppertals als Textilzentrum. Im neunzehnten Jahrhundert genoss der Barmer Artikel, worunter Web- und Flechtbänder der verschiedensten Art zu verstehen sind, Weltruf.

Die Handflechterei wurde durch Frauen und Kinder im Tal der Wupper schon seit Anfang des achtzehnten Jahrhunderts ausgeführt. Durch die Einführung der Flechtmaschine, deren Weiterentwicklung hier besonders gefördert wurde, bekam dieser Fertigungszweig nachhaltige Impulse.

Während Barmen auf die Bandweberei spezialisiert blieb, entwickelte sich in Elberfeld im Zuge

Die Bedeutung von Wuppertal als Textilzentrum zeigt sich darüber hinaus darin, dass sich auch der Textilmaschinenbau hier etablierte.

Eine Region, in der die Herstellung von Textilien eine sehr lange Tradition hat und in der die Mechanisierung dieser Produktion schon früh einsetzte, war an gut geschulten Nachwuchskräften ganz besonders interessiert. Es ist deshalb nicht erstaunlich, dass die ersten Bestrebungen hierzu schon in die 1840er Jahre zurückgehen. In Barmen schuf der Verein für Kunst und Gewerbe 1844 eine Sonntagsschule für Musterzeichner. Kurz danach wurde 1845 in Elberfeld eine Webschule eröffnet.

In der Elberfelder Webschule beschränkte sich der Unterricht zunächst auf die Handweberei, auf das Zerlegen und Nachstellen von Geweben sowie auf elementares Zeichnen. Erst 1855 kamen Unterrichtsteile in mechanischer Weberei hinzu. Außerdem kam auch Musterzeichnen in den Lehrplan. Aber es blieb vorwiegend beim Unterricht in der Handweberei, da für die mechanischen Webstühle kein Antriebsaggregat in Form einer Dampfmaschine vorhanden war. Die Schule erhielt 1861 eine chemische Abteilung. Der Unterrichtsplan umfasste nun drei Abteilungen, nämlich den Webunterricht, das Musterzeichnen und den chemischen Bereich.

Schon ab Anfang der 1860er Jahre registrierte man einen Rückgang der Anmeldungen. Dies galt auch für die Musterzeichner mit anfänglich guten Schülerzahlen. Der Grund war offensichtlich ein unzureichender Lehrbetrieb. Vor allem der Unterricht in der mechanischen Weberei hätte ausgebaut werden müssen. Diese Forderung kam auch von der Industrie. Doch die beschränkten finanziellen Mittel und der Mangel an räumlichen Möglichkeiten setzten hier Grenzen. Die Stadt und auch der Staat waren nicht gewillt, ihre Zuschüsse zur Schule zu erhöhen und die Einnahmen aus Schulgeldern wurden wegen der sinkenden Schülerzahlen immer geringer. Deshalb musste die Elberfelder Webschule 1864 aufgegeben werden.

Auch die andere frühe Fachschulgründung in Wuppertal hatte keinen langen Bestand. Nachdem die Webschule geschlossen worden war, bestand auch die Barmer Schule für die Musterzeichner nur noch kurze Zeit weiter. In mehreren anderen Zentren des Textilgewerbes gab es in dieser Zeit schon gut florierende Webschulen, doch erst 1896 startete der Präsident der Barmer Handelskammer eine neue Initiative zur Errichtung einer Webschule. Es dauerte dann noch vier Jahre, bis diese Schule am 19.04.1900 eröffnet werden konnte. Unterrichtet wurde teilweise in Tages- und teilweise in Abendlehrgängen. Ein Jahr später wurde dann mit den einjährigen Lehrgängen, die damals Fabrikantenkurse genannt wurden, ein regulärer Schulbetrieb eingeführt. Gelehrt wurden die Fächer Bandweberei, Flechterei und Breitweberei. 1905 kam noch das Fachgebiet Färberei dazu.

Unabhängig von der Barmer Schule war in Ronsdorf, das heute ebenfalls ein Stadtteil von Wuppertal ist und das als Zentrum der Bergischen Bandindustrie galt, 1899 die "Preußische Bandwirkerschule zu Ronsdorf" entstanden. Die Anstalt erhielt diese Bezeichnung, da die Bandweber der ganzen Region seit jeher als Bandwirker bezeichnet wurden. Im Namen der Lehranstalt sollte die Ausrichtung der Schule auf das Bandgewerbe zum Ausdruck kommen. Auch an dieser Schule wurde ein besonderer Wert auf das Musterentwerfen gelegt. Die ursprünglich selbstständige Bandwirkerschule Ronsdorf wurde 1931 aufgelöst und in die Wuppertaler Textilfachschule integriert.

1934 wurde Dr.-Ing. Erich Wagner Leiter der Wuppertaler Lehranstalt. Er war in Fachkreisen sehr gut bekannt und wurde zur prägenden Persönlichkeit dieser Schule. Durch einen Ministererlass wurden 1936 die Höheren Fachschulen mit technischem Lehrprogramm zu Ingenieurschulen. So entstand aus der ehemaligen Barmer Webschule die Textilingenieurschule Wuppertal. In einem Verzeichnis der Ingenieurschulen aus dem Jahr 1941 wird sie als Lehranstalt für Bänder und Litzen mit den Fachrichtungen Bänder-

und Litzenherstellung, Färberei, Druckerei und Ausrüstung geführt. 1940 war das an die Schule angegliederte "Staatliche Öffentliche Warenprüfungsamt für die Spinnstoffwirtschaft" gegründet worden. Durch einen Bombenangriff wurde 1943 das Schulgebäude zerstört. Der Schulbetrieb wurde daraufhin nach Reichenberg im Sudetenland verlagert.

Nach Kriegsende nahm die Textilingenieurschule am 01.04.1946 in den Räumen des ehemaligen Barmer Realgymnasiums den Lehrbetrieb wieder auf. 1949 wurde mit der Enttrümmerung des früheren Schulgebäudes begonnen und der Wiederaufbau eingeleitet. Schon ein Jahr später konnte das neue Gebäude bezogen werden.

Mit der Einführung der Fachhochschulen kam das Aus für die Wuppertaler Textilingenieurschule. Wie die entsprechenden Schulen in Aachen, Krefeld und Mönchengladbach wurde auch die Wuppertaler Textilingenieurschule aufgelöst und in die neu entstandene Fachhochschule Niederrhein integriert.

An der Bergischen Universität Wuppertal wurde danach ein Studium der Textilchemie angeboten. Dieses bestand aus einem Chemie-Grundstudium und einer anschließenden Spezialisierung auf dem Gebiet der Textilchemie. 2008 wurde diese Studienrichtung aufgegeben. Das Gebäude der Ingenieurschule findet als Berufsschule eine weitere Nutzung. Dort entstand das Ausbildungszentrum der Rheinischen Textilindustrie.

Literatur:
- An., 50 Jahre Textil-Ingenieurschule Wuppertal, Wuppertal, 1950
- Franzen, O., Die deutschen Textilfachschulen und ihre wirtschaftliche Bedeutung, Diss. Köln, 1925
- Hassler, F., Aus der Geschichte der Wuppertaler Textilindustrie, Zeitschrift für die gesamte Textilindustrie 57(1955), S. 239-244
- Peters, K.E., Die deutschen Textilfachschulen, ihre geschichtliche Entwicklung und wirtschaftliche Bedeutung, Melliand Textilberichte 32(1951), S. 614-616
- Rutenkolk, E., Gründung und Chronik der Preußischen Bandwirkerschule zu Ronsdorf in An., Geschichte der Bergischen Bandindustrie, Ronsdorf, 1920

Quelle Abbildungen:
- 7.9.4.1 Dietz, W., Die Wuppertaler Garnnahrung, Neustadt/Aisch, 1957, S. 25
- 7.9.4.2 Damaschke, S., Zwischen Anpassung und Auflehnung, Wuppertal, 1992

7.9.5 Bocholt

Bocholt zählt zu den bedeutendsten Textilstädten des nordrhein-westfälischen Westmünsterlandes. Das Textilgewerbe von Bocholt könnte durch Glaubensflüchtlinge aus Flandern, die ab 1562 zugezogen sein sollen, begründet worden sein. Eine der besonderen Fähigkeiten dieser Zugereisten war die Herstellung eines groben, in Bocholt als Baumseide bezeichneten Barchents (Mischgewebe mit einer Leinenkette und einem Baumwollschuss), womit auch die Verarbeitung von Baumwolle in Bocholt eingeführt wurde. Nach und nach entwickelte sich die Stadt zu einem Zentrum des Textilgewerbes, bei dem ab etwa Mitte des 19. Jahrhunderts die Mechanisierung auf breiter Basis einsetzte. Schon zu Beginn des 19. Jahrhunderts arbeiteten in Bocholt einzelne aus England importierte Spinnmaschinen, bei denen es sich um Spinning Jennies gehandelt haben könnte. Die erste Dampfmaschine kam 1852 nach Bocholt, die erste mechanische Weberei entstand 1858, doch die Handweberei konnte sich danach noch einige Jahrzehnte behaupten. Die erste große Spinnerei wurde 1857 errichtet, vorher hatten einige kleinere in Bocholt existiert. Die erste fabrikmäßige

Kattundruckerei wurde 1863 durch die Brüder Theodor und Peter Driessen gegründet. Schon 1864 begann die Herstellung von Watte in dieser Stadt. Einen starken Aufschwung nahm die Textilindustrie von Bocholt in den 1870er Jahren, wozu auch die erste Eisenbahnverbindung 1878 nach Wesel beitrug.

Wie in anderen Textilzentren nahm auch die Bocholter Arbeiterschaft ihre bedrückende soziale Situation nicht geduldig hin. So wurde am 05.06.1913 auf einer Versammlung die Forderung nach einem Zehnstundentag und einer Lohnerhöhung von 15 Prozent erhoben. Damit entstand eine gespannte Situation zwischen Arbeitgebern und Arbeitnehmern, woraus sich ein längerer Streik entwickelte, der am 29.07.1913 endete. Es war einer der größten Streiks in der Textilindustrie des Westmünsterlandes, der weit über diese Region hinaus Aufsehen erregte.

Trotz der Textilkrise der 1970er und 1980er Jahre, in der viele namhafte Textilbetriebe ihre Produktion einstellen mussten, konnte sich die Textilindustrie in Bocholt etwas behaupten. Die Zahl der Betriebe beträgt allerdings nur noch ein Drittel gegenüber der Zeit vor der Textilkrise.

Dass in dieser Stadt mit einer umfangreichen Fertigung von Textilien der Wunsch nach einer Fachschule bestand, ist nahe liegend. So entstand 1926 eine Textilmeisterschule, die zwei Jahre später die staatliche Anerkennung erhielt. Es handelte sich hierbei um eine Abendschule mit meistens zwölf Wochenstunden, so dass die Schüler den Status des Meisters neben ihrer Berufstätigkeit erwerben konnten. Von Anfang an war das Berufsschulwesen von Bocholt in diese Schule integriert. So war der Leiter der Textilmeisterschule gleichzeitig auch der Leiter der gewerblichen Berufsschule.

Das heutige Berufsschulwesen von Bocholt steht in der Nachfolgeschaft der Textilmeisterschule. Innerhalb des Berufskollegs Bocholt-West gibt es noch heute den Bildungsgang "Textile Berufe".

Literatur:

- Lassotta, A., Röver, H., Schultes, A. u. Steinborn, V., Streik Crimmitschau 1903 – Bocholt 1913, Essen, 1993
- Teuteberg, H.J., Die westmünsterländische Textilindustrie und ihre Unternehmer, Münster, 1996
- Unterlagen aus dem Stadtarchiv Bocholt
- Westerhoff, E., Die Bocholter Textilindustrie, Bocholt, 1986
- Westerhoff, E., Die Bocholter Textilindustrie in Lassotta, A. u. Lutum-Lenger, P., Textilarbeiter und Textilindustrie: Beiträge zu ihrer Geschichte in Westfalen während der Industrialisierung, Hagen, 1989

7.9.6 Köln

Wie in anderen bedeutenden Niederlassungen der Römer, hat sich auch in Köln schon sehr früh ein Gewerbe und besonders ein Textilgewerbe entwickelt. In Köln wurden bei Ausgrabungen mehrere Textilfunde aus der Römerzeit und aus dem frühen Mittelalter zu Tage gefördert, wobei aber offen bleiben muss, ob es sich in jedem Falle um lokale Fertigungen handelte oder ob diese Textilien durch die römischen Soldaten bzw. durch den damaligen Textilhandel nach Köln gelangten. Eine Textilfertigung in der Römerzeit kann jedoch aufgrund von Werkzeugfunden als gesichert betrachtet werden.

Der erste schriftliche Beleg für ein Kölner Textilgewerbe ist eine Urkunde aus dem Jahr 1149, in der eine Bruderschaft der Decklakenweber erwähnt wird. Aus dem Jahr 1247 liegt eine Urkunde über Gewandschneider vor. Die Tuchscherer, die zunächst in die Zunft der Gewandschneider integriert waren, treten ab 1397 als selbständige Gilde auf. In dieser Zeit beherrschte die Tuchfertigung das Textilgewerbe in Köln. Wie in anderen Zentren des Fernhandels hatte dieser Fertigungszweig auch hier gut Fuß gefasst.

Vermutlich zu Beginn des 14. Jahrhunderts entstand in Köln ein Seidengewerbe, dessen erste Spuren allerdings bis in das 11. Jahrhundert zurückgehen. Besonders die Seidenstickerei begründete den guten Ruf der Kölner Seidenwaren im späteren Mittelalter und zu Beginn der Neuzeit. Als eine Spezialität der Kölner Seidenweber wurden die Kölner Borten bekannt, deren Herstellung vermutlich im 13. Jahrhundert begann. Sie bestanden aus einem halbseidenen Brokat, der mit einer Fondkette aus meist naturfarbenen oder blauen Leinengarnen und einer Bindekette aus Seide hergestellt wurde. Die Schussfäden bestanden aus Seide und Cyprischen Goldfäden, ergänzt durch einen leinenen Unterschuss. Die Kölner Borten waren bis in das 15. Jahrhundert ein begehrter Artikel.

Köln kann im Textilhandwerk als eine besonders fortschrittliche Stadt betrachtet werden, denn hier hatten auch Frauen Zugang zu den Zünften und es gab sogar spezielle Frauenzünfte. Die Blütezeit der Kölner Seidenweberei endete im 17. Jahrhundert. Davon profitierte Krefeld, wo sich in dieser Zeit die Seidenindustrie installierte. Zu Beginn der Industriellen Revolution hatte Köln als Zentrum der textilen Fertigung keine Bedeutung mehr. Eine starke Textilindustrie konnte deshalb auch hier nicht mehr Fuß fassen.

In dem früher eigenständigen Mülheim, das seit 1914 ein Stadtteil von Köln ist, gelang im 19. Jahrhundert jedoch die Ansiedlung der noch jungen Textilindustrie. Und hier entstand auch eine der frühen und bedeutenden Webschulen. Sie wurde 1852 zunächst als eine private Institution gegründet, erhielt aber bald die Unterstützung des Staates und der Stadt. Der Unterricht erfolgte zunächst auf Handwebstühlen. In einem Prospekt der Schule aus dem Jahr 1853 werden als Unterrichtsziele die Heranbildung von Fabrikanten und Werkmeistern sowie die Ausbildung von Ein- und Verkäufern in Warenkunde genannt. Die Bezeichnung Höhere Webschule erhielt die Mülheimer Schule 1854.

Die Mülheimer Schule hatte mit einer sinkenden Schülerzahl ähnliche Sorgen wie die nahezu ein Jahrzehnt früher gegründete Elberfelder Webschule. Gegenüber Elberfeld kam im Falle von Mülheim noch das geringere industrielle Umfeld erschwerend hinzu. Nach der Schließung der Elberfelder Webschule konnte die Mülheimer Schule noch etwas überleben. Aber besonders der Ausbau der Krefelder Schule wirkte sich für Mülheim negativ aus. Deshalb musste die Mülheimer Schule 1901 geschlossen werden. Deren Aktivitäten wurden nach Mönchengladbach verlagert.

Nach dem Zweiten Weltkrieg wurde 1946 in Köln die Ausbildung von Bekleidungstechnikern aufgenommen und hierfür die Höhere Fachschule für die Bekleidungsindustrie gegründet. Der Titel des Textilingenieurs konnte an dieser Schule nicht erworben werden. Nach der Einführung der Fachhochschule Niederrhein mit den Standorten Krefeld und Mönchengladbach wurde die Kölner Schule geschlossen. Ihre Aufgaben übernahm die neu gegründete Fachhochschule.

In Köln existiert heute das Berufskolleg Humboldtstraße, in dem eine Berufsschulausbildung für Textilberufe erfolgt.

Ein besonderes textiles Metier wird an der Fachhochschule Köln gelehrt. Dort wird im Fach Kulturwissenschaften das Studium der Textilrestaurierung angeboten.

Literatur:
- Ennen, R., Zünfte und Wettbewerbe, Diss. Marburg, 1970
- Franzen, O., Die deutschen Textilfachschulen und ihre wirtschaftliche Bedeutung, Diss. Köln, 1925
- Scheyer, E., Die Kölner Bortenweberei des Mittelalters, Augsburg, 1932

7.9.7 Bielefeld

Bielefeld im östlichen Westfalen hat eine lange Textiltradition, besonders auf dem Gebiet der Flachsverarbeitung, aufzuweisen. Schon im achtzehnten Jahrhundert hatte sich in Bielefeld eine vermögende, den Vertrieb der dort hergestellten Leinengewebe regelnde Kaufmannsschicht herausgebildet. Wie in anderen Städten des ostwestfälischen Leinengebietes war auch in Bielefeld zur Prüfung der herstellten Gewebe eine so genannte Leinenlegge entstanden. Zu Beginn der Industrialisierung bestand die Bielefelder Kaufmannsschicht aus 30-40 Familien, die das Leinengeschäft beherrschten. Aus dem Leinenhandel kam auch das Kapital, mit dem ab etwa Mitte des neunzehnten Jahrhunderts die Industrialisierung der Textilfertigung finanziert wurde.

Abb. 7.9.7.1 Stempel der Königlich-Preußischen Legge zu Bielefeld.

Die erste mechanische Flachsspinnerei wurde in Bielefeld 1850 durch die Gebrüder Bozi gegründet, vier Jahre später erfolgte die Gründung der sehr bekannt gewordenen Ravensberger Spinnerei. 1862 entstand die erste mechanische Weberei.

Ein bedeutender Zweig der Bielefelder Textilindustrie ist die Wäscheindustrie, die in dieser Stadt und im Umland schon in der vorindustriellen Epoche existierte und die nach der Einführung der Nähmaschine einen erheblichen Aufschwung nahm. Besonders durch die Herstellung von Hemden ist Bielefeld bekannt geworden.

Um den Bedarf der Bielefelder Konfektionsindustrie an Führungsnachwuchskräften zu decken, wurde dort 1952 eine Höhere Fachschule für Bekleidungsindustrie gegründet. Der Titel des Textilingenieurs konnte an dieser Schule nicht erworben werden. Nach der Einführung der Fachhochschule Niederrhein mit den Standorten Krefeld und Mönchengladbach wurde die Bielefelder Fachschule geschlossen. Ihre Aufgaben übernahm die neu gegründete Fachhochschule.

Literatur:
- Kocka, J. u. Vogelsang, R., Bielefelder Unternehmer des 18. bis 20. Jahrhunderts, Münster, 1991

Quelle Abbildung:
- 7.9.7.1 Lerner, F., Qualitätsüberwachung in den vorindustriellen Epochen, Ciba-Rundschau 1968/4, S. 10, Abb.7

7.9.8 Siegen

Siegen verfügt über keine besondere textile Tradition, aber es war Standort einer bedeutenden Ausbildungsstätte für die Handweberei.

In Siegen wurde 1935 eine Webwerkstatt gegründet, die in einer früheren Möbelfabrik untergebracht worden war. Ziel dieser Gründung war die Förderung des Handwebens. Vorausgegangen war 1933 die Einrichtung einer Fachklasse "Spinnen und Weben" in der Haushaltungsschule, der städtischen Berufsschule angegliedert war. In der Zeit nach dem Zweiten Weltkrieg erhielt die Webwerkstatt die Bezeichnung "Lehrwerkstätte für Handweberei". Daraus hat sich vermutlich eine Berufsfachschule für Handweber entwickelt. Wie lange diese Bestand hatte, konnte nicht ermittelt werden.

Literatur:
- Unterlagen aus dem Stadtarchiv Siegen

7.9.10 Sonstige Textilschulen in Nordrhein-Westfalen

Ähnlich wie in anderen Regionen gab es auch in Nordrhein-Westfalen kleine Textilschulen, die meist nur von örtlichem Interesse waren und vorwiegend von Kindern besucht wurden. Es handelte sich hier nicht um Fachschulen im eigentlichen Sinne, sondern um kleine und oft kurzlebige Bildungseinrichtungen.

Schulen dieser Art sind aus Gütersloh bekannt. Die Stadt war früher der Standort bedeutender Textilunternehmen, von denen aber kaum etwas übrig geblieben ist. In Gütersloh war 1830 eine Spinnschule gegründet worden, die aber nur ein Jahr bestand. Eine Neugründung, besonders für Kinder, erfolgte 1836. Diese Spinnschule hatte bis 1850 Bestand. Einige Monate nach der Schließung dieser Einrichtung wurde in Gütersloh eine Webschule ins Leben gerufen. Diese bestand bis 1853.

Literatur:
- Unterlagen aus dem Stadtarchiv Gütersloh

7.10 Textilfachschulen in Niedersachsen

7.10.1 Bramsche

In Bramsche im Umland von Osnabrück hat die Tuchmacherei eine lange Tradition. Bramsche gilt als die Tuchmacherstadt Niedersachsens mit einer schon früh existierenden Tuchmacherzunft.

Daneben existierte in Bramsche die Leinenweberei, die offensichtlich nicht in einer Zunft zusammengeschlossen war. Für die Leinenweber bedeutend war die in den Jahren 1770-1772 eingerichtete Leinenlegge, bei der die Handwerksmeister ihre Gewebe vorlegen und abstempeln lassen mussten. Das dort erteilte amtliche Qualitätszeugnis war für den Vertrieb der Leinengewebe von großer Bedeutung. Die Leggen, die man besonders im Bielefelder Leinengebiet antrifft, waren eine frühe Art von Qualitätskontrolle. Eine ähnliche Einrichtung bestand auch für die Tuchmacher. Die von der Obrigkeit 1725 angeordnete Kontrolle der hergestellten Tuche führte zur Einrichtung eines so genannten Siegelhauses.

Mit der Industriellen Revolution wurde auch in Bramsche die Textilfertigung mechanisiert. Bramsche wurde zur Fabrikstadt mit mehr als zwanzig Fabriken.

Die hohe Bedeutung von Bramsche als Textilstadt führte 1898 zur Gründung einer Webschule mit einem eigenen Schulgebäude. Sie bekam ab 1899 die Bezeichnung "Preußische Webe-Lehranstalt". Im Schulgebäude wurde neben den Unterrichtsräumen auch ein Maschinensaal untergebracht. Für diesen lieferte eine Dampfmaschine die Antriebsenergie.

In der Zeit des Ersten Weltkriegs mit einer, wie allerorts, abnehmenden Schülerzahl, wurde ein amtliches Warenprüfungsamt der Schule angegliedert.

Ein neues Schulgebäude entstand 1931, mit dem sich Möglichkeit bot, dass das Warenprüfungsamt wieder in Schulnähe kommen konnte. Es war vorübergehend außerhalb der Schule untergebracht worden. Der Maschinensaal der mit einem elektrischen Einzelantrieb versehenen Maschinen entstand unmittelbar neben dem Schulgebäude. Dass eine derartige Weiterentwicklung der Schule in dieser wirtschaftlich kritischen Zeit gelang, ist auf ein besonderes Engagement der damaligen Schulleitung und der Lehrkräfte zurückzuführen.

Der gesamte Schulbetrieb und auch die Tätigkeit des Prüfamtes mussten 1938 eingestellt werden. Der Maschinensaal der Schule erhielt Einrichtungen für eine kriegswichtige Fertigung.

Im Jahr 1950 gab das Kulturministerium des Landes Niedersachsen den Auftrag zum Wiederaufbau der Webschule Bramsche. Unter Einsatz der Schüler, aber auch besonders mit Hilfe der Textilindustrie und des Textilmaschinenbaus gelang es, wieder eine leistungsfähige Schule einzurichten. Doch auch an Bramsche und seiner Webschule ging die Textilkrise nicht vorüber. Die Schule musste 1972 geschlossen werden.

An die Tradition von Bramsche als Textilstadt erinnern noch heute ein als "Alte Webschule" bekanntes Gebäude, das als Jugendzentrum genutzt wird. Außerdem wird im Tuchmachermuseum Bramsche die Erinnerung an die früher bedeutende Tuchfertigung der Stadt wach gehalten.

Literatur:
- Manuskript aus dem Archiv des Tuchmachermuseums Bramsche
- Meyer, S., Die Tuchmacher von Bramsche, Bramsche, 2003

7.10.2 Nordhorn

Nordhorn in Niedersachsen zählte bis zur Textilkrise der 1970er und 1980er Jahre zu den Textilzentren Deutschlands. Die Textilindustrie entstand in Nordhorn im 19. Jahrhundert. Als ihr Begründer gilt Willem Stroink, ein mennonitischer Niederländer aus Enschede. Er gründete 1839 eine so genannte Schnellweberei in Nordhorn, die aber noch auf der Handweberei aufgebaut war. Die Bezeichnung Schnellweberei ist darauf zurückzuführen, dass hier auf Webstühlen mit dem Schnellschützen gearbeitet wurde.

Zu den "Großen Drei" von Nordhorn wurden die Firmen Povel, Rawe und Nino. Anton Povel gründete, zusammen mit dem aus dem niederländischen Zwolle zugewanderten Hermann Kistemaker, 1851 in Nordhorn ebenfalls eine Schnellweberei. 1852 wurde eine mechanische Spinnerei, die später von Kistemaker alleine betrieben wurde, dem Unternehmen angegliedert. Die Weberei wurde 1871 von Anton Povel übernommen und zu einem Fabrikbetrieb mit Webmaschinen ausgebaut. Den weiteren Aufbau des Unternehmens betrieb besonders sein Sohn Ludwig Povel, der 1905 eine Spinnerei einrichtete, die als eine der Ersten in Deutschland mit Elektromotoren betrieben wurde.

Bernard Rawe kam 1888 nach Nordhorn, wo er Teilhaber der Spinnerei von Kistemaker wurde. 1890 errichtete er eine Baumwollspinnerei und 1896 eine Weberei.

Die spätere Firma Nino wurde 1897 von Bernhard Niehues und Friedrich Dütting als Webereiunternehmen mit der Firmenbezeichnung Niehues und Dütting KG gegründet. Nach dem Tod von Dütting ging das Unternehmen 1925 in den Alleinbesitz der Familie Niehues über. Bekannt wurde die Firma besonders durch die 1948 geschaffene Marke NINO-flex.

Abb. 7.10.2.1 Spinnsaal der Firma Niehues und Dütting in Nordhorn in der Zeit um 1940.

Abb. 7.10.2.2 Websaal der Firma Niehues und Dütting in Nordhorn in der Zeit um 1940.

Während der in den 1970er Jahren begonnenen Textilkrise mussten alle drei Nordhorner Großunternehmen ihre Produktionsstätten schließen. Povel stellte 1979 die Produktion ein, Nino ging 1994 in Konkurs und Rawe schied nach jahrelangen Rettungsversuchen 2001 aus der Textilproduktion aus. Heute ist die Textilindustrie in Nordhorn wie auch im gesamten niederländisch-deutschen Grenzbereich nahezu verschwunden.

In Nordhorn entstand 1928 eine Textilberufsschule, die den Pflichtunterricht für Lehrlinge aus der Textilindustrie wahrnahm. Ein Jahr später erfolgte eine Trennung in Spinner- und Weberklassen. Um den Bedarf an späteren Vorarbeitern und Meistern decken zu können, erhielten die Begabtesten in Förderklassen einen zusätzlichen Unterricht. Auch Abendkurse wurden 1928 eingerichtet und zwar für Praktiker aus den Textilbetrieben und für Kaufleute.

Eine Textilmeisterschule wurde 1929, aufbauend auf der Textilberufsschule, erstellt. Im selben Jahr entstand auch ein Lehrwebsaal. Wie lange die Nordhorner Textilmeisterschule bestand, konnte leider nicht exakt festgestellt werden. Das letzte hierzu im Nordhorner Stadtarchiv vorhandene Dokument stammt aus dem Jahr 1944.

Literatur:

- Bünstorf, J., Strukturelle Wandlungen nach dem Niedergang der Textilindustrie - die Beispiele Nordhorn, Gronau, Enschede in Ittermann, R. u. Daniel, M., Der deutsch-niederländische Grenzraum zwischen Ems und Ijssel, Münster, 2004
- Specht, H., Stadt- und Wirtschaftsgeschichte von Nordhorn, Oldenburg, 1941
- Teuteberg, H.J., Die westmünsterländische Textilindustrie und ihre Unternehmer, Münster, 1996
- Unterlagen aus dem Stadtarchiv Nordhorn

Quelle Abbildungen:

- 7.10.2.1 - 7.10.2.2 Specht, H., Stadt- und Wirtschaftsgeschichte von Nordhorn, Oldenburg, 1941

7.10.3 Einbeck

Im südlichen Niedersachsen bestand eine traditionsreiche Leinenweberei, in die auch Einbeck einbezogen war und die aus der häuslichen Gewebefertigung hervorgegangen war. In der Zeit der Industrialisierung hatten sich in Einbeck auch einige Textilfabriken etabliert.

Durch Privatinitiative wurde 1861 in Einbeck eine Webschule gegründet, die den Titel "Königliche Webschule" erhielt. 1880 konnte sie ein eigenes neues Schulgebäude beziehen. Wegen einer zu geringen Schülerzahl musste die Einbecker Webschule 1903 geschlossen werden. Die Haushaltungs- und Gewerbeschule bezog ein Jahr später die Räume der früheren Webschule.

Literatur:
- Unterlagen aus dem Stadtarchiv Einbeck

7.10.4 Sonstige Textilschulen in Niedersachsen

Auch in Niedersachsen gab es kleine Textilschulen, die meist nur von örtlichem Interesse waren und vorwiegend von Kindern besucht wurden. Es handelte sich hier nicht um Fachschulen im eigentlichen Sinne, sondern um kleine und oft kurzlebige Bildungseinrichtungen.

Ein Beispiel hierfür ist Wallenhorst im Landkreis Osnabrück. Dort wurde gegen Ende des 19. Jahrhunderts in den Wintermonaten jungen Mädchen aus dem Ort und aus der Umgebung Unterricht im Weben erteilt, der offensichtlich guten Zuspruch fand. Die Lehrerin kam, soweit noch feststellbar, von auswärts. Welche Qualifikation sie hatte, war nicht mehr zu ermitteln. Auch wie lange diese Webschule existierte, war nicht mehr festzustellen. Eine Bewohnerin von Wallenhorst wusste zu berichten, dass ihre Mutter noch im Jahr 1912 an solch einem Unterricht teilgenommen habe.

Bei dieser Webschule von Wallenhorst handelt es sich natürlich um keine Textilfachschule im eigentlichen Sinne, sondern mehr um eine Bildungseinrichtung für Handarbeiten, die man heute vielleicht im Angebot von Volkshochschulen finden würde.

Aber die Wallenhorster haben die Erinnerung an diese Einrichtung etwas wach gehalten, da eine Straße dort die Bezeichnung "Alte Webschule" trägt.

Ein anderes Beispiel einer kleinen Webschule ist aus Visselhövede im Landkreis Rotenburg an der Wümme bekannt. Dort wurde 1904 eine "Provinzial-Lehrwerkstätte" eröffnet, in der 17 Handwebstühle aufgestellt waren. Unter der Anleitung eines Weblehrers machten vor allem Frauen und Mädchen aus der näheren Umgebung von dieser Ausbildungsmöglichkeit Gebrauch. Letztere hatten offensichtlich die Absicht, ihre Aussteuer selbst zu weben. Diese Weberei-Lehrwerkstätte, die oft als Webschule bezeichnet wurde, war die erste ihrer Art in der früheren Provinz Hannover.

Am 01.07.1940 wurde die Ausbildungsstätte geschlossen, da der langjährige Weblehrer aus Altersgründen seine Tätigkeit aufgeben musste und eine geeignete Lehrkraft wohl nicht gefunden werden konnte. 1944 gab es aber nochmals Bestrebungen, die Webschule im Rahmen der Kreisberufsschule wieder aufleben zu lassen. Welchen Erfolg diese Bestrebungen hatten, ist nicht mehr überprüfbar.

Literatur:
- Privatmitteilung von Herrn Franz-Joseph Hawighorst, Gemeinde Wallenhorst
- Privatmitteilung des Bürgermeisteramtes der Stadt Visselhövede

7.11 Textilfachschulen in Schleswig-Holstein

7.11.1 Neumünster

Neumünster hat eine lange Tuchmachertradition aufzuweisen. Diese geht in das 16. Jahrhundert zurück, als sich dort eine entsprechende Zunft bildete. Im Jahr 1685 findet man auch den ersten Färber in Neumünster.

Abb. 7.11.1.1. Schild der Tuchmacher-Gesellenherberge in Neumünster aus der 1. Hälfte des 19. Jahrhunderts.

Die Industrialisierung begann 1813 mit der Gründung einer mechanischen Spinnerei. Ab etwa 1840 erfolgte dann im großen Umfang die Mechanisierung der textilen Fertigungsverfahren. Die Herstellung von Maschenwaren begann in Neumünster um die Mitte des 19. Jahrhunderts. Die Tuchtradition der Stadt endete 1991 mit der Schließung der letzten Tuchfabrik.

Eine große Bedeutung hat das 1914 als Städtisches Museum gegründete Textilmuseum bei der Erforschung von altgermanischen Textilien erlangt. Für dieses Museum, das heute die Bezeichnung "Tuch und Technik" trägt, wurde Carl Schlabow, der oft als einer der Begründer der Textilarchäologie bezeichnet wird, besonders bedeutend.

Die angehenden Textiltechniker und -ingenieure, die Neumünster für seine Industrie benötigte, gingen zum Studium nach Aachen, Forst oder Cottbus. Nach dem Zweiten Weltkrieg gab es für Führungsnachwuchskräfte aus Neumünster in den beiden letztgenannten Orten keine Studienmöglichkeiten mehr. Deshalb erfolgte 1947 in Neumünster die Gründung einer eigenen Textilfachschule, die später zur Textilingenieurschule wurde. Dort gab es auf die Tuchherstellung ausgerichtete Studiengänge in Weberei. Die Studienrichtung Strickerei/Wirkerei kam später hinzu. Neben dem Ingenieurstudium bot die Schule auch die Ausbildung von Technikern an.

Die Textilkrise ging auch an dieser Schule nicht vorbei. 1977 begann in Neumünster der letzte Studiengang für Textilingenieure.

Literatur:
- Unterlagen aus dem Stadtarchiv Neumünster
- Vogel, S., Ruhmöller, K., Schweppe, A. u. Kronenberg, T., Tuch + Technik - Leben und Weben in Neumünster, Neumünster, 2007

Quelle Abbildung:
- 7.11.1.1 Vogel, S., Ruhmöller, K., Schweppe, A. u. Kronenberg, T., Tuch + Technik - Leben und Weben in Neumünster, Neumünster, 2007, S. 69

144 | HANDWERKLICHE WEBSCHULEN

Leinenspinnweberei Gevaert, Oudenaarde, Ostflandern, um 1900

8. Die textilen Ausbildungsstätten in den euopäischen Nachbarländern

8.1 Polen (Schlesien)

Die ehemalige preußische Provinz Schlesien, die heute zu Polen gehört, war besonders durch ihre Leinenweberei berühmt. Diese war in Niederschlesien konzentriert. Schlesien gehörte bis 1740 zu Österreich und wurde nach dem Ersten Schlesischen Krieg preußisch.

Das Leinen hat Schlesien berühmt gemacht. Dessen erste Spuren gehen auf das fünfzehnte Jahrhundert zurück. Aus dem Hausgewerbe heraus entstand in Schlesien die gewerbliche Verarbeitung von Flachs, für dessen Anbau die Region günstige klimatische Bedingungen bot. Gesponnen und gewoben wurde vorwiegend in den Bergdörfern, der Handel saß in den Städten, unter denen Hirschberg und auch Landeshut eine herausgehobene Stellung hatten. Das schlesische Leinengebiet war eines der bedeutendsten Europas. Bereits im sechzehnten Jahrhundert waren Leinengewebe aus Schlesien ein Exportartikel. Die Blütezeit des schlesischen Leinengewerbes mit hohen Exportquoten war im achtzehnten Jahrhundert.

Im Gegensatz zu anderen traditionellen Leinengebieten im Rheinland und in der Oberlausitz wurde in Schlesien der im achtzehnten Jahrhundert stark aufkommenden Baumwolle nur wenig Beachtung geschenkt. Erst nach 1815 lässt sich ein starker Anstieg der Baumwollverarbeitung, besonders in der Gegend um Hirschberg und Schweidnitz, feststellen. Auch in Langenbielau, dem äußerst schnell gewachsenen Industriedorf, das oft als "schlesisches Manchester" bezeichnet wurde, fasste die Verarbeitung von Baumwolle Fuß.

Zu Beginn des neunzehnten Jahrhunderts stellten sich erhebliche Probleme im schlesischen Leinengewerbe ein. Hierfür gab es mehrere Gründe. Einmal war dies eine stark rückläufige Nachfrage nach traditionellen Leinenqualitäten und zum anderen die mangelnde Flexibilität in der Organisation der Herstellung und des Marketing. Auch das verstärkte Aufkommen der Baumwolle spielte hierbei eine bedeutende Rolle. Weiter entstand diese Krise auch durch ein zu langes Festhalten an herkömmlichen Produktionsmethoden. So hatte es das Spinnrad schwer, in Schlesien akzeptiert zu werden. Das so genannte Rädelgarn wurde oft bekämpft und diskriminiert. Noch gegen Ende des achtzehnten Jahrhunderts war die Handspindel bei der Garnherstellung, die besonders von der bäuerlichen Bevölkerung wahrgenommen wurde, dominierend. In der Weberei fand der 1733 von dem Engländer John Kay erfundene Schnellschütze wenig Beachtung. Auch beim Bleichen, einem wichtigen Bestandteil des Leinengewerbes, erwies man sich in Schlesien als sehr konservativ und hielt lange an der Rasenbleiche fest.

Die Schlesische Textilindustrie wird in erster Linie mit dem Leinengewerbe in Verbindung gebracht, doch es gab in Schlesien auch eine Wollverarbeitung, die um 1100 von eingewanderten Augustinermönchen aus Flandern begründet worden sein könnte. Auch rheinische Einwanderer leisteten hierzu um die Mitte des zwölften Jahrhunderts einen Beitrag. Im Gegensatz zur Verarbeitung von Flachs auf den Dörfern, war das Wollgewerbe vorwiegend in den Städten konzentriert. Doch von der Produktion der umfangreichen Merino-Schafherden der schlesischen Großgrundbesitzer wurde nur ein Teil im Lande verarbeitet.

Einem breiteren Publikum ist das Textilgewerbe Schlesiens durch den Schlesischen Weberaufstand bekannt geworden. Bei diesem Aufstand des Jahres 1844, dem bereits 1792 eine Erhebung der schlesischen Weber vorausging, kamen das Elend und die Not der schlesischen Weber zum Ausdruck. Gerhart Hauptmann hat diesem Aufstand mit dem Drama "Die Weber" ein literarisches Denkmal gesetzt.

Schon 1797 versuchte Graf Joachim Karl von Maltzahn, der ehemalige preußische Gesandte in London, in Schlesien die Mechanisierung der Garnherstellung einzuführen. Da es ihm nicht gelang, englische Maschinen und englische Fachleute nach Schlesien zu bekommen, scheiterte dieser Versuch. Die erste mechanische Flachsspinnerei Schlesiens war die 1816 in Waldenburg von dem Leinengroßhändler Wilhelm Alberti gegründete. Sie wurde mit Hilfe des preußischen Staates errichtet und nahm 1818 die Produktion auf. Die ersten Webmaschinen kamen in den 1840er Jahren nach Schlesien.

Es ist nahe liegend, dass in einer Region, in der die Leinenweberei eine hohe Bedeutung hat, der Schulung des Berufsnachwuchses eine besondere Beachtung geschenkt wird. So wurden in den 1840er Jahren Flachsbauschulen in Schlesien eröffnet. Die Flachsspinnerei versuchte man in dieser Zeit durch die Errichtung von kleinen und über eine Reihe verschiedener Orte verteilten Spinnschulen zu verbessern. Hier wurden vor allem die mit der manuellen Garnherstellung beschäftigten Personen geschult. Zu Beginn des 20. Jahrhunderts wurden Lehrwerkstätten an verschiedenen Orten zur Förderung der Handweberei gegründet. Das eigentliche textile Fachschulwesen entstand in Schlesien in der zweiten Hälfte des 19. Jahrhunderts.

Die bekannteste Textilfachschule des heutigen Polen war jene von Sorau, dem heutigen Żary, das nicht zu Schlesien, sondern zum polnischen Teil der Lausitz zu zählen ist. Sorau hat eine lange textile Tradition aufzuweisen, deren älteste Spuren im 14. Jahrhundert zu finden sind. Damals prägte die Leinenweberei das dortige Gewerbe. Später kam die Tuchmacherei stärker auf. Aber der Schwerpunkt verschob sich danach wieder zum Leinengewerbe hin. So wurde Sorau zu Beginn des 19. Jahrhunderts zu dessen Zentrum in der Lausitz und auch der Leinenhandel konzentrierte sich dort.

Abb. 8.1.1 "Der Weberzug", Radierung von Käthe Kollwitz von 1897 aus dem Zyklus "Ein Weberaufstand". Die damals noch weitgehend unbekannte Künstlerin wurde durch das Drama von Gerhart Hauptmann zu diesem Zyklus angeregt.

Seitdem Sorau diese Rolle in der Lausitz übernommen hatte, ergab sich der Wunsch nach einer Fachschule. Schon 1882 hatte sich ein "Komitee zur Errichtung einer Webeschule in Sorau" gebildet. Gedacht war zunächst an eine Werkmeisterschule für die Leinen- und Baumwollweberei. Die Verhandlungen zur Gründung der angestrebten Schule nahmen lange Zeit in Anspruch. Die Eröffnung der Königlichen Webeschule erfolgte erst am 03.05.1886. Es war eine Schule mit Vollzeitunterricht, an der auch teilweise Abendunterricht erteilt wurde. Schon bei der Eröffnung verfügte die Schule neben Handwebstühlen auch über Webmaschinen. Musterzeichnen war von Anfang an ein Ausbildungsschwerpunkt. Die 1896 zur Höheren Lehranstalt erhobene Webschule wurde in dem genannten Jahr durch eine Spinn- und Appreturschule erweitert. Später kamen Abteilungen für Flachskultur, Seilerei, Färberei, Bleicherei, Stickerei und Konfektion hinzu. Die Sorauer Schule war vermutlich die einzige Textilfachschule des damaligen Deutschland, in der das Fachgebiet "Seilerei" auf dem Lehrplan stand. Ab 1900 führte die Schule die Bezeichnung "Preußische Höhere Fachschule für Textilindustrie". Wegen der Nähe zu der Lausitzer und zu der schlesischen Leinenregion lag bei dieser Schule von Anfang an der Schwerpunkt auf Bastfasern. Wie lange diese Schule existierte, konnte nicht ermittelt werden. Während des Zweiten Weltkriegs bestand sie noch.

Bekannte Lehrer an der Sorauer Schule waren Prof. Dr. Alois Herzog und Dr. Walter Kind. Herzog, der als Begründer der Textilmikroskopie gilt und der später an die Hochschule Dresden berufen wurde, leitete während des Ersten Weltkriegs die Schule. Kind hat sich vor allem als Wäschereifachmann durch die Erforschung der wissenschaftlichen Grundlagen des Waschens einen Namen gemacht. Auch er leitete für einige Zeit die Sorauer Schule. Seiner Initiative ist es zu verdanken, dass Sorau die erste deutsche Textilfachschule war, an der Wäschereitechnik gelehrt wurde.

Sorau war auch ein bedeutender Standort der Bastfaserforschung. Die Vorläuferin des dort errichteten Kaiser Wilhelm-Institutes für Bastfaserforschung war eine vom Bastfaserverband 1916 unter Leitung des bekannten Textilforschers Alois Herzog eingerichtete Forschungsstelle. Die Schließung des Sorauer Forschungsinstitutes erfolgte 1957.

Eine weitere Webschule im jetzt polnischen Teil der Lausitz existierte in Sommerfeld, dem heutigen Lubsko. Dort war in der zweiten Hälfte des 19. Jahrhunderts eine bedeutende Textilindustrie entstanden. In Sommerfeld wurde neben der Webereitechnologie auch das Musterzeich-

Abb. 8.1.2 Schulgebäude der Preußischen Höheren Fachschule für Textilindustrie in Sorau.

Abb. 8.1.3 Das Institut für Bastfaserforschung in Sorau.

nen gelehrt, letzteres besonders für Absolventen preußischer Webschulen. Über die Schule von Sommerfeld konnten keine weiteren Informationen ermittelt werden.

Zu den besonders bedeutenden Orten des schlesischen Textilgewerbes zählte das am Fuße des Eulengebirges gelegene Langenbielau, das polnisch Bielawa heißt. Dort entstand schon im 16. Jahrhundert das Weberhandwerk. Langenbielau war auch einer der Hauptorte des Schlesischen Weberaufstandes. In Langenbielau gab es die ehemalige "Preußische Fachschule für Textilindustrie", in der in halbjährigen Tageskursen Werkmeister für die Leinen- und Baumwollindustrie ausgebildet wurden. Über die Geschichte dieser Schule ist wenig bekannt, während des Zweiten Weltkriegs existierte sie noch.

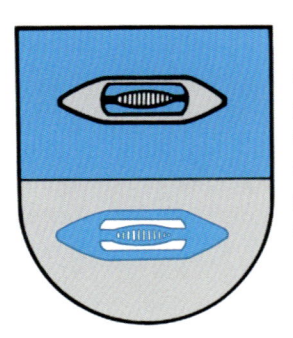

Abb.: 8.1.4 Das Wappen von Langenbielau mit dem Weberschiffchen, das an die lange textile Tradition des Ortes erinnert.

Ein weiterer wichtiger Ort des schlesischen Leinengewerbes war Waldenburg, das heutige Wałbrzych, im weiteren Umland von Breslau. Dort kann schon 1604 die Gründung einer Weberzunft nachgewiesen werden. Seit dieser Zeit entwickelte sich Waldenburg zu einem Zentrum der Leinengewebeherstellung und auch des Leinenhandels. Die erste mechanische Flachsspinnerei Schlesiens nahm 1818 in Waldenburg ihre Produktion auf. Bei der großen Bedeutung des Textilgewerbes kann in dieser Stadt auch eine einschlägige Fachschule erwartet werden, über die aber keine näheren Informationen vorliegen.

Eine Webschule gab es wahrscheinlich auch in Mittelwalde, dem polnischen Międzylesie, das im Glatzer Kessel unweit der Grenze zu Tschechien gelegen ist und das besonders durch sein Leinengewerbe bekannt war. In Katscher, das heute Kietrz heißt und das ebenfalls nahe der tschechischen Grenze gelegen ist, wurde eine Weberei-Lehrwerkstätte betrieben. Katscher gehörte ursprünglich zu Mähren, kam aber nach dem Ersten Schlesischen Krieg an Preußen und damit zu Schlesien.

Schließlich ist auch Bielitz-Biala zu erwähnen. Die Doppelstadt entstand durch einen Zusammenschluss von Bielitz und Biala, der nach dem Ende des Zweiten Weltkriegs rückgängig gemacht, aber 1951 erneut zu dem nun polnischen Bielsko-Biala vollzogen wurde. Die Stadt gehörte lange zu Österreichisch-Schlesien und kam erst 1920 zu Polen. Das erste Textilgewerbe bildeten die Leinenweber, die schlesischen Flachs verarbeiteten. Mehr und mehr verschob sich das Textilhandwerk aber später zu den Tuchmachern hin. Die Tradition der Tuchmacherei lässt sich in Bielitz bis in das sechzehnte Jahrhundert zurückverfolgen. Die erste Tuchmacherzunft wurde dort 1548 gegründet. Für Bielitz blieb, ebenso wie für Biala, die Tuchmacherei ein wichtiger Gewerbezweig. Um die Mitte des neunzehnten Jahrhunderts begann in Bielitz und Biala auf breiter Basis die Industrialisierung. Die erste mechanische Wollspinnerei findet man in Bielitz schon 1806, später entstand dort auch ein bedeutender Textilmaschinenbau.

In Bielitz wurde 1865 von jungen Webmeistern eine Webschule gegründet. Der Unterrichtsbeginn war am 15.05.1865. Als Lehrer der zunächst als Sonntagsschule betriebenen Lehranstalt stellte man einen ehemaligen Schüler der Webschule aus dem böhmischen Reichenberg ein. Die Schule von Bielitz-Biala, die zu den ersten Lehranstalten dieser Art in Österreich-Ungarn zählte, wurde 1866 vom dortigen Gewerbeverein übernommen.

Die Tradition der Textilausbildung in Bielitz-Biala wird heute von der dortigen Hochschule mit der Bezeichnung Akademia Techniczno – Humanistyczna w Bielsku-Biala fortgesetzt.

Eine weitere Textilfachschule im heutigen Polen befand sich in Falkenburg in Pommern, dem heutigen Złocieniec. Die landschaftlich schön in der Pommerschen Schweiz gelegene Stadt hatte bereits im 16. Jahrhundert eine bedeutende Tuchmacherei aufzuweisen. Im 18. Jahrhundert wurde Falkenburg zu einem Zentrum dieses Gewerbes. Die erste Tuchfabrik entstand dort 1838. In dieser Metropole der Tuchproduktion wurden vor allem Uniformstoffe im so genannten "Falkenburg feldgrau" hergestellt.

In einem Ort mit einer solch hohen Bedeutung der Textilindustrie lässt sich auch eine textile Ausbildungsstätte erwarten. An der Falkenburger Textilfachschule erfolgte besonders eine Ausbildung künftiger Werkmeister für Weberei und Färberei. Wer Webmeister werden wollte, musste an der Falkenburger Schule entweder einen halbjährigen Tageskurs oder einen zweijährigen Abend- und Sonntagskurs absolvieren. Wann die Schule in Falkenburg gegründet wurde, konnte nicht ermittelt werden. Ebenso wenig ist bekannt, wie lange sie existierte. In einem Verzeichnis aus dem Jahr 1903 ist sie als "Preußische Fachschule für Textilindustrie in Falkenburg" aufgeführt.

Auch in Galizien, das 1804 zu Österreich-Ungarn kam, soll es Webschulen gegeben haben. Das westliche Galizien gehört heute zu Polen, das östliche zur Ukraine. Besonders im Westen Galiziens gab es eine umfangreiche Heimweberei. Über galizische Webschulen ist aber weiter nichts bekannt.

Eine Übersicht über das textile Fachschulwesen in Polen wäre unvollständig, wollte man die polnische Textilmetropole Łódź übersehen. Die Textilindustrie wurde dort im Wesentlichen durch deutsche Unternehmer aufgebaut. Eine besondere Bedeutung erlangte hierbei Ludwig Geyer, der 1827 den Grundstein für die Textilindustrie von Łódź gelegt hat. Ihm folgten weitere deutsche und österreichische Unternehmer, deren Aktivitäten Łódź zum bedeutendsten Textilzentrum Polens entwickelten. Als Folge der von diesen Unternehmern begründeten Textilindustrie hatte Łódź bis zum Ende des Zweiten Weltkriegs einen hohen Anteil deutschsprachiger Bevölkerung. Diese musste, ebenso wie die Deutschen aus Schlesien, Westpreußen und Pommern, die Vertreibung über sich ergehen lassen.

Aber Łódź war sich seiner Textiltradition weiterhin bewusst. So entstand 1947 an der dortigen Technischen Universität eine Textil-Fakultät. Sie wurde 2001 zur Fakultät für textiles Ingenieurwesen und Marketing, ab 2008 heißt sie Fakultät für Materialtechnologie und Textildesign. An die große Textiltradition der Stadt erinnert auch ein Textilmuseum.

Mit der Vertreibung der Deutschen aus Schlesien und den anderen ehemals deutschen Gebieten verlor die polnische Textilindustrie zahlreiche Fachleute.

Literatur:
- An., Unsere Fachschulen, Stuttgart, 1915
- An., 50 Jahre Preußische Höhere Fachschule für Textilindustrie Sorau, 1886-1936, Sorau, 1936
- Boldorf, M., Europäische Leinenregionen im Wandel, Köln u.a., 2006
- Frahne, C., Die Textilindustrie im Wirtschaftsleben Schlesiens, Diss. Tübingen, 1905
- Engelmann, E., Geschichte der Stadt Sorau, Sorau, 1936

- Henderson, W.O., The Industrial Revolution on the Continent, London, 1961
- Kremsa, A., Die Wirtschaft von Bielitz-Biala und Umgebung, Lippstadt, 1999
- Parent, T., Gelobtes Land? – Łódź als polnische Textilmetropole, industrie-kultur 12(2006), H.2, S. 7-8
- Schermaier, J., Fachschulen in Österreich – Schulen der Facharbeiterausbildung, Frankfurt, 2009
- Sperlich, O., Die Entwickelung der schlesischen Textilindustrie bis zur Einführung der Maschine, Diss. Breslau, 1924

Quelle Abbildungen::
- 8.1.1   Käthe Kollwitz Museum, Köln
- 8.1.2   www.brandenburg.rz-htw-berlin.de/sorau
- 8.1.3   www.brandenburg.rz-htw-berlin.de/sorau
- 8.1.4   www.langenbielau.de

8.2 Tschechische Republik (Sudetenland)

Das Gebiet der heutigen Tschechischen Republik gehörte bis zum Ende des Ersten Weltkriegs zur Österreich-Ungarischen Monarchie. Dieses Gebiet, dessen deutschsprachige Bereiche als Sudetenland bekannt sind, war in drei Provinzen unterteilt und zwar in Böhmen mit der Hauptstadt Prag, in Mähren mit der Hauptstadt Brünn und in Österreichisch-Schlesien mit der Hauptstadt Troppau. In allen drei Provinzen setzte um die Mitte des neunzehnten Jahrhunderts eine Industrialisierung der traditionellen Textilfertigung ein. In besonderem Maße gilt dies für Böhmen. Doch auch Mähren stand hinter der böhmischen Textilindustrie nicht weit zurück.

In Böhmen gedieh der Flachs besser als manche andere Feldpflanze. Der Flachsanbau und die Leinengewebeherstellung gehen in Böhmen bis in das späte 14. Jahrhundert zurück. Während des 16. Jahrhunderts florierte dort das Leinengewerbe, besonders in der Grenzregion zu Schlesien und zur Oberlausitz. Eine wachsende Bevölkerung, die in der Landwirtschaft keine Arbeit mehr fand, konnte hiermit ihren Lebensunterhalt verdienen. Nach dem Verlust Schlesiens mit seinem umfangreichen Leinengewerbe an Preußen wurde Böhmen zum Leinenzentrum im österreichisch-ungarischen Kaiserreich.

Daneben gab es in Böhmen seit dem späten Mittelalter auch das Tuchgewerbe, zu dessen Mittelpunkt Reichenberg wurde. Zu Beginn des neunzehnten Jahrhunderts entstanden Tuchmanufakturen in Böhmen, unter denen die 1715 von Graf Johann Joseph Waldstein in Oberleutensdorf gegründete die bekannteste wurde.

Schon im 18. Jahrhundert, besonders aber dann zu Beginn des 19. Jahrhunderts, setzte ein Rückgang des böhmischen Leinengewerbes ein. Einer der Gründe hierfür ist die damals stark gewachsene Bedeutung der Baumwolle. Als weitere wesentliche Veränderung kam im 19. Jahrhundert die Mechanisierung der Textilfertigung dazu. Gefördert wurde diese Entwicklung durch den Kattundruck, der ab Mitte des 18. Jahrhunderts in Böhmen aufkam und sich besonders in Prag konzentrierte. Dieser benötigte Baumwollgewebe in größerer Menge. Eine große Bedeutung spielte im böhmischen Textilgewerbe die Familie Leitenberger, die sich zunächst ebenfalls im Kattundruck engagierte, aber auch auf die Entwicklung des mechanischen Spinnens und Webens einen erheblichen Einfluss ausübte.

So wurde von Johann Josef Leitenberger 1797 in Wernstadtl die erste mechanische Spinnerei des damaligen österreich-ungarischen Kaiserreiches gegründet. Schon zwei Jahre später erfolgte durch die Familie Leitenberger die Gründung von zwei weiteren Spinnereien in Kosmanos und Reichstadt.

Die Baumwollindustrie zeigte in der ersten Hälfte des 19. Jahrhunderts eine rasche Entwicklung. Städte wie Reichenberg, Leitmeritz und Friedland wurden zu deren Zentren. Besonders im Gebiet um Reichenberg fanden schon früh Spinnmaschinen mit Handantrieb Einsatz.

Böhmen gehörte seit Ende des 18. Jahrhunderts zu den am weitesten entwickelten Industrieregionen auf dem europäischen Kontinent, wobei der Textilindustrie eine besondere Bedeutung zukam. In dieser Zeit bestand aber noch nahezu die Hälfte der Gewebeproduktion aus Leinengeweben, dicht gefolgt von Wollgeweben. Der Anteil der Baumwollgewebe lag damals bei rund 10%. Dies änderte sich in der ersten Hälfte des 19. Jahrhunderts mit einem starken Anwachsen der Baumwollindustrie drastisch. Schon um die Mitte des 19. Jahrhunderts übernahm sie die führende Rolle in der böhmischen Textilindustrie.

Ein wichtiger Bereich blieb der Textildruck. Dies war auch das Gewerbe, in dem es immer wieder zu Unruhen kam. Besonders bekannt wurde der Prager Kattundruckerstreik von 1844, der nicht nur ein Protest gegen Lohnsenkungen, sondern auch gegen den Einsatz von Maschinen war. In dessen Gefolge legten auch die Kattundrucker in Böhmisch-Leipa die Arbeit nieder. Die Regierungsverantwortlichen befürchteten zu Recht eine Ausweitung und ließen mehrere große Druckereibetriebe durch Militär besetzen. Die Unruhen griffen aber auf die gesamte Textilindustrie Böhmens über. So wurden besonders in der Umgebung von Reichenberg, wo sich die mechanische Spinnerei in den 1830er Jahren fest etabliert hatte, Fabriken angegriffen und Maschinen zerstört.

Für die Textilindustrie in den früher österreichischen Provinzen Böhmen, Mähren und Österreichisch-Schlesien entstand nach dem Ende des Ersten Weltkriegs und der Gründung der Tschechoslowakei, zu der diese Gebiete nun gehörten, eine kritische Situation. Der bisherige österreichische Binnenmarkt ging verloren, so dass neue Absatzgebiete im Export gesucht werden mussten. In dem neuen Staat Tschechoslowakei hatte die Textil-, zusammen mit der Bekleidungsindustrie, eine dominierende Stellung. Sie befand sich vorwiegend in den deutschsprachigen Gebieten und auch in den gemischt sprachigen Gegenden war dieser Industriezweig in den Händen von Unternehmern der deutschen Volksgruppe.

Daraus ergaben sich oft Probleme und Reibereien mit den neuen staatlichen Behörden. Sie führten 1920 zur Gründung eines Interessenverbandes mit der Bezeichnung "Allgemeiner Deutscher Textilverband", der seinen Sitz in Reichenberg hatte. Vorausgegangen waren der Verband der deutsch-böhmischen Textilindustriellen, ebenfalls mit Sitz in Reichenberg sowie der mährisch-schlesische Verband deutscher Textilindustrieller mit Sitz in Jägerndorf.

Nach dem Zweiten Weltkrieg wurde die deutsche Bevölkerung auf Basis der Benesch-Dekrete enteignet und vertrieben. Damit verließen auch zahlreiche Textilfachleute und –unternehmer Böhmen. Nicht wenige haben versucht, in der Bundesrepublik Deutschland wieder eine Fertigung aufzubauen. Das bekannteste Beispiel hierfür ist die Firma Kunert aus dem böhmischen Warnsdorf, die zu einem der größten Strumpffabrikanten Europas wurde.

Bei der besonderen Bedeutung der Textilindustrie für Böhmen ist es nicht überraschend, dass dort eine größere Anzahl von Ausbildungsstätten für Nachwuchsfachkräfte entstand.

Vorläufer der eigentlichen Textilfachschulen waren die in der zweiten Hälfte des achtzehnten Jahrhunderts vorwiegend in Böhmen ins Leben gerufenen Spinn- und Industrialschulen. Diese gingen auf einen Erlass aus dem Jahr 1765 zurück. In Verbindung mit dem Volksschulunterricht wurden Kinder im Alter zwischen 7 und 15 Jahren in Spinnen, Weben und anderen textilen sowie wirtschaftlich nützlichen Tätigkeiten unterrichtet. Das Ziel war, die soziale Lage der Bevölkerung zu verbessern und neue Erwerbsmöglichkeiten zu erschließen. Die Arbeiten der Schüler in diesen Ausbildungsstätten brachten Erlöse, an denen die Schüler beteiligt wurden. Mit einem Erlass vom 08.07.1822 wurde die Schließung der auf Staatskosten betriebenen Industrialschulen in Böhmen verfügt. Die Privatindustrie sollte diese Aufgabe übernehmen.

In der oben genannten Zeitphase gab es in Böhmen außer diesen Industrialschulen auch eigenständige Spinn- und Webschulen. Sie hatten mehr den Charakter von staatlich geförderten Lehrwerkstätten als von Schulen. Hier stand neben dem Lernen das gewinnbringende Produzieren im Vordergrund. Diese Ausbildungsstätten, die mit dem Aufkommen der Maschinen in der ersten Hälfte des neunzehnten Jahrhunderts stark an Bedeutung verloren, scheiterten meist an finanziellen und organisatorischen Problemen.

Neben den Spinn- und Webschulen gab es auch Klöppelschulen, besonders für die in Nordböhmen konzentrierte Fertigung von Spitzen. Die erste Schule dieser Art nach niederländischem Vorbild wurde 1768 in Prag errichtet und von einer Lehrerin aus Brüssel geleitet. In Wien erfolgte 1805 die Gründung einer Klöppelschule, die 1814 nach Prag verlegt wurde.

Die wohl bekannteste der eigentlichen Textilfachschulen in Böhmen ist jene von Reichenberg, die am 14.06.1852 als Webschule im alten Meisterhaus der Tuchmachergenossenschaft eröffnet wurde. Besonders die Tuchmacherei hat in Reichenberg, dem heutigen Liberec, eine sehr lange, bis in das 15. Jahrhundert zurückreichende Tradition aufzuweisen. Dem Reichenberger Gewerbeverein und der dortigen Tuchmacherzunft war die Gründung der Reichenberger Schule zu verdanken. Tuchmachersöhne wurden in dieser Schule gegenüber anderen Bewerbern bevorzugt zum Unterricht zugelassen.

Neben der Unterrichtung in der Technologie der Handweberei kam 1860 der Zeichenunterricht in das Lehrprogramm der Reichenberger Schule. Mit der Einführung eines Buchhaltungskurses erfolgte 1862 eine Ausweitung auf die kaufmännische Ausbildung. Die immer stärker um sich greifende mechanische Weberei fand ab 1871 neben der Handweberei im Ausbildungsprogramm Berücksichtigung.

Die Schule ging 1877 in die Trägerschaft des Staates über und wurde zur k.k. Fachschule für Weberei. 1910 wurde eine Spinnereischule an die Webschule angegliedert. Sie wurde nach der Gründung der Tschechoslowakei zur Staatsfachschule für Textilindustrie.

Die 1852 in Reichenberg gegründete Webschule war die erste derartige Bildungsanstalt in Österreich-Ungarn. Die Tradition dieser früheren Fachschule setzt heute die Technische Universität Liberec (Vysoké Nceni Technikké v Liberec) fort. Dort werden die Studienrichtungen Textiltechnologie, Bekleidungstechnologie, Ingenieurwesen für Textilmaterialien und Chemische Textiltechnologie angeboten.

Neben der Schule von Reichenberg hatte auch jene von Asch, tschechisch Aš, einen sehr guten Ruf. Die dortige Webschule wurde 1871 gegründet. Sie wurde 1903 zur Höheren Fachschule für Textilindustrie, in der Technologie der Weberei ebenso wie jene der Wirkerei gelehrt wurden.

Vor allem in der zweiten Hälfte des 19. Jahrhunderts entstand in Böhmen ein dichtes Netz von Webschulen und ähnlichen Ausbildungsstätten, die teilweise auch in kleineren Orten gegründet wurden.

So wurde auf Initiative des örtlichen Weber-Fortbildungsvereins 1869 in Aussig, dem heutigem Ústi nad Labem, eine "Webe-Lehrwerkstätte", die auch eine finanzielle Unterstützung durch das Handelsministerium erfuhr, gegründet. Aussig war im 19. Jahrhundert zu einem Zentrum der nordböhmischen Textilindustrie geworden. Die Textilindustrie geht dort auf Carl Wolfrum, einen Unternehmer aus dem sächsischen Meerane, zurück. Er kam 1843 nach Aussig und gilt als Begründer der dortigen Textilindustrie. Die Aussiger Lehrwerkstätte hatte allerdings keinen langen Bestand, sie wurde wegen zu geringer Interessentenzahlen 1882 wieder geschlossen. Die auf die Handweberei ausgerichtete Ausbildungsstätte verlor durch die zunehmende mechanische Weberei ihre Bedeutung.

In Hohenelbe am Fuße des Riesengebirges, dem heutigen Vrchlabi, entwickelte sich in der ehemaligen Bergbaustadt Ende des 18. Jahrhunderts das Textilgewerbe. In Hohenelbe war schon 1770 eine Frühform einer Webschule gegründet worden. An dieser wurden Meister und Gesellen weitergebildet. Allerdings sagt ein zeitgenössischer Bericht, dass diese Lehranstalt eher den Eindruck einer Fabrik als den einer Schule machte. Wie lange sie existierte, ist nicht bekannt. Die letzten Hinweise hierauf findet man 1775.

Es dauerte dann ungefähr ein Jahrhundert bis zur Gründung einer eigentlichen Webschule in Hohenelbe, die 1873 erfolgte. Sie ging 1881 in die Trägerschaft des Staates über und erhielt danach die Bezeichnung k.k. Fachschule für Weberei. Neben dem Tagesunterricht wurden hier auch Abend- und Sonntagskurse angeboten. Wie lange die Fachschule in Hohenelbe existierte, konnte nicht ermittelt werden, in den 1930er Jahren ist sie noch belegbar.

In der früher für den Silberbergbau bedeutenden Stadt Humpoletz, dem tschechischen Humpolec, etablierte sich im 15. Jahrhundert neben dem Bergbau die Tuchmacherei. In der zwischen Prag und Brünn gelegenen Stadt wurde 1884 eine Webschule gegründet, über deren weitere Existenz nichts ermittelt werden konnte. In einem Verzeichnis von Fachschulen aus dem Jahr 1915 findet man sie noch als k.k. Fachschule für Weberei.

Eine Webschule, über die allerdings kaum etwas bekannt ist, gab es wahrscheinlich auch in Königinhof, das heute Dvůr Králové nad Labem heißt. Der an der Elbe im Riesengebirgsvorland gelegene Ort war ein Zentrum der Textilindustrie.

Eine weitere Webschule entstand in dem am Fuß des Adlergebirges an der Grenze zwischen Böhmen und Mähren gelegenen Landskron, das tschechisch Lanškroun heißt. Hier entstand im 19. Jahrhundert die Textilindustrie, die auf der dortigen Handweberei aufbaute. Eine Fachschule für Weberei wurde in Landskron 1874 errichtet. Es handelte sich um eine zweiklassige Tagesschule, in der aber auch Abend- und Sonntagsunterricht angeboten wurde. Die Schule war noch zu Beginn des 20. Jahrhunderts stark auf die Handweberei ausgerichtet. Ein Datum für deren Schließung konnte nicht ermittelt werden, ihre Existenz ist für die 1930er Jahre noch belegbar.

Auch in Nachod, das im Tschechischen den gleichen Namen hat, soll es eine Webschule gegeben haben. Nachod liegt im Nordwesten Tschechiens. Im 19. Jahrhundert entstand dort die Textilindustrie. Einzelheiten zu einer Webschule von Nachod konnten nicht ermittelt werden.

Im Gebiet des heutigen Tschechiens gibt es mehrere Orte mit dem deutschen Namen Neuhaus. In einem dieser Orte soll eine 1875 gegründete Webschule bestanden haben. Hierfür könnte am ehesten das heutige Jindřichuv Hradec in Südböhmen in Frage kommen. Dort lässt sich die Tuchmacherei schon ab Ende des 15. Jahrhunderts nachweisen. Der Neuhauser Webschule dürfte keine lange Lebenszeit beschieden gewesen sein. Sie soll schon 1881 wieder geschlossen worden sein.

Eine Webschule dürfte es auch in Politschka, das tschechisch Polička geschrieben wird, gegeben haben. Der vorwiegend tschechischsprachige Ort liegt in Ostböhmen, an der Grenze zwischen Böhmen und Mähren. Die dortige Webschule soll 1874 gegründet worden sein. Hier könnte es sich vielleicht mehr um eine Lehrwerkstätte als um eine Schule gehandelt haben. Über den Verlauf dieser Ausbildungsanstalt konnte nichts ermittelt werden.

Eine weitere textiltechnische Lehranstalt gab es in Reichenau, dem heutigen Rychnow nad Kněžnou. In Tschechien gibt es vier Orte mit der früheren Bezeichnung Reichenau, die alle im heutigen Namen den Wortteil Rychnow haben. Als Standort einer Webschule kommt unter diesen Reichenaus am ehesten das Reichenau im Adlergebirge in Frage, also das heutige Rychnow nad Kněžnou. In diesem Ort waren das Textilgewerbe und die Textilindustrie sehr bedeutend. Hier gab es die k.k. Fachschule für Weberei mit tschechischer Unterrichtssprache. Wie lange diese Schule existierte, konnte nicht ermittelt werden.

Auch in Rochlitz, dem heutigen Rokytnice nad Jizerou, am Fuße des Riesengebirges, lässt sich Existenz einer Webschule nachweisen. In Sachsen gibt es einen Ort gleichen Namens, der ein traditionsreiches Textilgewerbe aufweisen kann und in dem ebenfalls eine Webschule existiert haben soll, wofür sich aber keine klaren Anhaltspunkte finden lassen (s. 7.6.23). Die Webschule im böhmischen Rochlitz wurde 1873 gegründet. Als Staatsfachschule für Weberei und später als Staatliche Textilschule lässt sie sich noch in den frühen 1940er Jahren nachweisen.

Ein Standort einer Webschule war auch Rumburg, das heute Rumburk heißt. Diese nahe der Grenze zu Sachsen gelegene Stadt hat eine traditionsreiche Leinenweberei aufzuweisen. Eine entsprechende Zunft gab es dort schon in der Zeit um 1600. Eine Zeichen- und Webeschule wurde in Rumburg 1872 gegründet. Für die Zeit um 1910 ist sie noch belegbar. Nähere Einzelheiten über ihre Geschichte sind nicht bekannt.

Auch in Schluckenau, dem heutigen Šlukov, gab es eine Webschule, die 1875 gegründet wurde. Schluckenau mit seinem umfangreichen Textilgewerbe ist die nördlichste Stadt im heutigen Tschechien, nahe an der Grenze zu Sachsen. Über die dortige Webschule ist wenig bekannt. In einem Fachschulverzeichnis aus dem Jahr 1915 ist sie als k.k. Fachschule für Weberei, in der auch die Technologie der Spinnerei und Appretur im Lehrplan stand, ausgewiesen. Die Schule von Schluckenau scheint vor allem auf die Bandweberei ausgerichtet gewesen zu sein.

Schönlinde, das heutige Krásná Lipa, liegt wie Rumburg und Schluckenau im Grenzgebiet Böhmens zu Sachsen. In Schönlinde gab es schon im 17. Jahrhundert die Leinenweberei. Im 19. Jahrhundert entwickelte sich der Ort zu einem Textilzentrum. Dort wurde 1876 eine Fachschule gegründet, von der nicht genau bekannt ist, ob es sich in der Anfangszeit um eine Web- oder Wirkschule handelte. Letzteres war später der Fall. Die Schule von Schönlinde ist in einem Fachschulverzeichnis aus dem 1915 als k.k. Fachschule für Wirkerei, in der in tschechischer Unterrichtssprache auch die Technologie der Spinnerei, Weberei und Appretur im Lehrplan stand, ausgewiesen.

Ebenfalls im nördlichen Böhmen liegt Starkenbach, das heutige Jilemnice, wo sich eine bedeutende Leinen- und Baumwollweberei befand. Eine Webschule wurde 1874 in Starkenbach gegründet. In einem Verzeichnis aus dem Jahr 1917 ist sie als k.k. Fachschule für Weberei, in der in tschechischer Unterrichtssprache Spinnerei- und Webertechnologie gelehrt wurde, aufgeführt. Wie lange diese Schule existiert hat, konnte nicht ermittelt werden.

In derselben Region liegt das namentlich ähnliche Starkstadt, das heutige Stárkov. Dort wurde 1880 eine Staatliche Webereifachschule gegründet, die 1934 ihren Lehrbetrieb einstellte.

Im südböhmischen Strakonitz, dem heutigen Strakonice, entstand 1896 eine Fachschule für Strickerei und Wirkerei mit tschechischer Unterrichtssprache. Sie ist in einem Fachschulverzeichnis aus dem Jahr 1915 als k.k. Fachschule für Wirkerei- und Strickereiindustrie ausgewiesen.

Zu den bedeutenden böhmischen Textilorten zählte auch Warnsdorf, das heute Varnsdorf heißt. Es liegt im nördlichen Böhmen. Im 18. Jahrhundert entwickelte sich dort, wie in den benachbarten Orten der Oberlausitz, eine umfangreiche Weberei. Diese bildete die Basis für die Entstehung der dortigen Textilindustrie im 19. Jahrhundert. Warnsdorf hatte eine so hohe Zahl von Textilunternehmen, dass es oft als Klein-Manchester bezeichnet wurde. In einem Ort mit einer umfangreichen Textilindustrie ist die Entstehung einer Fachschule nicht überraschend. In der Zeit der österreichisch-ungarischen Monarchie existierte dort die k.k. Fachschule für Weberei, die 1874 gegründet worden war. In den 1930er Jahren findet man sie als Deutsche Staatsfachschule für Weberei und später als Staatliche Textilschule – Berufsfachschule für Weberei. Über den weiteren Verlauf der Warnsdorfer Schule liegen keine Informationen vor.

Eine spezielle Fachschule gab es in Weipert, dem heutigen Veiprty, im böhmischen Erzgebirge. In der früheren Bergbaustadt hatte sich das Posamentiergewerbe etabliert. Dort entstand eine k.k. Fachschule für Posamentenindustrie, in der neben der Bandweberei die Flechterei und Häkelei unterrichtet wurden.

Zu einem Textilort besonderer Art wurde Wildenschwert im östlichen Böhmen, allerdings erst unter seinem tschechischen Namen Usti nad Orlici. Die textile Tradition des Ortes geht in das 16. Jahrhundert zurück, als in Wildenschwert schon Weber- und Tuchmacherzünfte existierten. Später entwickelte sich dort eine bedeutende Textilindustrie. Eine Webschule, über deren weiteren Verlauf nichts ermittelt werden konnte, wurde 1892 in Wildenschwert gegründet.

Nach der Vertreibung der Deutschen erhielt der Ort die Bezeichnung Usti nad Orlici. Unter diesem Ortsnamen wurde er in der gesamten Textilwelt bekannt. Denn im dortigen Textilforschungsinstitut wurde der wohl bedeutendste Beitrag zur Entwicklung der Rotorspinnerei geleistet und die erste produktionsfähige Maschine für dieses Spinnverfahren entwickelt. Der Name BD 200 für diese Maschine hat heute schon einen fast legendären Charakter. Aufbauend auf den Erfindungen des Dänen Svend Ejnar Berthelsen und besonders des Deutschen Julius Meimberg begannen tschechische Forscher in Usti nad Orlici ab 1958 ihre Arbeiten auf dem Gebiet des Rotorspinnens. Mit einem großen Team von Ingenieuren schafften sie den technischen Durchbruch für dieses Verfahren. 1965 wurde auf einer Textilmaschinenausstellung in Brünn die in Usti nad Orlici entwickelte Maschine erstmals gezeigt. Zwei Jahre später wurde die BD 200 auf der Internationalen Textilmaschinenausstellung in Basel zur Sensation. Dieser Erfolg der tschechischen Forscher führte zur Bildung einer Entwicklungsgemeinschaft verschiedener westeuropäischer Textilmaschinenhersteller. Auf der Textilmaschinenausstellung 1971 in Paris waren bereits 11 Firmen mit Rotorspinnmaschinen vertreten. Das Rotorspinnen hatte sich neben dem herkömmlichen Ringspinnen bereits etabliert.

Die große Bedeutung Böhmens in der Zeit der frühen Industrialisierung der Textilfertigung drückt sich in der hohen Zahl der Web- und Textilfachschulen in diesem Gebiet aus. Mähren stand bei der Bedeutung der Textilindustrie etwas im Schatten Böhmens, aber in der Zahl der fachlichen Bildungsanstalten steht Mähren der böhmischen Region kaum nach. Wie in Böhmen wurde auch in Mähren durch einen Erlass aus dem Jahr 1765 die Einführung von Spinnschulen, die Kinder zwischen 7 und 15 Jahren zu besuchen hatten, verfügt. Nach dem Schulbesuch hatten die Kinder die Pflicht, die Garnherstellung zu Hause wahrzunehmen. Diese Lehranstalten waren die Vorläufer der mährischen Textilfachschulen.

Wie in anderen Regionen bildeten die Tuchmacher und Leineweber auch in Mähren die Basis für die heimische Textilfertigung. Zu deren Zentrum wurde Brünn, tschechisch Brno, die Hauptstadt der früheren Provinz Mähren. Vor dem Aufstieg von Brünn zur Tuchmetropole bildete Iglau das Zentrum des mährischen Tuchgewerbes. Dass diese Rolle an Brünn abgegeben werden musste, war eine Folge der Dickköpfigkeit und Unbeweglichkeit der Iglauer Tuchmacher.

Zur Auffrischung des mährischen Tuchgewerbes waren 1748 Fachleute aus der belgischen Tuchmetropole Verviers angeworben worden. Diese sollten in Iglau angesiedelt werden, was einen heftigen Widerstand der dortigen Tuchmacher auslöste. Deshalb musste für die Belgier in Kladruby in der Umgebung von Pardubice ein neuer Ort gefunden werden. Dort wurde von den belgischen Tuchmachern die Fertigung in Form einer Manufaktur betrieben. Auf weite Sicht erwies sich aber dieser etwas abgelegene Ort als nicht geeignet für die Niederlassung eines wichtigen Gewerbes. Die Manufaktur der belgischen Tuchmacher wurde 1764 nach Brünn verlegt. Dies war der Beginn des Aufstiegs des Brünner Tuchgewerbes. Er wurde durch die Ansiedlung von Unternehmern der Tuchbranche aus Deutschland weiter gefördert, so dass Brünn auf diesem Gebiet dominierend wurde und Iglau in den Schatten stellte. Im 19. Jahrhundert wurde Brünn zu einer Industriestadt mit einer bedeutenden Textilfertigung.

Bei diesem für Brünn wichtigen Fertigungszweig ist es nicht überraschend, dass dort bereits 1860 eine Webschule gegründet wurde. Vorausgegangen war eine von der Brünner Handels- und Gewerbekammer 1852 ins Leben gerufene Handwerkerschule. Ab 1859 hieß sie Brünner Gewerbeschule. Hier gab es eine Fachabteilung für Weberei für den Wochenend- und Abendunterricht. Diese Webereiabteilung genügte den Textilindustriellen Brünns aber bald nicht mehr. So beschlossen sie, wieder unter Federführung der Brünner Handels- und Gewerbekammer, eine eigenständige Webschule zu gründen, in der 1860 der Unterricht begann. Die Schule wurde Mährische Höhere Webschule in Brünn genannt. Schon in der Anfangszeit wurden das Musterzeichnen und auch die Färbereichemie in das Lehrprogramm aufgenommen. Ab 1875 erlangte die mechanische Weberei im Unterricht immer mehr Bedeutung. Die Brünner Webschule wurde 1880 in k.k. Fachschule für Weberei umbenannt. Damit war auch der

Übergang in die Verwaltung des Staates verbunden. 1898 wurde daraus die "k.k. Lehranstalt für Textilindustrie", woraus die Ausweitung des Lehrprogramms auf verschiedene Textilgebiete zum Ausdruck kommt. Mit einem Erlass vom 04.08.1904 wurde verfügt, dass die Brünner Schule die Bezeichnung "Höhere Fachschule für Textilindustrie (Höhere Gewerbeschule mechanisch-technischer Richtung)" zu führen habe. Diese Bezeichnung bedeutet keineswegs, dass der Textilchemie in dieser Schule ein Schattendasein beschieden war. Sie hatte einen festen Platz im Lehrprogramm.

Abb. 8.2.2 Schulgebäude der K.K. Lehranstalt für Textilindustrie in Brünn.

Abb. 8.2.1 Lehrerkollegium der K.K. Lehranstalt für Textilindustrie in Brünn im Jahr 1910.

Eine Webschule entstand auch in Bärn, das heute Marovský Beroun heißt. Der dortige Flachsanbau hatte eine Leinenweberei entstehen lassen, die in der zweiten Hälfte des neunzehnten Jahrhunderts in eine Textilindustrie überging. In Bärn wurde 1873 eine Webschule gegründet, die aber schon in den 1880er Jahren wieder geschlossen worden sein soll.
In Mähren gibt es zwei Orte mit dem Namen Frankstadt. Das eine Frankstadt, das tschechisch Frenštát pod Radhoštěm heißt, liegt etwa 30 km südlich der Industriestadt Mährisch-Ostrau. Das andere Frankstadt findet man an der Mährischen Grenzbahn, es heißt heute Novÿ Malin. Für das Textilgewerbe war wohl das erstgenannte Frankstadt bedeutend. Dort war die Herstellung von Tuchen bereits um die Mitte des achtzehnten Jahrhunderts ein bedeuten-

Abb. 8.2.3 Lehrweberei der K.K. Lehranstalt für Textilindustrie in Brünn.

158 | HANDWERKLICHE WEBSCHULEN

Abb. 8.2.4 Lehrfärberei der K.K. Lehranstalt für Textilindustrie in Brünn.

der Erwerbszweig, daneben gab es aber auch die Leinen- und Baumwollweberei. Zu Beginn des zwanzigsten Jahrhunderts entstanden Textilfabriken in Frankstadt. Eine Webschule wurde dort 1882 gegründet, deren Lehrprogramm noch zu Beginn des zwanzigsten Jahrhunderts auf die Handweberei beschränkt war. Über den weiteren Verlauf dieser Schule liegen keine Informationen vor.

Eine Webschule soll auch in Lomnitz, dem heutigen Lomnice, existiert haben. Sie wurde vermutlich 1874 gegründet. Die Schule von Lomnitz soll 1895 geschlossen und nach Reichenau verlegt worden sein.

Zu den bedeutenden Textilstädten Mährens zählt Mährisch Schönberg, das heute Šumperk heißt. Es liegt in Nordmähren, am Fuße des Altvatergebirges. In Mährisch-Schönberg wurde 1842 die erste mechanische Leinengarnspinnerei Mährens gegründet. Eine Webschule, über deren weiteren Verlauf nichts ermittelt werden konnte, entstand 1885 in Mährisch-Schönberg. In einem Verzeichnis von Fachschulen aus dem Jahr 1915 findet man sie noch als k.k. Fachschule für Weberei.

In Südmähren, nahe der Grenze zu Österreich, liegt Neubistritz, das mit der tschechischen Bezeichnung Nová Bystřice heißt. In Neubistritz entwickelte sich im 19. Jahrhundert das Leinen- und Baumwollgewerbe. Eine Fachschule für Weberei wurde dort 1875 gegründet. Sie war um die Wende zum zwanzigsten Jahrhundert noch voll auf die Handweberei ausgerichtet. Wie lange die Schule existierte und wann die mechanische Weberei in das Lehrprogramm aufgenommen wurde, konnte nicht ermittelt werden. Ihre Existenz ist in der Zeit des Ersten Weltkriegs noch nachweisbar.

Neutitschein, das tschechisch Nový Jičín heißt, ist der Hauptort des Kuhländchens in Mähren. Neutitschein war durch seine Tuch- und Hutindustrie bekannt. Eine Fachschule für Weberei wurde dort 1888 gegründet. Wie lange sie existierte, konnte nicht ermittelt werden. Für ihre Existenz in der Zeit des Ersten Weltkriegs gibt es noch Belege.

Auch in der mährischen Stadt Proßnitz, die heute Prostějov heißt, gab es eine Webschule. Proßnitz war durch seine Baumwollindustrie sowie durch seine Bekleidungsindustrie bekannt. Die Proßnitzer Webschule soll 1875 gegründet worden sein. Über deren weiteren Verlauf konnte nichts ermittelt werden. In einem Verzeichnis von Fachschulen aus dem Jahr 1915 findet man sie noch als k.k. Fachschule für Weberei.

Eine weitere Webschule kann für Römerstadt, dem heutigen Rymařov, angenommen werden. Die Stadt hatte eine vielseitige Textilindustrie aufzuweisen. Die dortige Webschule soll 1881 gegründet worden sein. Über diese Schule liegen keine näheren Informationen vor. In einem Fachschulverzeichnis aus dem Jahr 1915 wird sie als k.k. Fachschule für Weberei ausgewiesen.

Das im Umland von Olmütz gelegene Sternberg, das heute Šternberk heißt, besaß eine umfangreiche Textilindustrie. Dort wurde 1873 eine Webschule gegründet, die später k.k. Fachschule für Weberei hieß. Als Berufsfachschule für Weberei lässt sich diese Lehranstalt noch in den 1940er Jahren belegen.

Schließlich darf bei den bedeutenden mährischen Textilorten Zwittau nicht vergessen werden. Die zum Schönhengstgau zählende mährische Industriestadt, die oft als Manchester des Ostens bezeichnet wurde, war im 19. Jahrhundert ein Zentrum der Textilindustrie, die auf einer langen textilen Tradition aufbaute. Schon 1515 kann dort eine Tuchmacherzunft nachgewiesen werden, wenig später auch eine Leinenweberzunft. Die Handweberei von Zwittau hatte um 1845 ihren Höhepunkt erreicht, danach erfolgte wegen der fortschreitenden Industrialisierung ein Niedergang dieses Gewerbes. Bei dieser hohen Bedeutung der Textilindustrie ist es nicht erstaunlich, dass 1873 in Zwittau eine Webschule gegründet wurde. Sie wurde 1882 Staatsfachschule und ist noch zu Beginn der 1940er Jahre als Staatliche Textilschule belegbar.

Zwittau war der Heimatort des besonders in neuerer Zeit sehr bekannt gewordenen Oskar Schindler, der 1908 dort geboren wurde. Als Sohn eines Landmaschinenfabrikanten hatte er aber wenig Bezug zur dortigen Textilindustrie. Seine Berühmtheit erlangte er durch Schindlers Liste, mit der er in der Zeit der nationalsozialistischen Herrschaft zahlreiche Juden vor dem Gang in das Konzentrationslager und damit auch vor dem Weg in den nahezu sicheren Tod rettete.

Die dritte Provinz in der heutigen Tschechischen Republik während der österreichischen Kaiserzeit war Österreichisch-Schlesien mit der Hauptstadt Troppau. In der flächenmäßig relativ kleinen Provinz hatte sich ebenfalls die Textilindustrie etabliert, die Zahl der Webschulen war hier aber gegenüber Böhmen und Mähren deutlich geringer.

Das Textilzentrum von Österreichisch-Schlesien war Jägerndorf, das heute Krnov heißt. Die Textiltradition dieser Stadt wurde bereits im 14. Jahrhundert durch die dortige Leinenweberei sowie durch die Tuchmacherei begründet. Im 19. Jahrhundert entwickelte sich Jägerndorf zu einem Zentrum der Textilindustrie mit einer weiterhin sehr bedeutenden Tuchproduktion. Auch eine Webmaschinenfabrik hatte sich in Jägerndorf etabliert. In dieser bedeutenden Textilstadt ist die Gründung einer Webschule, die 1876 erfolgte, nicht überraschend. Die zunächst unter der Bezeichnung K.K. Fachschule für Weberei geführte Lehranstalt wurde nach der Gründung der Tschechoslowakei zur Staatsfachschule für Weberei. Nach der Angliederung des Sudetenlandes an Deutschland hieß sie wahrscheinlich Berufsfachschule für Weberei. Über die weitere Geschichte dieser Schule konnte nichts ermittelt werden.

Im 19. Jahrhundert entwickelte sich auch in der ehemaligen Bergbaustadt Freudenthal, dem heutigen Bruntál, die Textilindustrie. In Freudenthal wurde 1877 eine Webschule gegründet, die zunächst den Namen K.K. Fachschule für Weberei hatte. Nach dem Ende der österreichisch-ungarischen Monarchie wurde sie als Staatsfachschule für Weberei weitergeführt. In den 1930er Jahren ist diese Schule noch belegbar, über deren weiteren Verlauf liegen aber keine Informationen vor.

Zum Kreis Freudental zählte auch Bennisch, das heute Horni Benešov heißt und, wie Freudental, früher ebenfalls eine Bergbaustadt war. Auch dort entstand besonders im 19. Jahrhundert die Textilindustrie, in der die Verarbeitung von Leinen und Baumwolle im Vordergrund standen. Besonders das Bennischer Leinen hatte sich einen hervorragenden Ruf erworben. In Bennisch wurde 1880 eine Webschule gegründet, die sich in der Zeit des Ersten Weltkriegs noch belegen lässt. Allerdings war diese Schule noch zu Beginn des 20. Jahrhunderts vollständig auf die Handweberei ausgerichtet. Wie es mit dieser Schule weiter ging, konnte nicht ermittelt werden.

Schließlich muss auch noch Friedek im Osten Tschechiens, wo ebenfalls eine Webschule existiert haben soll, erwähnt werden. Das zur Provinz Österreichisch-Schlesien zählende Friedek, das teilweise auch Friedeck geschrieben wird, wurde 1943 mit dem mährischen Mistek vereinigt. Heute heißt die Doppelstadt Frýdek-Mistek. Über eine dortige textile Lehranstalt konnten keine weiteren Informationen ermittelt werden.

Wie oben schon gesagt, erlitt die Textilindustrie in den deutschsprachigen Gebieten der Tschechischen Republik durch die Vertreibung und Enteignung der Sudetendeutschen einen erblichen Verlust an Fachkräften und Unternehmern. Viele der enteigneten Fabriken wurden während der kommunistischen Zeit als volkseigene Betriebe weitergeführt.

Die Tschechische Republik hat mit ihren Forschungsaktivitäten in der Zeit nach dem Zweiten Weltkrieg sehr wichtige Beiträge zur Weiterentwicklung der Textilindustrie geleistet. Das bekannteste Beispiel ist die Entwicklung des Rotorspinnverfahrens in dem tschechischen Forschungsinstitut Usti nad Orlici. Aber auch auf den Gebieten der schützenlosen Webmaschinen sowie in der Nähwirktechnik sind maßgebende Impulse aus diesem Land gekommen.

Literatur:

- An., Unsere Fachschulen, Stuttgart, 1915
- An., Festschrift zur 75-jährigen Jubelfeier der Staatsfachschule für Textilindustrie in Reichenberg, 1853-1928, Reichenberg, 1928
- Flögl, A., Festschrift zur Erinnerung an die Feier des fünfzigjährigen Bestandes der Lehranstalt, vormals K.K. Fachschule für Weberei bzw. Mährische Höhere Webereischule in Brünn, Brünn, 1911
- Freudenberger, H., The Industrialization of a Central European City: Brno and the Fine Woollen Industry in the 18th Century, Edington, 1977
- Grunzel, J., Die Reichenberger Tuchindustrie, Prag, 1898
- Hallwich, H., Reichenberg und Umgebung – Eine Ortsgeschichte mit spezieller Rücksicht auf gewerbliche Entwicklung, Reichenberg, 1874
- Hawelka, W., Geschichte des Kleingewerbes und des Verlags in der Reichenberger Tucherzeugung, Reichenberg, 1932
- Krick, H., Die sudetendeutsche Textilindustrie in den Jahren 1918 bis 1938, Reichenberg, 1940
- Ryšková, M., Textilindustrie in Mähren und Schlesien, industrie-kultur 8(2002), H. 2, S. 6-9
- Salz, A., Geschichte der Böhmischen Industrie in der Neuzeit, München und Leipzig, 1913
- Schermaier, J., Fachschulen in Österreich – Schulen der Facharbeiterausbildung, Frankfurt, 2009
- Slokar, J., Geschichte der österreichischen Industrie und ihrer Förderung unter Kaiser Franz I., Wien, 1914

Quelle Abbildungen:

- 8.2.1 - 8.2.4 Flögl, A., Festschrift zur Erinnerung an die Feier des fünfzigjährigen Bestandes der Lehranstalt, vormals k.k. Fachschule für Weberei bzw. Mährische Höhere Webschule in Brünn, Brünn, 1911, S. 324, S. 371, S. 470, S. 478

8.3 Österreich

In der Zeit der österreichisch-ungarischen Monarchie war das Textilgewerbe des Kaiserreiches in Böhmen und Mähren konzentriert. Dort war aus diesem Gewerbe die Textilindustrie entstanden und von dort erfolgte die Versorgung des Riesenreiches mit Textilien. Dies ist einer der Gründe, dass sich nur wenig Textilindustrie in dem Gebiet, das wir heute als Österreich kennen, angesiedelt hat. Eine Ausnahme bildete allerdings Vorarlberg, wo sich aus dem dortigen Heimgewerbe eine Textilindustrie herausgebildet hatte.

Als Förderin der österreichischen Mode und des Textilgewerbes erwies sich Maria Theresia, die versuchte, sich von der Pariser Beeinflussung der Mode zu lösen und eine eigene zu errichten. Die Seidenweberei in Wien wurde mit Hilfe von Webern aus Oberitalien und aus Frankreich aufgebaut. Im siebzehnten Jahrhundert fasste das Manufakturwesen in Österreich Fuß. Bekannt wurde eine in Linz errichtete Wolltuchmanufaktur. Auch im Seidengewerbe, das sich besonders in Wien angesiedelt hatte, entstanden Manufakturen.

Für die Versorgung mit Leinengeweben hatte man Schlesien. Nach dem nahezu vollständigen Verlust dieser Provinz an Preußen, musste besonders Böhmen diese Rolle übernehmen.

In Schwechat entstand 1624 eine Barchentmanufaktur, wo Mischgewebe mit einer Leinenkette und einem Baumwollschuss hergestellt wurden. Von hier breitete sich die Verarbeitung von Baumwolle, besonders in Richtung Böhmen und Mähren, aus.

Wie anderenorts spielte diese Faser auch in Österreich bei der Einführung der Maschinenfertigung eine bedeutende Rolle. Als Erster führte der böhmische Textilindustrielle Johann Josef Leitenberger 1797 Spinnmaschinen im Bereich der österreichisch-ungarischen Monarchie ein. In Böhmen und auch in Niederösterreich entstanden in den Folgejahren bedeutende Baumwollspinnereien.

Als der Vielvölkerstaat nach dem Ersten Weltkrieg zusammenbrach, hatte Österreich den größten Teil seiner Textilindustrie verloren. Neben einigen über das Land verstreuten kleineren Textilstandorten gab es lediglich noch in Vorarlberg ein Zentrum dieser Industrie. Dort war aus dem Anbau von Flachs im Bregenzer Wald und dessen Verarbeitung ein Textilgewerbe, das stark von Verlegern aus der Schweiz dominiert wurde, entstanden. Wie in anderen Leinengebieten war auch hier die Verarbeitung von Baumwolle im 18. Jahrhundert aufgekommen. In der ersten Hälfte des 19. Jahrhunderts setzte in Vorarlberg die Mechanisierung der Textilfertigung ein. Eine Besonderheit Vorarlbergs war die dort weit verbreitete Stickerei, die ebenfalls stark von Kaufleuten aus der Schweiz beeinflusst wurde.

Die nicht sehr stark vertretene Textilindustrie ist der Grund dafür, dass sich kein umfangreiches textiles Fachschulwesen im österreichischen Kernland entwickelte, während in Böhmen und Mähren fast in jeder Stadt mit einer bedeutenden Textilproduktion auch eine Webschule entstand.

Aber Anfänge eines textilen Ausbildungswesens, wenn auch in einem bescheidenen Ausmaß, gab es in Österreich schon früh. So entstanden in der Zeit von Kaiserin Maria Theresia so genannte Spinn- und Webschulen. Sie hatten einerseits den Zweck, für die Landbevölkerung die Möglichkeit eines Nebenerwerbs zu schaffen, andrerseits aber für die Unternehmer Arbeiternachwuchs heranzubilden. Die Schüler waren Kinder vom 7.-15. Lebensjahr. In dieser Zeit hatte man überhaupt keine Bedenken gegen Kinderarbeit, man betrachtete sie sogar als eine nützliche Einrichtung. Durch Erlass vom 22.02.1755 wurde vor allem auf die Einrichtung der erwähnten Schulen in Böhmen gedrungen. Danach erfolgte 1765 ein Erlass für das gesamte Kaiserreich. Die Kosten für diese Einrichtungen hatten die Kommunen zu tragen. Man nannte diese Lehreinrichtungen Industrieschulen, die mit den Volksschulen verbunden wurden. Mit dem Aufkommen der Maschinen verloren diese Schulen an Bedeutung.

Unter Maria Theresia wurden auch Spitzenschulen eingerichtet. Die erste Klöppelschule nach niederländischer Art wurde 1768 in Prag errichtet und von einer Lehrerin aus Brüssel geleitet. Die Spitzenfertigung hatte sich vor allem in Nordböhmen etabliert. In Wien erfolgte 1805 die Gründung einer Klöppelschule, die 1814 nach Prag verlegt wurde. Die Schule wurde 1822 wieder geschlossen, da der Erfolg den finanziellen Aufwand nicht rechtfertigte.

Die eigentlichen Textilfachschulen sind im österreichischen Stammland dünn gesät. So ist in einem Verzeichnis der Fachschulen aus der Zeit des frühen 20. Jahrhunderts lediglich Wien als Standort einer Textilfachschule im österreichischen Kernland erwähnt. Die Geschichte dieser Schule ist etwas schwer rekonstruierbar. Als deren Ausgangspunkt wird häufig die schon 1758 auf Initiative von Kaiserin Maria Theresia ins Leben gerufene k.k. Commercial-Zeichnungsacademie gesehen. Sie gilt allgemein als Grundstein des technischen und gewerblichen Schulwesens in Österreich. In der k.k. Commercial-Zeichnungsacademie wurden auch Musterzeichner für das Textilgewerbe ausgebildet. 1786 wurde die inzwischen zur Manufakturzeichenschule gewordene Lehranstalt in die Akademie der Bildenden Künste eingegliedert. Dort fand das praxisbezogene Zeichnen, das so genannte Manufakturzeichnen, nur wenig Interesse, man fand diese Art des Zeichnens als zu wenig künstlerisch. Auch die Angliederung der Manufakturzeichenschule an das Wiener Polytechnikum war keine glückliche Lösung. Dort wurde diese Art des Zeichnens als untechnisch empfunden.

Auf Initiative des Niederösterreichischen Gewerbevereins war 1844 in Wien eine "Copieranstalt" gegründet worden. Sie hatte vor allem die Aufgabe, den Zeichenschulen gute Vorlageblätter zu liefern. Der Copieranstalt wurde 1847 ein Kurs für Weberei angegliedert. 1850 wurde sie zur "Zeichen- und Webschule". Sie hatte bis 1859 Bestand.

Zu einem wichtigen Datum wurde das Jahr 1871 mit der Gründung der Manufakturzeichen- und

Abb. 8.3.1 Das Schulgebäude der früheren k.k. Fachschule für Textilindustrie" im Jahr 1910

Webschule in der Gumpendorfer Straße. Bereits ein Jahr später erhielt sie ein eigenes Schulgebäude. 1882 wurde die Schule in "Lehranstalt für Textilindustrie" umbenannt. Nachdem 1897 zu den bisherigen Abteilungen Musterzeichnen und Weberei eine Abteilung für Wirkerei hinzugekommen war, erhielt die Schule 1901 die Bezeichnung "k.k. Fachschule für Textilindustrie". 1920 erfolgte ein Umzug der in der Zwischenzeit in "Bundeslehranstalt für Textilindustrie" umbenannten Schule in die Spengergasse. Abteilungen für Textilchemie sowie für Kaufleute wurden 1926 bzw. 1930 eröffnet. Durch Bombardierungen im Zweiten Weltkrieg erlitt das Gebäude erhebliche Beschädigungen. Der Wiederaufbau setzte nach Kriegsende ein.

Die heutige "Höhere Technische Bundeslehr- und Versuchsanstalt" bietet im Bereich Kunst und Design das Studium des Textildesign an. Die textiltechnische Ausbildung ist als "Textile Product Engineering" in den Bereich Textilmanagement eingegliedert.

Wenn es im heutigen Österreich ein Textilzentrum gab und gibt, dann ist hierfür Vorarlberg zu nennen. Dass in diesem Zentrum der Wunsch nach einer textilen Ausbildungsstätte bestand, ist leicht nachzuvollziehen.

So wurde in Feldkirch 1873 eine "Fachzeichenschule für Wirkerei, Weberei und Zeugdruck" gegründet. Wegen einer zu geringen Interessentenzahl musste sie schon 1883 wieder geschlossen werden. Nach dieser Schließung wurde vom Handelsministerium die Gründung einer Textilfachschule in Dornbirn angeregt. Das Projekt erhielt zunächst keine Unterstützung. In den Folgejahren wurde über die Gründung einer Textilfachschule in Dornbirn immer wieder diskutiert, ohne dass konkrete Maßnahmen ergriffen wurden.

Aber in Dornbirn kam es doch zur Gründung einer Textilfachschule, allerdings in einer anderen Form als die ursprünglichen Initiatoren sich dies vorgestellt hatten. 1891 entstand dort eine Stickereifachschule. Das Stickereigewerbe von Vorarlberg arbeitete vor allem für Schweizer Kaufleute. Mit der Errichtung einer Fachschule wollte man versuchen, ein eigenständiges Stickereigewerbe aufzubauen und die Abhängigkeit von der Schweiz zu verringern. Diese Bestrebungen führten 1891 zur Eröffnung der k.k. Fachschule für Maschinenstickerei in Dornbirn. Der Unterricht vollzog sich zunächst in zweimonatigen, später in dreimonatigen Kursen. Daneben erteilten auch Wanderlehrer Stickereiunterricht.

Nach dem Ende des Kaiserreiches erhielt die Dornbirner Schule die Bezeichnung "Bundeslehranstalt für Maschinenstickerei". 1930 wurde eine Prüfstelle für Garne angegliedert. 1935 wurde die Dornbirner Schule zur "Bundesfachschule für Stickerei". In dieser wurden nach dem Ende des Zweiten Weltkriegs auch Fachklassen für Spinnerei und Weberei eingerichtet. Die Damenkonfektion kam 1948 und die Fachklasse für Kaufleute 1949 hinzu. Die Fertigung von Ma-

Abb. 8.3.2 Das heutige Schulgebäude der Höheren Technischen Bundeslehr- und Versuchsanstalt

schenwaren wurde 1954 in das Lehrprogramm aufgenommen.

In neuerer Zeit wird in Dornbirn von der Höheren Lehranstalt für Betriebsmanagement der Studiengang Bekleidungstechnik, Textilmanagement und Textiltechnik angeboten. An der Höheren Lehranstalt für Chemieingenieurwesen gibt es in Dornbirn den Ausbildungsschwerpunkt Textilchemie.

Als Standort der jährlich stattfindenden Chemiefaser-Tagungen hat Dornbirn für den Erfahrungsaustausch und die Weiterentwicklung auf dem Chemiefaser-Gebiet eine besondere Bedeutung erlangt.

Eine weitere Textilfachschule gab es, neben denjenigen in Wien und Dornbirn, in Haslach im Oberen Mühltal in Oberösterreich. Der Ort am Südrand des Böhmerwaldes war früher ein Zentrum des Leinengewerbes. In Haslach wurde 1883 eine Webschule gegründet. Die auf die Handweberei ausgerichtete Lehranstalt bot eine einjährige Tagesschule sowie ein zweijährige Sonntags- und Abendschule an. Wegen einer zu geringen Schülerzahl musste die Schule schon 1900 wieder geschlossen werden. Noch gut erhaltene Webgeräte wurden an die Webschule in Neubistritz (Südmähren) abgegeben. Der Grund für die Schließung der auf die Handweberei ausgerichteten Schule war ein starker Rückgang dieses Gewerbes im Mühltal.

Die Gemeinde Haslach, die Handelskammer und besonders die Textilunternehmer der Region waren an der Neugründung einer gleichartigen Schule, die 1926 erfolgte, sehr interessiert. Nach dem Zweiten Weltkrieg wurde diese Schule zu einer modernen Lehranstalt ausgebaut. Die Fachschule für Textiltechnik gibt es aber in Haslach seit 2010 nicht mehr. Die Ausbildung von Textiltechnikern wurde von der dortigen Fachschule für Mechatronik übernommen.

Haslach pflegt weiterhin in besonderer Weise seine Tradition. Neben einem Webermuseum und einem Nähmaschinenmuseum erfolgt diese Traditionspflege besonders durch ein in Zweijahresabständen stattfindendes Sommersymposium unter dem Leitwort "Textile Kultur Haslach". Hierbei werden Workshops und Kurse zum Weben und anderen textilen Techniken angeboten.

Literatur:

- Reiter, O., 200 Jahre Textilschule in Österreich, Textil-Praxis 13(1958), S. 622- 623
- Schermaier, J., Fachschulen in Österreich – Schulen der Facharbeiterausbildung, Frankfurt, 2009
- Slokar, J., Geschichte der österreichischen Industrie und ihrer Förderung unter Kaiser Franz I., Wien, 1914

Quelle Abbildungen:

- 8.3.1   Wikipedia
- 8.3.2   Wikipedia

8.4 Schweiz

Die Schweiz zählt zu den bedeutenden Textilländern Europas. Schon in der Zeit der manuellen Fertigung wurden dort Textilien in viel beachteter Qualität und in hohen Mengen für die europäischen Märkte hergestellt. Als die Textilproduktion auf Maschinen begann, zählte die Schweiz zu den Ländern, die früh die neue Fertigungsart aufnahmen. Dies äußert sich nicht zuletzt auch in einem umfangreichen schweizerischen Textilmaschinenbau.

Die ersten Spuren einer frühen Textilfertigung im Gebiet der heutigen Schweiz wurden bei den Ausgrabungen von Seeufersiedlungen gefunden. Es handelte sich um Fragmente von Geflechten und Geweben aus Gehölzbast sowie aus Flachs. Diese Funde gehen bis in das fünfte Jahrtausend v.Chr. zurück. Spätere Belege einer Textilfertigung liegen für die Schweiz aus der Zeit der Kelten und danach der Römer vor. Für das Mittelalter sind die Wollgewebeherstellung in einigen Städten, ab dem 13. Jahrhundert die Seidenweberei in Zürich sowie die Leinenweberei in der Ostschweiz mit dem Zentrum St. Gallen belegt. Sie war Teil des im Bodenseegebiet ansässigen Leinengewerbes, dessen Produkte schon im zwölften Jahrhundert auf den Märkten Europas einen hervorragenden Ruf genossen. Neben St. Gallen besaß auch Basel eine bedeutende Leinenweberei.

Abb. 8.4.2: Der "alte Seidenhof" von Zürich, der 1592 von den Gebrüdern Werdenmüller erbaut wurde.

Abb. 8.4.1: Zubereitung des Flachses für die Leinenweberei in St. Gallen.

Das für die Textilfertigung sehr wichtige Verlagswesen kam in der Schweiz mit den dort angesiedelten Glaubensflüchtlingen stark auf. Sie haben den Aufstieg der schweizerischen Textilfertigung entscheidend beeinflusst und die Grundlage für die spätere Industrialisierung geschaffen. In dieser Zeit blieb das Leinengewerbe in der Ostschweiz immer noch das bedeutendste schweizerische Gewerbe.

Zu Beginn des achtzehnten Jahrhunderts entwickelte sich der so genannte Kattundruck, also das Bedrucken von Baumwollgeweben. Auch hierbei haben in die Schweiz eingewanderte Glaubensflüchtlinge eine bedeutende Rolle gespielt. Im Laufe des achtzehnten Jahrhunderts wurden dann Baumwollgewebe zum wichtigsten Textilexportartikel der Schweiz. Die schweizerische Baumwollverarbeitung begann im Züricher Gebiet, zuvor lässt sie sich aber in geringem Umfang schon in Luzern feststellen. Auch im St. Galler Leinengebiet wurde die Verarbeitung von Baumwolle um 1720 heimisch. Weiter fällt in diese Zeitspanne die sehr starke Ausbreitung der Basler Bandweberei. Im achtzehnten Jahrhundert wurde auch die Handstrickerei zu einem bedeutenden Gewerbe in der Schweiz. Um die Mitte des achtzehnten Jahrhunderts etablierte sich die Stickerei in der Ostschweiz.

Die Schweiz übte einen erheblichen Einfluss auf die Entstehung des Textilgewerbes in den Nachbarregionen aus. So wurde die Textilindustrie in Südbaden im Wesentlichen durch Schweizer Unternehmer begründet. Auch Mülhausen, das bis 1789 als eine Art Freistaat zu den Eidgenossen gehörte, wurde in seiner industriellen Entwicklung sehr stark von der Schweiz beeinflusst.

Die Mechanisierung der schweizerischen Baumwollspinnerei setzte 1801 mit der Gründung einer mechanischen Spinnerei in den Räumen des ehemaligen Klosters St. Gallen ein. Eine weitere Spinnerei folgte 1802 in Winterthur. In dieser Zeitspanne sind auch ein starker Aufschwung der Textildruckerei im Glarner Land sowie eine gute Entwicklung der Seidenstoffweberei in Zürich und der Seidenbandweberei in Basel von Bedeutung. In dieselbe Epoche fällt aber auch der Rückgang der Leinenindustrie in der Ostschweiz. Die Industrialisierung brachte vor allem für einige ärmere, wirtschaftlich kaum erschlossene Regionen der Schweiz einen Aufschwung.

Um die Mitte des neunzehnten Jahrhunderts hatte sich in der Schweiz, parallel zu der raschen Zunahme der Mechanisierung der Textilfertigung, bereits eine leistungsstarke Textilmaschinenindustrie entwickelt. Und von den weiteren benachbarten Industrien ist das Entstehen der Farbstoffindustrie, besonders in Basel, sowie der schweizerischen Chemiefaserindustrie in der Zeit nach 1890 zu erwähnen. Von der Schweiz ging eine Reihe sehr wichtiger Entwicklungen auf dem Textilgebiet aus. Diese wurden maßgebend vom schweizerischen Textilmaschinenbau und der Farbstoff- und Textilhilfsmittelindustrie beeinflusst, aber auch die Textilindustrie selbst hatte hieran einen bedeutenden Anteil.

Die rasch wachsende Textilindustrie der Schweiz benötigte ein gut ausgebildetes Fachpersonal. Hierfür wurden 1881, sowohl in Wattwil als auch in Zürich, Textilfachschulen gegründet. In der Wattwiler Schule stand die Baumwollindustrie, in Zürich die Seidenindustrie im Vordergrund. In Wattwil hatte sich im neunzehnten Jahrhundert eine bedeutende Textilindustrie entwickelt, die sich vor allem mit der Herstellung von Baumwollartikeln befasste. Besonders bekannt wurde der Ort durch die dort 1835 gegründete Firma Heberlein, die als Färberei begann. In Zürich baute man weiter auf der dortigen traditionsreichen Seidenindustrie auf.

In der Wattwiler Schule wurde der Anfang mit vier Handwebstühlen, vier Jacquardwebstühlen und einem mechanischen Webstuhl gemacht. In den Folgejahren ging die Tendenz in Richtung mechanischer Weberei. 1950 wurde dieser zunächst als Webschule geführten Lehranstalt eine Spinnereiabteilung angegliedert und 1970 erfolgte eine Erweiterung des Lehrprogramms auf die Textilveredlung sowie auf die Bekleidungstechnik. Bereits 1964 wurde der Fachbereich Wirkerei/Strickerei von der Fachschule in St. Gallen übernommen. Damit waren in Wattwil nun alle Textilbereiche abgedeckt.

In St. Gallen war schon 1846 eine kleine Webschule eingerichtet worden. Diese war besonders auf die Vermittlung von Fachwissen für Kaufleute ausgerichtet. Am 01.01.1964 erfolgte ein Zusammenschluss der St. Gallener Schule mit der Textilfachschule in Wattwil. In St. Gallen wurde in berufsbegleitenden Abendkursen weiterhin Unterricht erteilt.

Die Seidenwebschule in Zürich, die stark von der dortigen Seidenindustrie abhängig war, zeigte nicht den kontinuierlichen Verlauf wie die Wattwiler Schule. Die mechanische Weberei kam in Zürich 1897 in das Lehrprogramm, im gleichen Jahr wurde der Zeichenunterricht der Seidenwebschule auf die Kunstgewerbeschule Zürich übertragen. Schon in den 1930er Jahren wurde es mehr und mehr schwierig, den Schulbetrieb aufrecht zu erhalten. 1946 wurde die Züricher Lehranstalt in Textilfachschule umbenannt. Zuvor war das Ausbildungsprogramm auf Wolle und Baumwolle sowie neben der Weberei auch auf die Herstellung von Maschenwaren ausgeweitet worden.

Die Verantwortlichen für das textile Ausbildungswesen strebten eine zentrale Fachschule an. Diese wurde als Schweizerische Textilfachschule am 29.05.1972 mit dem Standort Wattwil gegründet. Die drei Ausbildungsstätten in Wattwil, St. Gallen und Zürich stehen seit dieser Zeit unter einer einheitlichen Führung.

Als Studienrichtungen bietet die Schweizerische Textilfachschule die Fachbereiche Textiles, Fashion und Marketing an. Der Studienabschluss erfolgt mit dem STF-Diplom.

Nicht zu den eigentlichen Textilfachschulen ist die Eidgenössische Technische Hochschule in Zürich, meist kurz ETH genannt, zu zählen. Aber im Zusammenhang mit der Textilausbildung in der Schweiz darf sie nicht übersehen werden. Diese 1855 gegründete Technische Hochschule ist eine der bekanntesten in Europa. Eine hohe Zahl von mehr als dreißig Nobelpreisträgern wurde von dieser Institution hervorgebracht oder steht mit ihr im Zusammenhang. Viele Führungskräfte, sowohl auf dem Gebiet der Textiltechnik als auch in besonderem Maße auf dem Gebiet der Textilchemie, haben ihr berufliches Rüstzeug durch ein Studium an der ETH Zürich erhalten.

Literatur:

- Bodmer, W., Die Entwicklung der schweizerischen Textilwirtschaft im Rahmen der übrigen Industrien und Wirtschaftszweige, Zürich, 1960
- Büchler, H., Wattwil – Zentrumsgemeinde im Toggenburg, Wattwil, 1997
- Haller, R., Über den Ursprung der Zeugdruckerei in der Schweiz, Textil-Rundschau 6(1951), S. 299-315
- Müller, A., Zur Geschichte der schweizerischen Textilfachschule, Textilveredlung 16(1981), S. 209–213
- Schläpfer, J., Entwicklung der Textilindustrie in der Ostschweiz, Textilveredlung 1992, Sonderheft 50 Jahre SVF, S. 44-51
- Wegmann, E., Die Entwicklung der Schweizerischen Textilfachschule 1881-1891, textilpraxis international 36(1981), S. 644-649

Quelle Abbildungen:

- 8.4.1: Aquarell von Daniel Wilhelm Hartmann (1793-1862), der Kopien von alten, im Historischen Museum St. Gallen aufbewahrten Ölbildern anfertigte. Das von Hartmann erstellte Bild befindet sich in der Stadtbibliothek St. Gallen. Lüthy, H., Die Leinwandstadt St. Gallen, Ciba-Rundschau H. 89(1950), S. 3297
- 8.4.2: Sepiazeichnung nach einer älteren Vorlage von Emil Schultheß. Das Bild befindet sich in der Zentralbibliothek Zürich. Schindler-Ott, M., Die Geschichte der Zürcher Seidenindustrie, Ciba-Rundschau Nr. 124(1956), S. 4628

8.5 Frankreich mit Elsass

Für Frankreich hatte das Textilgewerbe eine sehr große Bedeutung. Frankreich zählt auch zu den Ländern, in denen die Industrialisierung der Textilfertigung schon früh Fuß fasste. Von Frankreich gingen zahlreiche Impulse für das europäische Textilwesen aus.

Schon in der Römerzeit galten die gallischen Provinzen, die ungefähr dem heutigen Frankreich entsprechen, als wichtige Lieferanten, vor allem von wollenen Textilien. Auf der römisch-gallischen Tradition aufbauend, entwickelte sich im Mittelalter in Frankreich eine Textilfertigung, die besonders für den heimischen Markt arbeitete. Mit Beginn der Neuzeit wurde dann Frankreich auf verschiedenen Textilgebieten zum führenden Land Europas, wofür in besonderem Maße das Seidengewerbe mit seinem Zentrum Lyon zu nennen ist. Zunächst 1470 in Tours und dann 1536 in Lyon wurde die französische Seidenweberei begründet. Sie übernahm im 17. Jahrhundert die führende Rolle in Europa. Aus dem Seidengewerbe von Lyon kommt eine der bedeutendsten Erfindungen der Textilgeschichte, nämlich der Musterwebstuhl von Joseph Marie Jacquard, der nach seinem Erfinder oft Jacquard-Webstuhl genannt wurde.

Ein sehr bedeutendes Produkt des französischen Textilgewerbes waren Spitzen, die im 16. Jahrhundert aus der italienischen Spitzenfertigung und besonders aus derjenigen Venedigs hervorgegangen sind. Einen erheblichen Anteil hieran hatte Colbert, der 1665 eine Gesellschaft zur Herstellung von Spitzen ins Leben rief. Hierfür ent-

Abb. 8.5.1 Lampas-Seidengewebe aus der Zeit um 1735 aus Lyon, hergestellt nach einem Entwurf von Jean Revel.

Abb. 8.5.2 Flache Nadelspitze mit Picotstegen und Ziernetzen aus der Zeit um 1680. Französische Arbeit in italienischem Stil.

standen Fabrikationsstätten in verschiedenen französischen Orten. Alle diese Spitzen, gleichgültig ob Nadelspitze oder Klöppelspitze, mussten Point de France genannt werden.

Bedeutende Produkte Frankreichs waren auch die Gobelins, wie in Tapisserietechnik angefertigte Artikel dort genannt wurden. In Paris, dem späteren Zentrum dieser Fertigung, ist die Herstellung solcher Gewebe schon im dreizehnten Jahrhundert belegt. Ein frühes Zentrum der Gobelin-Herstellung in Frankreich war auch Arras, wo dieses Verfahren 1313 erstmals nachweisbar ist. Für die Gobelin-Herstellung in Paris war die

Abb. 8.5.3 Gobelin aus Arras aus der Zeit um 1450.

Übersiedlung der beiden flandrischen Tapisserieweber Marc de Comans und François de la Planche von besonderer Bedeutung. Sie waren auf Veranlassung des französischen Königs Henri IV nach Paris gekommen und hatten ihre Werkstätten in der früheren Färberei der Familie Gobelin eingerichtet.

Auch in der Wollverarbeitung nahm Frankreich eine wichtige Rolle ein. So gab es einige Städte mit einem bedeutenden Tuchgewerbe, unter denen Sedan besonders herausragte. Weitere Zentren dieses Gewerbes gab es in Roubaix, Tourcoing, Fourmies und Reims.

Die Verarbeitung der Baumwolle begann in Frankreich wahrscheinlich schon im 13. Jahrhundert. Sie dürfte aus Spanien übernommen worden sein.

Bei der Herstellung von Maschenwaren kam schon früh der Handkulierstuhl mit seinem Erfinder William Lee nach Frankreich. Hier erfuhr diese Vorrichtung durch Jean Claude Hindret eine Weiterentwicklung.

Einen herben Rückschlag erlitt das französische Textilgewerbe durch die 1685 erfolgte Aufhebung des Toleranzediktes von Nantes, was zur Auswanderung zahlreicher Hugenotten führte. Unter diesen waren viele Textilhandwerker, die fortschrittliche französische Arbeitsmethoden in die Gastländer wie die Schweiz, Deutschland, die Niederlande und England brachten.

Die ersten Spuren des französischen Textildrucks findet man 1648 in Marseille. Die Entwicklung des Bedruckens von Textilien wurde durch das 1686 in Frankreich erlassene und lange geltende Indienneverbot stark behindert. Als abzusehen war, dass die Aufrechterhaltung dieses Verbotes dem Ende zuging, waren es mit Christoph Philipp Oberkampf ein Deutscher und mit Rudolph Wetter ein Schweizer, die das Bedrucken von Baumwollgeweben in Frankreich einführten. Bald bildete sich aber im Elsass ein Zentrum des französischen Textildrucks. Das hier stark expandierende Bedrucken von Baumwollgeweben benötigte diese Gewebe in hoher Menge, wodurch im Elsass Spinnereien und Webereien entstanden. Eine maschinelle Vorrichtung für den Textildruck, die den Modeldruck mechanisierte, hatte 1834 mit der Perrotine ihren Ausgangspunkt in Frankreich.

Abb. 8.5.4 Druck auf Baumwolle aus Mülhausen/Elsass aus der Mitte des 19. Jahrhunderts.

Auch für die Entwicklung der Färberei hat Frankreich eine große Bedeutung. Hier waren es besonders die Färberei-Lehrer des 18. Jahrhunderts, die wesentliche Beiträge zur den theoretischen Kenntnissen der Färbevorgänge lieferten. Auch das Färben von Türkischrot nahm für das westliche Europa seinen Ausgang in Frankreich. Ebenso wurde die Basis für die chemische Bleiche von Claude Louis Berthollet in Frankreich geschaffen.

In der Zeit der frühen Industrialisierung erwies sich für Frankreich die napoleonische Phase als entwicklungshemmend, obgleich sich Napoleon als Förderer der mechanisierten Textilherstellung erwies. Aber schon vorher waren die ersten Maschinen für die Baumwollspinnerei aus England nach Frankreich gekommen. Vermutlich waren es von der französischen Regierung in England angeworbene Fachleute, von denen die mechanische Spinnerei aufgebaut wurde. Bereits um 1815 wurden Baumwollgarne in Frankreich nur noch in sehr geringem Ausmaß von Hand gesponnen. Zentren der französischen Baumwollindustrie bildeten sich im Elsass sowie in der Normandie, hier besonders in Rouen. Daneben etablierte sich die Verarbeitung von Baumwolle ebenso in anderen Städten in Frankreichs Norden, wo vorher das Wollgewerbe dominierend war. Die französische Baumwollindustrie war auch der Vorreiter für die Einführung der mechanischen Weberei, die um 1825 begann.

Leinen hatte für Frankreich nie eine besonders hohe Bedeutung und trotzdem nahm die mechanische Flachsspinnerei mit der Erfindung einer Flachsspinnmaschine durch Philippe de Girard hier ihren Ausgangspunkt.

Wie in anderen Ländern verlief auch in Frankreich die Einführung von Maschinen für die Textilfertigung nicht widerstandslos. In nicht wenigen Städten gab es Aktionen hiergegen, die ebenso wenig wie an anderen Orten die Einführung der Maschinenfertigung nachhaltig behindern konnten.

In der Zeit der Industrialisierung bildeten sich in Frankreich drei textile Schwerpunkte heraus, nämlich das Elsass mit seiner Baumwollindustrie, die Normandie mit der Baumwoll- und Wollindustrie sowie Lyon mit seiner Seidenindustrie. In diesen Regionen entstanden auch die Zentren des textilen Ausbildungswesens.

Im Elsass übernahm Mülhausen mit seiner 1825 gegründeten Société Industrielle de Mulhouse die führende Rolle für die Entwicklung des textilen Fachschulwesens. Bei dem dort besonders aktiven Textildruck hatte man schon früh erkannt, dass diese Art der Textilveredlung nur erfolgreich sein konnte, wenn versucht wurde, die Chemie in die Entwicklungsaktivitäten einzubeziehen, da auf handwerklicher Basis kein Fortschritt zu erzielen war. So ist es eigentlich nicht überraschend, dass in Mülhausen auf Initiative des Bürgermeisters Dollfuss mit der École Nationale Supérieure de Chimie de Mulhouse 1822 die erste Chemiehochschule Frankreichs entstand. Heute ist diese traditionsreiche Schule ein Teil der Université de Haute Alsace.

Nicht nur die Textilveredlung, auch die Textilherstellung erforderte eine solide Berufsausbildung der Führungskräfte. So kam es nach einem Aufruf von Nicolas Koechlin, dem Präsidenten der Société Industrielle de Mulhouse, zur Gründung einer Webschule. Die Schule mit der Bezeichnung École Théorétique et Pratique de Tissage Mécanique wurde am 1.11.1861 eröffnet.

Angeregt durch den Erfolg der Webschule und in dem Wissen, dass in der Spinnerei ebenso große Probleme gegeben sind wie in der Weberei, entschied die Société Industrielle de Mulhouse, auch eine Spinnschule (École Théoretique et Pratique de Filature) ins Leben zu rufen. Die Spinnschule wurde 1864 gegründet. 1868 fusionierten die beiden Schulen.

Wie der Name der Webschule dies klar zum Ausdruck bringt, beherrschte die mechanische Weberei von Anfang an das Lehrprogramm. Hier ergibt sich ein Unterschied zu den deutschen Fachschulen, die in dieser Zeit gegründet wurden. In Deutschland stand bei vielen dieser frühen Schulen zunächst die Handweberei im Vordergrund des Lehrangebotes. Der Übergang auf die mechanische Weberei erfolgte manchmal erst einige Jahrzehnte später.

An den verschiedenen Namen der Mülhauseneer Schule lässt sich die wechselvolle Geschichte des Elsass ablesen. Die Lehranstalt war 1868 nach der oben schon erwähnten Fusion der Web- und Spinnschule zur École de Filature et de Tissage geworden. Als nach dem deutsch-französischen Krieg das Elsass 1871 in das Deutsche Reich eingegliedert worden war, erhielt die Textilfachschule die Bezeichnung Spinn- und Webschule zu Mülhausen. In dieser Zeit ergab sich ein Sprachproblem, das im Laufe der Jahre immer deutlicher wurde. Die ursprüngliche französische Unterrichtssprache wurde mehr und mehr verdrängt und durch Deutsch ersetzt, so dass eine zweisprachige Schule entstand. Nach dem Ersten Weltkrieg kam das Elsass nach Frankreich zurück, die Lehranstalt bekam nun den Namen École de Filature et de Tissage Mécanique de Mulhouse. 1924 wurde sie zur École Supérieure de Filature et de Tissage de Mulhouse. In dieser Zeit kamen auch Maschenwaren in das Lehrprogramm.

Abb. 8.5.5 École de Filature et de Tissage Mulhouse aus der Zeit um 1870.

Abb. 8.5.6 Absolventen des Spinnereibereiches der Mülhausener Schule im Jahr 1886.

Ab 1922 setzten Bemühungen, den Absolventen den Titel "Ingenieur" zu verleihen, ein. 1923 wurde eine Verlautbarung bekannt, aus der hervorging, dass die Fachschule in Epinal als einzige Frankreichs den Titel des Textilingenieurs vergeben durfte. Dies führte zu einem heftigen Protest der Mülhausener Schule, zumal diese älter und auch bedeutender war als jene von Epinal.

Abb. 8.5.7 École Supérieure de Filature et de Tissage de Mulhouse im Jahr 1923.

1924 erhielt dann auch die Mülhausener Schule das Recht zur Vergabe des Ingenieurtitels. Die ersten Absolventen verließen 1925 die Schule als "Ingénieur textile".

Zu Beginn des Zweiten Weltkriegs wurde die Schule geschlossen. Im April 1942, in der Zeit der deutschen Besetzung des Elsass, wurde sie als Staatliche Textilfachschule wieder eröffnet. In dieser Form bestand sie bis November 1944. Nach einer neuerlichen Schließungsphase und nach dem Ende des Zweiten Weltkriegs erfolgte am 08.01.1946, nachdem das Elsass wieder französisch geworden war, die Neueröffnung der Schule als École Supérieure de Filature, Tissage et Bonneterie de Mulhouse. 1966 wurde sie in Ècole Supérieure des Industries Textiles de Mulhouse umbenannt. Heute ist sie ein Teil der Université de Haute Alsace, die ein Studium für das Textilingenieurwesen anbietet.

Mülhausen wurde mit dem 1947 gegründeten Centre de Recherches Textiles auch ein wichtiger Standort der Textilforschung. Zwischen diesem und der früheren École Supérieure des Industries Textiles de Mulhouse besteht seit 1953 eine enge Zusammenarbeit.

Und Mülhausen bietet mit dem Musée de l'Impression sur Étoffes auch ein bedeutendes Museum, das die Geschichte des Textildrucks und besonders der Mülhausener Druckerei-Tradition wiedergibt.

Zum weiteren elsässischen Textilgebiet ist auch das am Rande der Vogesen gelegene Epinal zu rechnen. Dort hatten sich mehrere elsässische Industrielle angesiedelt, die nach der Angliederung des Elsass an das Deutsche Reich emigriert waren. Schon ab 1875 gab es in Epinal Bestrebungen zur Einrichtung einer Fachschule für Spinnerei und Weberei, die besonders von den ehemaligen Elsässern gefördert wurden. Deren Gründung erfolgte aber erst 1903 durch die Initiative des Industriellen George Juillard-Hartmann, einem früheren Absolventen der Mülhausener Schule, mit Unterstützung der Stadtverwaltung und der dortigen Handelskammer. Der Lehrbetrieb wurde 1905 aufgenommen. 1913 erfolgte eine Benennung in École de Filature et de Tissage de l'Èst. Schulleiter wurde Xavier Hugueny, ebenfalls ein früherer Absolvent der Schule in Mülhausen, der dort auch einige Jahre als Dozent gewirkt hatte. 1922 wurde die Schule von Epinal mit dem Übergang in die Verwaltung des Staates zur École Supérieure des Industries de l'Est. 1976 erfolgte eine weitere Namensänderung in École de Filature et de Tissage de l'Est (ESFTE). Die Schule von Epinal musste am 30.06.2005 geschlossen werden.

Auch in Nordfrankreich, dem anderen Ballungsgebiet der französischen Textilindustrie, fasste das textile Fachschulwesen schon früh Fuß. So entstand 1876 mit Staatsunterstützung eine Textilfachschule in Roubaix. Sie erhielt 1889 die Bezeichnung École Nationale Supérieure des Arts Industrielles und wurde 1921 zur École Nationale Supérieure des Arts et Industries Textiles. 1926 wurde eine Neuorganisation vorgenommen. Es entstanden mit Bildender Kunst, Bauingenieurwesen und Textiltechnik drei Lehrbereiche. Im letzteren gab es die Unterrichtsgebiete Spinnerei, Weberei, Färberei, Textildruck und Appretur. Ab 1947 konnte in Roubaix das Ingenieur-Diplom erworben werden. Heute ist das Textilstudium an der dortigen Hochschule, die eng mit der Hochschule in Lille zusammenarbeitet, weiterhin möglich.

Tourcoing bildete, zusammen mit Roubaix und Fourmies, das Zentrum der nordfranzösischen Wollindustrie. Diese Tradition geht in Tourcoing bis in das 15. Jahrhundert zurück. In dieser von der Textilindustrie sehr stark geprägten Stadt gründete die Chambre de Commerce, zusammen mit einer Gemeinschaft von Industriellen und Kaufleute, 1889 die École Industrielle. Sie bot ein zweijähriges Studium in Theorie und Praxis für Baumwollspinnerei, Kämmerei und Spinnerei von Wolle, mechanischer Weberei und Handweberei, Dessingestaltung, Elektrotechnik und Buchhaltung an. Die Schule wurde 1890 eröffnet. Über deren weiteren Verlauf liegen keine Informationen vor.

Ebenfalls zum nordfranzösischen Textilgebiet mit dem Schwerpunkt der Wollverarbeitung zählt Fourmies. Auch dort hat die Textilverarbeitung eine lange Tradition, die bis in das Mittelalter zurückgeht. In Fourmies errichtete die dort 1874 gegründete Société du Commerce et de l'Industrie Lainière, meist kurz als Société Industrielle bezeichnet, eine Ècole de Peignage, Filature et Tissage. Sie unterrichtete in Abendkursen angehende Fachleute der Spinnerei und Weberei. Nachdem mit der Gründung einer Konditionieranstalt für die Industrie von Fourmies und Umgebung ein Prüfinstitut errichtet worden war, wandte sich die Société Industrielle in den Folgejahren vermehrt auch der Ausbildung zu. 1882 wurde in Fourmies ein Zeichenunterricht eingeführt, diesem folgten 1885 Kurse in Kämmerei, Spinnerei und Weberei. Die damals auf diese Weise entstandene Textilfachschule wurde im Mai 1917 auf Anordnung der deutschen Militäradministration geschlossen. Die Räume wurden durch deutsche Truppen belegt. Die Wiedereröffnung der Schule erfolgte am 16.11.1920. Die Fachschule von Fourmies, in der ein Unterricht mit 8-10 Wochenstunden angeboten wurde, war besonders auf die Wollindustrie der Region ausgerichtet. Eine Neuorganisation des Unterrichtswesens erfolgte im Oktober 1923. An vier Abenden pro Woche wurde nun unterrichtet. Die Gesamtdauer der Ausbildung betrug ein bis zwei Jahre. Wie schon zu Beginn der Unterrichtsaktivitäten erfolgte die Ausbildung in Spinnereivorbereitung, Spinnerei und Weberei. Wie lange diese Schule Bestand hatte, konnte nicht ermittelt werden.

Ein weiterer Ort in Nordfrankreich mit einer Textilfachschule ist das an der Orne gelegene Flers in der Region Basse-Normandie. Vor allem in der Zeit der Industriellen Revolution wurde Flers zu einem Textilzentrum. Dort wurde 1872 eine École Industrielle gegründet. Ihr Initiator war Armbruster, ein ehemaliger Absolvent der Mülhausener Schule. Er erhielt 1903 Unterstützung von Prof. Emmanuel Toussaint, der ebenfalls in Mülhausen studiert hatte. Die Schule in Flers bot ein Studium der Webereitechnologie mit einer Dauer von ein oder zwei Jahren an. Das Lehrprogramm umfasste auch die Spinnerei, Bleicherei und Färberei. Die Absolventen der Schule kamen aus ganz Frankreich, auch aus der Schweiz und aus Italien. Wie bei vielen anderen Schulen ist auch über den weiteren Verlauf der Schule von Flers nichts bekannt.

In Lille gab es mit der École Municipale de Filature et de Tissage ebenfalls eine Textilfachschule. Sie wurde später zur École Supérieure des Techniques Industrielles et des Textiles (ESTIT). Heute bildet sie einen Teil der als Haute Étude d'Ingenieurs (HEI) bezeichneten Hochschule von Lille.

Zur Region Nordfrankreich zählt auch Villeneuve d'Ascq. Die heute dort ansässige Schule wurde 1895 durch den Kanoniker Henri Philomène Vassart in Roubaix als Institut Technique Roubaisien (ITR) mit dem Ziel der Ausbildung von Führungskräften für die Textilindustrie gegründet. Die Schule blieb bis 1969 unter dem Einfluss von Geistlichen. Zwischen 1930 und 1935 wurde das Niveau der Schule durch die Möglichkeit des Erwerbs des Titels eines Textilingenieurs der beiden Fachrichtungen Textiltechnik und Textilchemie angehoben. Daneben erfolgte aber auch die Technikerausbildung. 1982 verließ die Schule Roubaix und ging nach Villeneuve d'Ascq. Hier wurden neue Studienrichtungen eingeführt. Die mit der Technischen Hochschule von Lille (HEI) zusammenarbeitende Lehranstalt bietet weiterhin ein Textilstudium an.

Auch im dritten Textilzentrum Frankreichs, in Lyon und dessen Umgebung, entstand schon früh ein Fachschulwesen. Bereits 1840 wurde dort eine auf Seide spezialisierte École de Tissage gegründet. 1884 entstand in Lyon auf Initiative der Stadtverwaltung die École Municipale de Tissage et Broderie. Bereits zu Beginn des zwanzigsten Jahrhunderts erfreute sich die Lyoner Schule weltweit eines guten Rufes. Die spätere École Supérieure des Industries Textiles de Lyon fusionierte 1984 mit der École Supérieure de Cuir et des Peintures, Encres et Adhésifs. Diese letztgenannte Schule war als Lederfachschule 1889 gegründet worden

Bei den Krefelder Seidenfachleuten hatte die Lyoner Webschule einen sehr guten Ruf. Als in Krefeld noch keine gleichartige Schule existierte, gingen die Krefelder, wenn die sprachlichen und finanziellen Voraussetzungen dies erlaubten, zum Studium nach Lyon.

In neuerer Zeit ist die Möglichkeit des Textilingenieurstudiums in Roanne gegeben. Diese ungefähr 75 km nordwestlich von Lyon gelegene Stadt hatte früher ein bedeutendes Textilgewerbe aufzuweisen. Die Hochschule von Roanne pflegt eine enge Kooperation mit der Lyoner Hochschule.

Außerhalb der drei genannten französischen Textilzentren entwickelte sich in einigen Städten ebenfalls ein textiles Fachschulwesen. So gab es in Sedan, der Metropole der französischen Tuchindustrie, eine École Municipale de Tissage. Auch für Reims ergeben sich gegen Ende des neunzehnten Jahrhunderts Hinweise auf die Existenz einer Textilfachschule.

Weiter existierte in Troyes eine textile Fachschule. Troyes hatte im Mittelalter und zu Beginn der Neuzeit als Handelsplatz der für den Textilhandel sehr wichtigen Messe der Champagne eine hohe Bedeutung. Im 16. und 17. Jahrhundert vollzog sich dort ein Wandel von der Handels- zur Textilproduktionsstätte. Troyes entwickelte sich zum Zentrum der französischen Maschenwarenindustrie, was der Stadt die Bezeichnung "Capitale de Maille" eintrug. In Troyes wurde 1888 für diesen Industriezweig eine Fachschule mit der Bezeichnung École Française de Bonneterie gegründet.

In Saint-Etienne, wo sich ein bedeutendes Posamentiergewerbe entwickelt hatte und im neunzehnten Jahrhundert ein Textilzentrum entstand, gab es mit der 1882 gegründeten École Nationale Professionnelle eine textile Ausbildungsstätte. Diese hatte auch die Weberei im Lehrprogramm. Vorausgegangen war eine textile Ausbildung in Tages- und Abendkursen in der École Municipale der Stadt St. Etienne.

Schließlich ist auch die Hauptstadt Paris am textilen Fachschulwesen beteiligt. Dort wurde 1946 auf Initiative der Chambre de Commerce et d'Industrie eine Fachschule mit der Bezeichnung École Supérieure de Vêtement gegründet. Sie bildet vor allem Fachleute für das Bekleidungswesen aus.

Nicht eine Textilfachschule im herkömmlichen Sinne, aber vielleicht trotzdem erwähnenswert, ist die École de la Laine in Vasles im Département des deux Sèvres in Westfrankreich. Diese handwerklich ausgerichtete Lehrstätte bietet Kurse im Spinnen mit der Handspindel und dem Spinnrad sowie im Färben mit Naturfarbstoffen an.

Wie oben schon erwähnt, zählte die Herstellung von Spitzen in Frankreich zu den bedeutenden textilen Fertigungstechniken. Es ist deshalb nicht erstaunlich, dass in verschiedenen Städten des Landes Spitzenschulen gegründet worden sind. Es würde zu weit führen, alle diese Schulen ermitteln und aufführen zu wollen.

Als Beispiel sei hier die Stadt Le Puy de Velay in der Auvergne herausgegriffen, wo allerdings die Geschichte der Schulen für die Spitzenfertigung etwas unübersichtlich erscheint. Dort soll die Herstellung von Spitzen laut einer Legende schon zu Beginn des 15. Jahrhunderts eingeführt worden sein, was allerdings wenig gesichert erscheint. Aber die Spitzen von Le Puy, wie die Stadt früher hieß, dürften im 16. Jahrhundert schon sehr erfolgreich gewesen sein. 1665 wurde dort ein "Institut des Dames de l'Instruction", wo die Herstellung von Spitzen gelehrt wurde, eröffnet. Probleme für diese Institution ergaben sich während der Französischen Revolution, danach erfolgte aber eine Wiederbelebung. Eine spezielle Spitzenschule wurde 1838 in Le Puy unter der Bezeichnung "École de la Dentelle" durch Théodore Falcon gegründet. Von ihr wird gesagt, dass sie mit viel Erfolg betrieben worden sei. Eine von der Stadt subventionierte Schule wurde 1855 unter dem Namen "École des Dentelles des Enfants pauvres" ins Leben gerufen. Wie dieser Name schon sagt, sollten die Kinder armer Familien mit Hilfe dieser Schule an die Spitzenfertigung herangeführt werden. Die Schule stand unter der Leitung von Beaten. Dieser Orden, der 1668 in Le Puy de Velay von Anne-Marie Martel als "Kongrégation des Dames de l'Instruction" gegründet worden war, erteilte in den kleinen Dörfern des Velay Religionsunterricht, unterrichtete aber auch im Lesen, Schreiben und Rechnen sowie im Spitzenklöppeln. Im Volk hießen die Damen des Ordens Béates, was mit Betschwestern übersetzt werden kann. Eine weitere Schule für Spitzenfertigung wurde 1862 von der örtlichen Chambre Syndicale ins Leben gerufen. Schließlich wurde 1903 an der École pratique de Commerce et d'Industrie eine Abteilung für Spitzenfertigung eingerichtet.

Da in der ersten Hälfte des zwanzigsten Jahrhunderts die handgefertigte Spitze durch die maschinell hergestellte weitgehend verdrängt worden war, erfolgte 1942 auf Initiative von Johannès Chaleye in Le Puy de Velay die Gründung des "Conservatoire de la Dentelle", womit die traditionelle Fertigungsart wieder belebt und erhalten werden sollte. Mit dem Tod des Gründers endete zunächst diese Einrichtung, 1974 wurde sie neu eröffnet.

Ein anderes Beispiel ist Bailleul im französischen Teil Flanderns, nahe der belgischen Grenze. Flandern war eines der bedeutendsten Zentren der Klöppelspitzen in Europa. Schon 1664 wurde in Bailleul von Anne Swynghedauw eine Schule für das Erlernen der Technik der Klöppelspitzenherstellung eingerichtet. Das Andenken an diese Pionierin wurde bis zum Ende des neunzehnten Jahrhunderts in Bailleul in Ehren gehalten, die Einwohner feierten sie sogar als Sainte Anne. In der ersten Hälfte des neunzehnten Jahrhunderts wurden in Bailleul und Umgebung mehrere private Spitzenschulen, die von Fabrikanten finanziell gestützt wurden, ins Leben gerufen. Sie wurden meistens von einer Fachfrau, von der die Mädchen schon im frühen Alter unterrichtet wurden, geführt. Ab 1904 wurde in Bailleul die Spitzenfertigung auch von der École primaire gelehrt. 1920 entstand in Bailleul eine Ècole dentellière, die 1927 zur École professionelle dentellière wurde.

Die hier genannten Spitzenschulen sind zwei Beispiele für zahlreiche weitere gleichartige Schulen in kleineren, aber auch in großen Städten. Selbstverständlich findet man die Lehreinrichtungen besonders in den bedeutenden Zentren der französischen Spitzenfertigung, wofür als Beispiele Alençon und Valenciennes genannt seien.

Die Schulgründungen waren teilweise eine Antwort auf die mechanische Spitzenfertigung, die in der zweiten Hälfte des neunzehnten Jahrhunderts mehr und mehr um sich griff. Während bei der mechanischen Herstellung von Spitzen die Massenproduktion im Vordergrund stand, versuchte man bei der manuellen mehr den künstlerischen Aspekt und den luxuriösen Charakter zu wahren.

Die französische Textilindustrie erlitt in der Zeit der Textilkrise der 1970er und 1980er Jahre ähnliche Einbußen wie die deutsche. Die textile Ausbildung und das Studium der Textiltechnik und Textilchemie hat deshalb im gesamten Ausbildungswesen Frankreichs heute nicht mehr die große Bedeutung wie früher.

Literatur:
- Ballot, C., L'introduction du machinisme dans l'industrie francaise, Liile, 1923
- Bruyneel, R., L'industrie textile de Roubaix-Tourcoing, Paris, 1932
- Dunham, A.L., The Industrial Revolution in France: 1815-1848, New York, 1955
- Falleur, A., L'industrie lainière dans la Région de Fourmies, Diss. Paris, 1930
- Lembré, S., Les écoles de dentellières en France et en Belgique des années 1850-1930, Histoire de l`Éducation No. 123(2009), S. 45-70.
- Leménorel, A., Du Textile de Normandie (XVIIe-XXe Siècle), Paris, 2007
- Specklin, P., Au Fil d'une Histoire – Chronique de l'Association des Anciens Élèves de l'École Textile de Mulhouse (1896-1996), Mulhouse, 1996
- Taquet de Caffarelli, E., L'industrie textile de Reims– Une Reconversion, Reims, 1970

Quelle Abbildungen:
- 8.5.1 Das Exponat befindet sich im Kunstgewerbemuseum der Stadt Köln. Markowsky, B., Europäische Seidengewebe des 13.-18. Jahrhunderts, Köln, 1976, Tafel IX, S. 89
- 8.5.2 Das Original befindet sich in den Livrustkammaten, Stockholm. Schuette, M., Alte Spitzen, München, 1981, S. 33, Abb. 19
- 8.5.3 Das Original befindet sich im Victoria and Albert Museum, London. Harris, J., Textiles - 5000 Years, An International History and Illustrated Survey, New York, 1993, S. 189, Abb. 220
- 8.5.4 Das Exponat befindet sich im Musée de l'Impression sur Étoffes, Mulhouse. Harris, J., Textiles - 5000 Years, An International History and Illustrated Survey, New York, 1993, S. 231, Abb. 284
- 8.5.5 École de Filature et de Tissage Mulhouse aus der Zeit um 1870. Specklin, P., Au Fil d'une Histoire – Chronique de l'Association des Anciens Élèves de l'École Textile de Mulhouse (1896-1996), Mulhouse, 1996, S. 121, Annexe 23
- 8.5.6 Specklin, P., Au Fil d'une Histoire – Chronique de l'Association des Anciens Élèves de l'École Textile de Mulhouse (1896-1996), Mulhouse, 1996, S. 125, Annexe 27
- 8.5.7 Specklin, P., Au Fil d'une Histoire – Chronique de l'Association des Anciens Élèves de l'École Textile de Mulhouse (1896-1996), Mulhouse, 1996, S. 105, Annexe 8

8.6 Belgien

Schon lange vor der Mechanisierung der Textilfertigung zählte die Region des heutigen Belgiens und hier besonders Flandern zu den Textilzentren Europas. Wahrscheinlich schon vor der Wende zum zweiten Jahrtausend entstand in Flandern eine Tuchfertigung, deren Produkte bereits im elften Jahrhundert auf allen bedeutenden europäischen Märkten zu finden waren und die zu den besonders begehrten Textilartikeln zählten. Während die Herstellung dieser Flandrischen Tuche sich besonders in Städten wie Gent, Ypern und Antwerpen konzentrierte, war Brügge deren Handelsmittelpunkt. Bis zum sechzehnten Jahrhundert konnten die flandrischen Städte diese Vormachtstellung in der Tuchfertigung behaupten.

Ein weiterer sehr wichtiger Textilfertigungszweig war in der Zeit der Handfertigung die flandrische Leinenweberei, die vor allem durch die zu Beginn des sechzehnten Jahrhunderts aufgekommene Herstellung von Leinendamasten zu einer besonderen Bedeutung gelangte. Zu Hauptorten der Leinendamastweberei hatten sich Mechelen und besonders Kortrijk entwickelt. Im 18. Jahrhundert verlor das flandrische Leinengewerbe seine Vormachtstellung an das irische.

Auch die Baumwollverarbeitung begann in Flandern schon sehr früh. Ein erstes Dokument hierzu liegt aus dem Jahr 1252 vor.

Zu einer besonderen Berühmtheit gelangte die flandrische Tapisserie-Fertigung. Sie bildete sich dort im fünfzehnten Jahrhundert heraus und hatte im sechzehnten Jahrhundert auf diesem Gebiet mit den Hauptorten Brüssel, Oudenaarde und Tournai eine übermächtige Stellung in Europa. Durch eine anhaltende Emigration von Fachleuten musste Flandern dann seine führende Rolle in der Tapisseriefertigung an Frankreich abgeben.

Abb. 8.6.1 Leinendamastgewebe, dessen Dessin von Pasquier Lammertijn (1562-1620) entworfen wurde. Der in Kortrijk, dem Zentrum der flandrischen Leinendamastweberei, geborene Lammertijn war einer der bedeutendsten Leinendamastweber. Aus Glaubensgründen emigrierte er nach Haarlem und später nach Kopenhagen.

Abb. 8.6.2 Gobelin aus der Zeit um 1530, der vermutlich in der Werkstatt von Jan Ghiettels in Brüssel hergestellt wurde. Das Dessin wurde von Bernard von Orley entworfen.

Eine hohe Bedeutung hatte in Belgien auch die Spitzenindustrie erlangt, die in der Herstellung von Klöppelspitzen ab dem 17. Jahrhundert die führende Rolle in Europa einnahm. Zentren der Herstellung dieser Spitzen waren neben Brüssel noch Mechelen und Antwerpen.

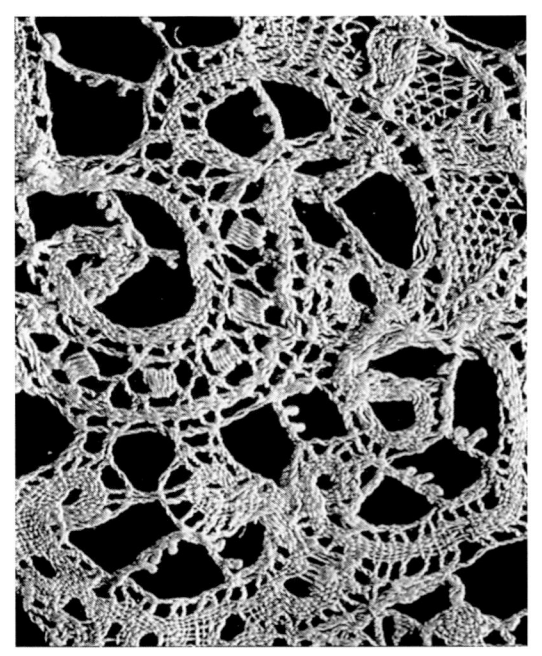

Abb. 8.6.3 Brüsseler Klöppelspitze aus dem späten 17. Jahrhundert.

Mit dem Beginn der Mechanisierung der Textilproduktion, die sich in Belgien im Vergleich zu den anderen Ländern Kontinentaleuropas besonders schnell vollzog, entstand in Verviers um 1800 ein Zentrum der Wollwarenherstellung, während sich in Gent die Baumwollindustrie etablierte. Zum bedeutendsten Pionier der belgischen Textilindustrie wurde der Genter Lieven Bauwens, der nach mehreren Reisen nach England 1798 in seiner Heimatstadt die erste mechanische Baumwollspinnerei Belgiens gründete. Hierzu hatte er Maschinenteile aus England nach Kontinentaleuropa geschmuggelt. Aber nicht nur Maschinen, auch englische Arbeiter warb Bauwens für seine neue Spinnerei erfolgreich an.

Der erste mechanische Webstuhl kam schon 1804 nach Belgien, aber eine Maschinenweberei auf breiter Basis entstand erst um die Mitte des neunzehnten Jahrhunderts.

Wie in anderen europäischen Ländern schrumpfte auch die belgische Textilindustrie in der Zeit der umfangreichen Billigimporte aus Asien. Heute hat dieser Industriezweig trotz seiner langen Tradition im wirtschaftlichen Gefüge des Landes keine allzu große Bedeutung mehr.

In Belgien dürfte sich schon früh ein Fachschulwesen auf dem Textilgebiet entwickelt haben. Dies lässt sich besonders aus Literatur, die über das Leinengewerbe im neunzehnten Jahrhundert berichtet, vermuten. Hier findet man immer wieder Hinweise auf die vorbildliche Fachausbildung in Belgien. Bezeichnend hierfür ist eine Studienreise des Leinenunternehmers Eduard Lang aus Blaubeuren. Diese Reise, die besonders nach Belgien, aber auch nach Frankreich, England und Irland führte, war ihm 1853 von der württembergischen Zentralstelle für Gewerbe und Handel empfohlen und finanziert worden. Die Auswirkung dieser Reise war 1854 die Gründung einer Webschule in Blaubeuren (sieh Kap. 7.1.8).

Bei den als vorbildlich betrachteten belgischen Schulen dürfte es sich um die so genannten Ateliers gehandelt haben. Wie anderenorts erfolgte auch in Flandern die Ausbildung der Weber bis etwa Mitte des 19. Jahrhunderts in der Form, dass die Kenntnisse vom Vater oder Lehrmeister auf den Sohn oder Lehrling übertragen wurden. Dies führte zu einer Spezialisierung, so dass Weber, die auf die Herstellung bestimmter Produkte festgelegt waren, große Probleme hatten, wenn sie sich umstellen mussten. Um eine allgemeinere Ausbildung zu gewährleisten, erfolgte in Flandern in den Jahren zwischen 1845 und 1855 die Gründung einer Reihe von Ausbildungsanstalten mit der Bezeichnung "Atelier d'apprentissage". Im Jahr 1895 sollen 31 solche Ausbildungsstätten im westlichen Flandern und 11 im östlichen Flandern existiert haben. Die ersteren waren stark auf die Herstellung von Leinengeweben ausgerichtet, die letzteren befassten sich auch mit Mischgeweben und mit der Herstellung von Baumwollgeweben. Viele der gegen Ende des 19. Jahrhunderts tätigen Weber hatten ihr Handwerk in diesen Ausbildungsstätten erlernt. Es handelte sich hierbei um kommunale Einrichtungen, die aber staatliche Unterstützung erhielten.

Diese "Ateliers" vermitteln im ersten Augenblick den Charakter eine Lehrwerkstatt. Es waren aber keine Ausbildungseinrichtungen, die sich alleine auf die praktische Unterweisung konzentrierten, denn die Schüler erhielten auch theoretischen Unterricht. Die Allgemeinbildung, die in der Primärschule oft nicht ausreichend vermittelt wurde, konnte aber in den Ateliers nur in geringem Maße nachgeholt werden.

Das Mindestzugangsalter zu den Ateliers war 14 Jahre, die Ausbildung dauerte sechs Jahre. Sie konnte auf vier Jahre verkürzt werden. Die Absolventen der Ateliers erhielten eine Bezahlung für die von ihnen hergestellten Gewebe. Manchmal kamen auch ausgebildete Weber in die Lehrstätten, wenn sie beabsichtigten, sich auf andere Produkte umzustellen.

Insgesamt gesehen leisteten die Ateliers eine gute Arbeit. In manchen Fällen schien aber die kommunale oder staatliche Aufsicht nicht ausreichend wirksam gewesen zu sein. Die Ateliers wurden zu Pionieren der Handweberei. Sie bildeten eine Art Bollwerk gegen die mechanische Weberei. Ein Problem der Ateliers war, geeignete Ausbilder zu finden. Die besonders fähigen Fachleute verlangten oft ein Gehalt, das die Ateliers nicht zahlen konnten. Somit war die Zahl der guten Ausbilder insgesamt zu gering.

Als Beispiel einer solchen Ausbildungsstätte wird in der Literatur das Atelier von Thielt genannt. In dem "Atelier d'apprentissage" dieser westflandrischen Stadt, die im Französischen Tielt heißt, lagen die Eintritte und Abgänge bei ungefähr zwanzig pro Jahr. Von Thielt wurden auch die benachbarten Ateliers von Ruysselede und Meulebeke betreut.

Ein "Atelier d'apprentissage" könnte auch die in der Literatur teilweise auftauchende textile Ausbildungsstätte Roeselare, das im Französischen Roulers heißt, gewesen sein. In diesem Ort in Westflandern hatte sich in der Zeit der Industrialisierung ein Textilzentrum gebildet. Die hin und wieder für Roeselare anzutreffende Bezeichnung "Manchester van Vlanderen" lässt dessen Bedeutung für die belgische Textilindustrie erkennen. Auch für die Entstehung der belgischen Arbeiterbewegung hat Roeselare eine hohe Bedeutung.

In Roeselare soll schon 1849 eine Ausbildungseinrichtung entstanden sein, die von dem Leinwandfabrikanten I. Rommel ins Leben gerufen wurde. Hin und wieder wird auch über eine solche Schule in Rumbeke berichtet. Hierbei handelt es sich um einen heute eingemeindeten Ort in der Nähe von Roeselare. Mit Schulen in den beiden Orten ist vermutlich dieselbe Ausbildungsstätte gemeint.

Eine Webschule im eigentlichen Sinne dürfte in Waarschoot, einem Ort in der Nähe von Gent, entstanden sein. In der Zeit der Industrialisierung hatte sich dort ein Textilzentrum gebildet. Vermutlich wurde in Waarschoot 1902 eine Webschule errichtet. Sie trug die Bezeichnungen Vrije Nijverheidschool oder Waarschootse Weefschool. Diese Ausbildungseinrichtung soll bis in die Zeit um 1950 bestanden haben.

Auch in Doornik, französisch Tournai, gab es wahrscheinlich eine textile Ausbildungsstätte.

Es gibt Hinweise auf eine Ècole Supérieure des Textiles de Tournai, für die man auch die Bezeichnung Ècole de Textile et de Bonneterie de Tournai findet. Die Schule könnte bis ungefähr 1990 bestanden haben.

In Verviers hatte sich, wie oben bereits gesagt, ein Zentrum der Wollwarenherstellung gebildet. Deshalb war es nahe liegend, hier auch eine Ausbildungsstätte für die Nachwuchskräfte zu schaffen. So wurde 1894 die Ècole Supérieure des Textiles, die später École Supérieure d'Ingenieurs Textiles hieß, gegründet. Über den weiteren Verlauf dieser Schule konnte nichts ermittelt werden.

Schließlich soll auch Eupen nicht unerwähnt bleiben. Die Stadt, die zum Aachener Wollbezirk zu zählen ist und die ein bedeutendes Tuchgewerbe aufzuweisen hatte, gehörte bis zum Ende des Ersten Weltkriegs zu Preußen und damit zum Deutschen Reich. Nach Kriegsende kam Eupen zu Belgien. In einem Verzeichnis der Fachschulen aus dem Jahr 1915 wird für Eupen eine Preußische Webereilehrwerkstätte ausgewiesen, die aber eigentlich eine Webschule war. Der Unterricht erfolgte in zweijährigen Kursen an Abenden sowie an Sonntagvormittagen. Wie lange die Schule von Eupen bestand, ist nicht bekannt.

Die für Belgien sehr bedeutende Spitzenfertigung, bei der es sich vorwiegend um die Herstellung von Klöppelspitzen handelte, erlebte im 19. Jahrhundert einen stetigen Rückgang. Dies gilt besonders für die zweite Hälfte des genannten Jahrhunderts, als die maschinell hergestellten Spitzen mehr und mehr auf den Markt kamen. Mit Klöppelschulen wurde, ähnlich wie in Frankreich, versucht, die traditionelle Spitzenherstellung zu erhalten und junge Frauen für diese handwerkliche Fertigung zu interessieren. Ein Beispiel hierfür ist eine Fachschule in Mons, die 1835 eröffnet wurde.

In neuerer Zeit ist in Belgien ein Textilstudium an der Hochschule in Gent mit einem Bachelor-Abschluss möglich. Auch in Gent hat vermutlich früher eine Textilfachschule existiert.

Literatur:

- Boone, M. u. Prevenier, W., La draperie ancienne des Pays-Bas: Débouchés et stratégies de survie (14e-16e siècles), Leuven-Apeldoorn, 1993
- Collins, B. u. Ollerenshaw, P., The European linen industry in historical perspective, Oxford, 2003
- Dubois, E., L'industrie du tissage du lin dans les Flandres, Bruxelles, 1900
- Houtte van, F.X., L'évolution de l'industrie textile en Belgique et dans le monde de 1800 à 1939, Louvain, 1949
- Lembré, S., Les écoles de dentellières en France et en Belgique des années 1850-1930, Histoire de l'Éducation No. 123(2009), S. 45-70.

Quelle Abbildungen:

- 8.6.1　Das Exponat befindet sich im Museum voor Oudheidkunde, Kortrijk. Harris, J., Textiles – 5000 Years, An International History and Illustrated Survey, New York, 1993, S. 185, Abb. 216
- 8.6.2　Das Exponat befindet sich im Louvre. Harris, J., Textiles - 5000 Years, An International History and Illustrated Survey, New York, 1993, S. 192, Abb. 225
- 8.6.3　Schuette, M., Alte Spitzen, München, 1981, S. 168, Abb. 140

8.7 Niederlande

Die Niederlande kamen durch ihre regen Handelsbeziehungen häufig in Kontakt mit anderen Völkern. In solchen Ländern bildet sich oft ein leistungsstarkes Gewerbe heraus, da für den Warenaustausch Produkte eigener Herstellung in besonderem Maße benötigt werden. Dies gilt auch für die Niederlande.

Schon früh lassen sich die Verarbeitung von Wolle und Flachs in einigen niederländischen Städten nachweisen, später kamen dann noch die Seide und die Baumwolle als textile Rohstoffe hinzu. Einen erheblichen Einfluss übten die früheren südlichen Niederlande, also das Gebiet des heutigen Flanderns, auf die Entwicklung des niederländischen Textilgewerbes aus. So kamen häufig Glaubensflüchtlinge aus dem Süden in die meist liberalen Städte der nördlichen Niederlande und als 1831 mit der Entstehung Belgiens die Abspaltung Flanderns erfolgte, zogen es manche flandrischen Textilunternehmer vor, sich künftig in den Niederlanden zu betätigen.

Zentren des frühen Wollgewerbes der Niederlande waren Leiden und 's-Hertogenbosch. Das erste Dokument für ein Wollgewerbe in der letztgenannten Stadt stammt aus dem Jahr 1471, es gibt aber Hinweise, dass dieses Gewerbe schon im 13. Jahrhundert existierte. In Leiden findet man die ersten Hinweise auf die Herstellung von Wollgeweben im Jahr 1316. Im vierzehnten Jahrhundert zeigte dieses Gewerbe dort einen starken Anstieg. Im 18. Jahrhundert verlor 's-Hertogenbosch ebenso wie auch Leiden seine Bedeutung als Zentrum der Wollverarbeitung an Tilburg, wo sich auch der Übergang zur maschinellen Herstellung von Wolltextilien vollzog. In den westlichen Niederlanden blieb aber weiterhin die Ausrüstung der Wollgewebe.

Die Herstellung von Leinengeweben hat sich aus der bäuerlichen Hausindustrie entwickelt. Allerdings entstand auch eine Leinendamastweberei, die sich vor allem in Haarlem und Alkmar herausbildete. Initiatoren dieses Gewerbes dürften hier Glaubensflüchtlinge aus den südlichen Niederlanden gewesen sein.

Abb. 8.7.1 Bleiche bei Haarlem nach einem Gemälde von Claes Molenaer aus dem 17. Jahrhundert.

Zum Zentrum der Baumwollverarbeitung in den Niederlanden wurde die Twente im Osten des Landes mit dem Hauptort Enschede. Die Baumwollindustrie der Twente ging aus der dortigen, über viele Jahrhunderte praktizierten Leinenverarbeitung hervor. Die erste mechanische Baumwollspinnerei der Twente entstand 1829 in Almelo, der 1833 eine weitere in Enschede folgte. Die erste mechanische Weberei wurde 1846 in Enschede eröffnet. Die Twentesche Textilindustrie übte auch einen bedeutenden Einfluss auf die Entstehung der westmünsterländischen Textilindustrie in der angrenzenden deutschen Region aus.

Die Textilveredlung war besonders im Westen der Niederlande konzentriert. Hier galt Amsterdam als Zentrum der Seidenfärberei. Haarlem wurde über viele Jahre als die bedeutendste Bleicherstadt Europas betrachtet. Bei den Bestrebungen, die so genannten Indiennes, dies sind aus Indien importierte mehrfarbige bedruckte oder bemalte Baumwollgewebe, zu imitieren, entstand in Amersfoort eine Kattundruckerei, von der angenommen wird, dass es sich hierbei um die erste Europas handelte. Mit der verstärkten Herstellung von Baumwollgeweben in der Twente nahm auch das Bedrucken dieser Gewebe einen erheblichen Aufschwung. Textildruckereien entstanden aber im Wesentlichen in den westlichen Niederlanden und weniger in der Twente.

Auch bei den frühen Vorrichtungen zur Herstellung von Textilien dürfte eine wichtige Neuerung, nämlich die Bandmühle, also das Webgerät, auf dem mehrere Bänder gleichzeitig gewebt werden konnten, ihren Ursprung in den Niederlanden haben. Wahrscheinlich war sie zu Beginn des 17. Jahrhunderts in Leiden erstmals im Einsatz und breitete sich von dort über die europäischen Nachbarländer aus.

Wie in anderen Ländern mit einer bedeutenden Textilindustrie entwickelte sich auch in den Niederlanden ein Fachschulwesen für diesen Industriezweig.

Am häufigsten wird unter den niederländischen Textilfachschulen jene von Goor genannt. Sie war keine Textilfachschule und eigentlich auch keine Webschule, man sollte sie eher als Webereilehrwerkstatt bezeichnen.

Goor ist eine Stadt in der Twente, also in den östlichen Niederlanden im Grenzgebiet zu Deutschland, wo sich im 19. Jahrhundert eine bedeutende Textilindustrie entwickelte. Eine wichtige Rolle für die Entwicklung dieses Industriezweiges in der Twente spielte die 1824 gegründete Nederlandsche Handel-Maatschappij, die meistens mit dem Kürzel NHM erwähnt wird. Diese Han-

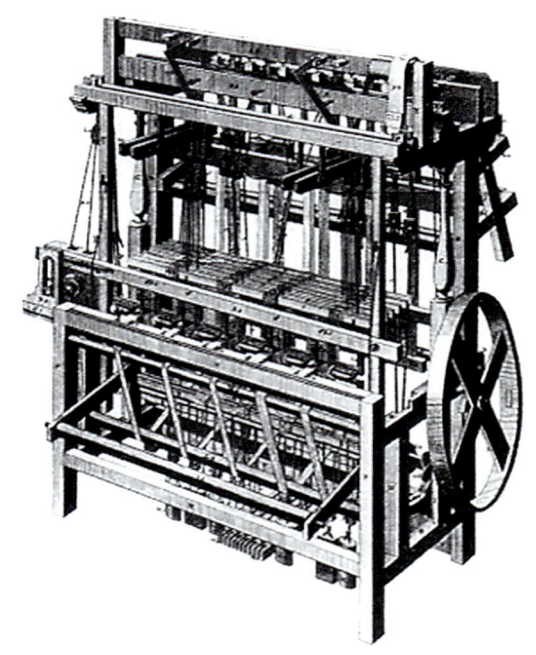

Abb. 8.7.2 Bandmühle aus dem frühen 18. Jahrhundert nach einem Kupferstich aus dem 1772 in Paris erschienenem Band 32 der "Encyclopédie".

delsgesellschaft beschäftigte sich vor allem mit dem Warenaustausch mit Südostasien und hier besonders mit Indien und Indonesien. Hierfür benötigte sie Baumwollgewebe, die sie in den ersten Jahren ihres Bestehens aus Flandern, also den südlichen Niederlanden bezog. Nach der Staatsgründung von Belgien und der Einbeziehung von Flandern in diesen neuen Staat brach diese Bezugsquelle weg. Ein neues Liefergebiet suchte und fand die NHM in der Twente. Dort war die Gewebeherstellung noch etwas rückständig, man nutzte noch nicht die Möglichkeiten des Schnellschützen.

Da die NHM an der Schaffung einer zuverlässigen Bezugsbasis in der Twente sehr interessiert war, suchte sie die Zusammenarbeit mit dem englischen Textilfachmann Thomas Ainsworth (1795-1841). Im Auftrag der genannten Gesellschaft gründete Ainsworth in Goor eine

Lehrwerkstatt für Weberei, die am 01.06.1833 ihre Arbeit aufnahm. Zuvor hatte er sich auf einer längeren England-Reise über die neuesten Entwicklungen auf dem Weberei-Gebiet kundig gemacht und Thomas Walsh als Lehrer für die Ausbildungsanstalt in Goor mitgebracht. Walsh blieb bis Ende 1833. Als er Goor verließ, konnte er bereits durch einige seiner Schüler ersetzt werden. Die Ausbildungsstätte von Goor wurde ein voller Erfolg. Mit unerwarteter Geschwindigkeit verbreitete sich die Baumwollverarbeitung dank dieser Einrichtung in den östlichen Niederlanden bis hin nach Groningen und Friesland.

Das Hauptziel der Lehrwerkstatt in Goor war die Einführung des Schnellschützen in der Baumwollweberei der Twente. Die Erfindung dieses für die Handweberei wichtigen Arbeitsmittels gelang dem Engländer John Kay 1733. Mit ihm konnte die Webleistung erhöht werden und außerdem bot es die Möglichkeit, bei der Herstellung breiter Gewebe auf den bis dahin nötigen zweiten Weber zu verzichten. Der Schnellschütze soll schon 1744 in der Gegend von Rouen aufgetaucht sein und in Amsterdam kannte man ihn schon in der Zeit um 1800. Er ist aber rund ein Jahrhundert lang auf dem europäischen Festland weitgehend unbeachtet geblieben.

In Goor wurden junge Leute in der Verwendung des Schnellschützen unterrichtet und ältere Weber wurden umgeschult. Mit der Lehranstalt verbunden war eine Schreinerei, wo Webstühle für die Schnellweberei, wie das Weben mit dem Schnellschützen häufig genannt wurde, gebaut wurden. Absolventen der Lehrwerkstätte in Goor konnten solche Webstühle erwerben.

Die NHM beschloss im Herbst 1834, den Besuch der Lehranstalt auch in der Herstellung von Webwaren engagierten Unternehmern und deren Führungskräften anzubieten, wovon einige Unternehmer Gebrauch machten, andere schickten leitende Mitarbeiter.

Gegen den Protest von Ainsworth wurde die Weblehrwerkstätte in Goor auf Veranlassung der NHM 1836 geschlossen. Die genannte Gesellschaft sah das Ziel dieser Lehranstalt erreicht. In der Zeit des Bestehens der Weblehrwerkstätte waren bereits rund 5000 der so genannten Schnellwebstühle in Umlauf gebracht worden. Der Aufstieg der Twente zu einer bedeutenden Textilregion wurde maßgebend durch die Einführung der neuen Webstühle gefördert.

Die Lehranstalt in Goor strahlte auch auf andere Orte der Twente aus. Gleichartige kleinere Ausbildungseinrichtungen mit Goor als Mutterschule entstanden in Diepenheim, Enter, Holten, Oldenzaal, Losser und Outmarsum. Sie blieben teilweise nach der Schließung der Lehrwerkstätte von Goor noch einige Zeit bestehen. Einige wurden in Webereiunternehmen umgewandelt.

In dem anderen bedeutenden Textilgebiet in Brabant im Südosten der Niederlande kam der Schnellschütze ungefähr zur gleichen Zeit wie in der Twente auf. Hier waren die aus Flandern zugewanderten Unternehmer Joseph Hartog und Louis Couvreur die Initiatoren. Sie hatten 1834 in Gemert eine mit Handwebstühlen ausgerüstete Weberei gegründet, der 1837 eine Lehrwerkstatt zur Unterrichtung im Weben mit dem Schnellschützen angegliedert wurde.

Webschulen nach dem Vorbild von Goor, die eigentlich Webereilehrwerkstätten waren, entstanden auch in verschiedenen Textilbetrieben. Sie fanden bei der Arbeiterschaft kein sehr positives Echo, da in diesen keine allgemeine, sondern eine speziell auf die Belange des jeweiligen Betriebes ausgerichtete Ausbildung erfolgte. Es war damit auch eine Art Bindung an den Betrieb, da die erworbenen Kenntnisse bei einem eventuellen Wechsel manchmal gar nicht anwendbar waren.

So entstand der Bedarf nach eigentlichen Textilfachschulen. Für diese bildeten die Lehrwerkstätten von Goor und anderen Orten die Vorläufer. Sehr bekannt gewordene Textilfachschulen entstanden in Enschede und Tilburg.

In Enschede, der wohl bedeutendsten Textilstadt der Niederlande, wurde 1833 eine erste Weberei-Lehranstalt für Kinder und Jugendliche eingerichtet. Sie hatte das Ziel, diesen das Weben zu lehren und so beruflichen Nachwuchs für die Textilindustrie der Twente heranzubilden. Eine Vorläuferin für eine textile Ausbildungsanstalt entstand in Enschede mit der 1864 gegründeten Industrie- en Handelsschool. Die eigentliche Textilfachschule von Enschede ging 1909 aus der School voor Nijverheid hervor. Sie wurde 1918 zur Hoogere Textielschool.

Heute ist Enschede der Standort der Universität Twente, einer Hochschule für Technik und Sozialwissenschaften. In der Forschung an dieser Hochschule werden besonders faserverstärkte Verbundwerkstoffe bearbeitet.

Abb. 8.7.3 Frühere Textilfachschule von Enschede

Wie oben schon gesagt, entwickelte sich Tilburg im 18. Jahrhundert zum Zentrum der niederländischen Wollindustrie und bildete damit den textilen Schwerpunkt von Nordbrabant, der neben der Twente anderen wichtigen Textilregion des Landes. In Tilburg beschloss 1877 der Gemeinderat die Einrichtung einer Webschule, die im gleichen Jahr eröffnet wurde. 1901 wurde die Gründung der Vereeniging Ambachts- en Industrieschool voor Tilburg beschlossen. Hierunter fiel auch die Webschule. Die neue Ausbildungsanstalt nahm 1904 den Lehrbetrieb auf. Nach dem Ersten Weltkrieg wurde die Gründung der Lagere Textielschool beschlossen. Die 1932 entstandene Middelbare Textieldagschool erhielt 1951 den Titel Hogere Textielschool, sie ging 1966 in der Avans Hogeschool auf. Die Lagere Textielschool wurde 1968 geschlossen.

Literatur:

- Blonk, A., Fabrieken en Menschen. Een Sociografie van Enschede, Enschede, 1929
- Buursink, J., Enkele belangrijke momenten uit de geschiedenis der Twentse Textielindustrie, De Tex 10(1951), S. 785-787
- Gorp van, P.J.M., Tilburg-eens de Wolstad van Nederland, Eindhoven, 1987
- Heerkens, C.F.L.M., Eeen industriestad: Enschede, Zutphen,1978
- Hofenk de Graaff, J., Geschiedenis van de textieltechnik, Amsterdam, 1992
- Lintsen, H.W., Geschiedenis van de techniek in Nederland. De wording van een moderne samenleving 1800-1890. Deel III: Textiel, Gas, Licht en Electriciteit, Zutphen, 1993
- Mansvelt, W.M.F., Geschiedenis van de Nederlandsche Handelmaatschappij, Haarlem, 1924

Quelle Abbildungen:

- 8.7.1 An., Vom Waschen und Bleichen, Bayer Farben Revue, H. 2/1962, S. 5
- 8.7.2 Paulinyi, A. u. Troitzsch, U., Mechanisierung und Maschinisierung 1600 bis 1840, Berlin, 1997, S. 158, Abb. 66
- 8.7.3 Wikipedia Charles Louis de Maere

Index

Personenverzeichnis für die Kapitel 7 und 8 (Textilfachschulen in Deutschland und im benachbarten Ausland)

- Abeking – Druckereibesitzer | Kap. 7.8.1
- Agster, Andreas | Kap. 7.1.1
- Ainsworth, Thomas | Kap. 8.7
- Alberti, Wilhelm | Kap. 8.1
- Auster – Pfarrer in Mülsen | Kap. 7.6.21
- Baudert, August | Kap. 7.5.3
- Bauwens, Lieven | Kap. 8.6
- Bechtle, Otto | Kap. 7.1.9
- Beckerath, Gerhard von | Kap. 7.9.2
- Beckerath, Heinrich von | Kap. 7.9.2
- Berndt, Ernst | Kap. 7.6.10
- Berndt, Carl | Kap. 7.6.10
- Bernhard, Carl Friedrich | Kap. 7.6.1
- Berthelsen, Svend Ejnar | Kap. 8.2
- Berthollet, Claude Louis | Kap. 8.5
- Bickel, Theodor | Kap. 7.6.5
- Bobeth, Wolfgang | Kap. 7.6.2
- Bockshammer, Karl | Kap. 7.1.1
- Bodemer, Johann Jakob | Kap. 7.6.1 Kap. 7.6.11
- Boelling, Johann Peter | Kap. 7.9.3
- Bredt, F., J. | Kap. 7.9.4
- Brügelmann, Johann Gottfried | Kap. 7.9.3
- Chaleye, Johannès | Kap. 8.5
- Cherif, Chokri | Kap. 7.6.2
- Colbert, Jean Baptiste | Kap. 8.5
- Comans, Marc de | Kap. 8.5
- Cotta, Johann Friedrich | Kap. 7.1.1
- Couvreur, Louis | Kap. 8.7
- Croon, Adam Quirin | Kap. 7.9.3
- Demler, Gottlob Friedrich | Kap. 7.6.14
- Desch, Johann | Kap. 7.2.3
- Dierig, Christian | Kap. 7.2.2
- Dollfuss, Bürgermeister von Mülhausen | Kap. 8.5
- Driessen, Peter | Kap. 7.9.5
- Driessen, Theodor | Kap. 7.9.5
- Dütting, Friedrich | Kap. 7.10.2
- Eckardt, Jonatan | Kap. 7.6.13
- Einsiedel, Graf von | Kap. 7.6.1
- Eisenlohr, Georg Martin | Kap. 7.1.1
- Esche, Johann | Kap. 7.6.4
- Evens, Evan | Kap. 7.6.1
- Eurich, Carl | Kap. 7.6.18
- Falcon, Théodore | Kap. 8.5
- Forkel, Albert | Kap. 7.6.5
- Frenzel, Walter | Kap. 7.6.2

- Friedrich d. Große, König von Preußen — Kap. 7.6.9, Kap. 7.7.4, Kap. 7.8.1, Kap. 7.9.2
- Friedrich Wilhelm I., Kurfürst von Preußen — Kap. 7.8.1
- Gerber, Tilmann — Kap. 7.9.2
- Geyer, Ludwig — Kap. 8.1
- Girard, Philippe de — Kap. 8.5
- Gminder, Ulrich — Kap. 7.1.1
- Gössel, Ernst Wilhelm Conrad — Kap. 7.6.1, Kap. 7.6.5
- Gotterbarm – Webmeister — Kap. 7.2.2
- Groz, Theodor — Kap. 7.1.3
- Günther; Jonathan — Kap. 7.6.21
- Hänel, August — Kap. 7.6.14
- Hahn, Guido — Kap. 7.6.2
- Hanusch, Karl — Kap. 7.6.5
- Hargreaves, James — Kap. 7.6.1
- Hartmann, Richard — Kap. 7.6.1
- Hartog, Joseph — Kap. 8.7
- Haubold, Carl Gottlieb — Kap. 7.6.1
- Hauptmann, Gerhart — Kap. 8.1
- Heine, Johann Friedrich — Kap. 7.2.2
- Heinrich IV., König von Frankreich — Kap. 8.5
- Herzog, Alois — Kap. 7.6.2, Kap. 8.1
- Hielscher, Gottlieb — Kap. 7.6.1
- Hindret, Jean Claude — Kap. 8.5
- Hoffmann, Richard — Kap. 7.6.5
- Hugueny, Xavier — Kap. 8.5
- Irmscher, Carl Gottlieb — Kap. 7.6.1
- Itten, Johannes — Kap. 7.9.2
- Jacquard, Joseph Marie — Kap. 8.5
- Johann III., Burggraf von Nürnberg — Kap. 7.2.1
- Johann III. von Cottbus — Kap. 7.7.1
- Johannsen, Otto — Kap. 7.1.1
- Juillard-Hartmann, George — Kap. 8.5
- Kay, John — Kap. 8.1, Kap. 8.7
- Keiper, Wilhelm — Kap. 7.9.2
- Kind, Walter — Kap. 8.1
- Kistemaker, Hermann — Kap. 7.10.2
- Kleinewefers, Johann — Kap. 7.9.2
- Kneusels, Johann — Kap. 7.1.7
- Koch, Paul August — Kap. 7.6.2, Kap. 7.9.2
- Koechlin, Nicolas — Kap. 8.5
- Kompe, Pfarrer von Warmensteinach — Kap. 7.2.5
- Krantz, Constantin — Kap. 7.2.5
- Krause, Carl Gottlob — Kap. 7.6.5
- Krause, Weblehrer — Kap. 7.7.3
- Krauter, Gerhard — Kap. 7.1.1
- Krauth, Jakob — Kap. 7.6.2
- Küster, William — Kap. 7.1.2
- Küsters, Eduard — Kap. 7.9.2
- Lang, Andreas — Kap. 7.1.8
- Lang, Eduard — Kap. 7.1.8, Kap. 8.6
- Lang, Friedrich Karl — Kap. 7.1.8
- Lang, Mathäus — Kap. 7.1.8
- Lange, Christoph — Kap. 7.6.9
- Lange, Friedrich — Kap. 7.6.9

- Lange, Hans — Kap. 7.6.9
- Lange, Heinrich — Kap. 7.9.2
- Lee, William — Kap. 8.5
- Lehmann, Max — Kap. 7.9.2
- Leitenberger, Johann Josef — Kap. 8.2, Kap. 8.3
- Lembcke, Robert — Kap. 7.9.2
- Lenssen, Johann — Kap. 7.9.3
- Lenssen, Maria — Kap. 7.9.3
- Leyen, Adolf von der — Kap. 7.9.2
- Leyen, Friedrich von der — Kap. 7.9.2
- Leyen, Heinrich von der — Kap. 7.9.2
- Leyen, Johann von der — Kap. 7.9.2
- Leyen, Peter von der — Kap. 7.9.2
- Leyen, Wilhelm von der — Kap. 7.9.2
- Maria Theresia, Kaiserin von Österreich — Kap. 8.3
- Martel, Anne-Marie — Kap. 8.5
- Maltzahn, Graf Joachim Karl von — Kap. 8.1
- Mathes – Webmeister — Kap. 7.6.1
- Mauersberger, Heinrich — Kap. 7.6.4
- Mecheels, Otto — Kap. 7.1.1, Kap. 7.1.2, Kap. 7.1.4, Kap. 7.2.1, Kap. 7.9.3
- Meebold, Gottlieb — Kap. 7.1.1, Kap. 7.1.6
- Meer, Edmund ter — Kap. 7.9.2
- Meimberg, Julius — Kap. 8.2
- Meister, Edwin — Kap. 7.6.2
- Möhlau, Richard — Kap. 7.6.2
- Morawek, Walter — Kap. 7.9.2
- Muche, Georg — Kap. 7.9.2
- Napoleon I., Kaiser von Frankreich — Kap. 8.5
- Naumann, Hugo — Kap. 7.6.23
- Nestler, Roland — Kap. 7.6.2
- Neuhofer, Georg — Kap. 7.2.2
- Neuhofer, Jeremias — Kap. 7.2.2
- Neumann, Josef — Kap. 7.2.2
- Neumeister, Johann August — Kap. 7.6.5
- Niehues, Bernhard — Kap. 7.10.2
- Oberkampf, Christoph Philipp — Kap. 8.5
- Oelsner, Gustav Hermann — Kap. 7.6.22
- Offermann, Peter — Kap. 7.6.2
- Paufler, Julius — Kap. 7.6.7
- Perner, Harald — Kap. 7.6.2
- Pfau, Friedrich — Kap. 7.6.17
- Pinkaczek, Joseph — Kap. 7.2.4
- Planche, François de la — Kap. 8.5
- Pötzler – Bürgermeister von Frankenberg — Kap. 7.6.13
- Povel, Anton — Kap. 7.10.2
- Povel, Ludwig — Kap. 7.10.2
- Rath, Hermann — Kap. 7.1.1
- Rawe, Bernard — Kap. 7.10.2
- Riedinger, Ludwig August — Kap. 7.2.2
- Rödel, Hartmut — Kap. 7.6.2
- Rommel, I. — Kap. 8.6
- Satlow, Günther — Kap. 7.9.1, Kap. 7.9.2
- Schauer, Georg — Kap. 7.6.5

- Schiffner, Carl Heinrich — Kap. 7.6.9
- Schiffner, Johann Gottfried — Kap. 7.6.9
- Schindler, Oskar — Kap. 8.2
- Schlack, Paul — Kap. 7.1.2
- Schlabow, Karl — Kap. 7.11.1
- Schmidt, Carl Friedrich — Kap. 7.6.13
- Schneider, Hermann — Kap. 7.2.2
- Schönherr Louis — Kap. 7.6.1
- Scholl, Roland — Kap. 7.6.2
- Schroers, Hermann — Kap. 7.9.2
- Schüle, Heinrich von — Kap. 7.1.6
  Kap. 7.2.2
- Spindler, Julius — Kap. 7.8.1
- Stahringer – Webmeister — Kap. 7.6.1
- Steinbeis, Ferdinand von — Kap. 7.1.5
- Stockhausen, Julius — Kap. 7.9.2
- Stroinck, Willem — Kap. 7.10.2
- Swynghedauw, Anne — Kap. 8.5
- Toussaint, Emmanuel — Kap. 8.5
- Uhlhorn, Diedrich — Kap. 7.9.3
- Ulrich, Herzog von Württemberg — Kap. 7.1.8
- Uttmann, Barbara — Kap. 7.6.6
  Kap. 7.6.7
  Kap. 7.6.26
- Vassart, Henri Philomène — Kap. 8.5
- Voigt, Albert — Kap. 7.6.1
  Kap. 7.6.5
- Vordemfelde, August — Kap. 7.2.3
- Wagner, Erich — Kap. 7.9.4
- Wagner, Walter — Kap. 7.9.2
- Waldstein, Graf Johann Joseph — Kap. 8.2
- Walsh, Thomas — Kap. 8.7
- Walz, Fritz — Kap. 7.1.1
- Wegener, Walter — Kap. 7.9.1
- Weiche, Theodor — Kap. 7.7.2
- Weinhold, Carl Bruno — Kap. 7.6.3
- Weishaar, Berta — Kap. 7.1.9
- Weishaar, Marie — Kap. 7.1.9
- Werner, Johan — Kap. 7.6.18
- Wetter, Rudolph — Kap. 8.5
- Wichgraf, Karl August Ferdinand — Kap. 7.7.4
- Willkomm, Gustav — Kap. 7.6.4
- Wolfrum, Carl — Kap. 8.2
- Würth, H. — Kap. 7.1.2
- Wurster, Carl — Kap. 7.1.2
- Zahn, Helmut — Kap. 7.9.1